JN311326

ぱ・る・るプラザ青森の工事記録

多目的ホールの計画・建設

「ぱ・る・るプラザ青森」完成に当たって

青森市長
佐々木 誠造

　「ぱ・る・るプラザ青森」が完成し、オープンしましたことを、心からお祝い申し上げます。

　「ぱ・る・るプラザ青森」は、これまで1,000人程度の中規模のホールが求められていた本市にとって、待望の施設であり、市の重点要望項目として総務省（元郵政省）及び県などに対し積極的に要望活動などを行ってきた結果、山口市、京都市、千葉市、町田市に次ぐ全国で5番目の郵便貯金地域文化活動支援施設として、オープンの日を迎えることができましたことを心からうれしく思っています。

　施設の内容につきましては、ホール、会議室、レストラン、青森情報プラザ、暮らしの相談センター、郵便局などの機能を有しており、特に、ホールの音響設備はすばらしいものであり、平成13年9月のオープン以降、青森市民のみならず、多くの皆さまに幅広く利用されています。

　また、随所に、青森ヒバや津軽塗りを使用し、施設そのものとしても青森らしさをPRしていただくなど、本市の玄関口にふさわしく、中心市街地を代表する施設になるものと確信しているところであります。

　「ぱ・る・るプラザ青森」が建設されましたこの地域は、JR青森駅を含む本市の中心市街地に位置しており、これまでその活性化に向け、様々な施策や事業を積極的に展開してきたところであります。

　具体的に申し上げますと、起業意欲のある人たちに少ない開業資金で一定期間商売を実践できる環境を提供するとともに、経営指導等も行いながら、将来的に中心市街地で開業する商業者を育成するための「パサージュ広場」を平成12年にオープンしたほか、公的施設として市民図書館、男女共同参画プラザを含みます青森駅前再開発ビル「アウガ」が平成13年1月にオープン

するなど、若い人を中心に賑わいをみせており、中心市街地、特に、駅前地区に活気を取り戻してきております。
　また、この駅前地区は、ＪＲを中心とした交通の拠点でありますとともに、八甲田丸、青森県観光物産館アスパムを中心としたウォーターフロントの玄関口、さらには、日常的に気軽に利用できる潤いのある文化的な都市空間を形成する「文化ゾーン」の一地区としての役割も担っているところであり、去る11月に取得しました「ぱ・る・るプラザ青森」の南側用地約11,000m²と併せまして、更なる活性化に向けた取り組みが予定されているところであります。

　本市は平成13年３月に長期総合計画「わたしたちのまち　青い森　21世紀創造プラン」の中期基本計画を策定し、①真の豊かさを享受できる心豊かなまち、②歴史・風土に学ぶ心を大切にする個性と風格のあるまち、③人と人とが助け合い、支え合って暮らすしあわせなまち、④活気に満ちた産業のある元気なまち、⑤世界に開かれた明るいまち、⑥共に考え、共に汗して創るうれしいまちの６つのビジョンの実現に向け取り組んでいるところであり、自己決定・自己責任の地方分権の時代に適切に対応し、21世紀の新しいまちづくりを実現するためには、市民の方々と共に手を携え、共に知恵を出し合い、共に汗して取り組まなければならないものと考えております。
　「ぱ・る・るプラザ青森」は、「地域住民が豊かな学習、文化、余暇活動等に多目的に利用できる」ことを目的とした施設でありますことから、「ぱ・る・るプラザ青森」が、市民とのパートナーシップづくりの拠点のひとつとして活用され、親しまれ、その結果として、中心市街地の活性化、さらには、６つのビジョンの実現に資することを願っているところであります。

アーティスト・イン・レジデンスの拠点として

名古屋大学大学院環境学研究科　教授
清水 裕之

　"ぱ・る・るプラザ青森"の完成おめでとうございます。郵政事業庁施設情報部の南一誠さんより依頼されて設計段階における基本方針の設定などに参加させていただき、貴重な体験をさせていただきましたことを感謝申しあげます。

高いレベルの多目的ホール
　お話をお聞きした当初から、この施設の設計条件にはかなり厳しいものを感じていました。まず、敷地が限られていたことです。当初は宴会場の設置も考えられており、1,000席の性能の高いホールをどのように収容できるかが一番大きな課題でした。

　ホールは、使い勝手を考えると、舞台や客席ばかりではなく、楽屋や倉庫などの必要諸室が同一平面上に集中するという性格を持っており、奥行き、幅ともゆったりした敷地を要求します。

　本施設のようなコンパクトな敷地では、きわめて合理的な配置を考えなければなりません。いろいろな知恵を絞った結果、舞台の広さや客席からの見やすさなど、ホールの基本をしっかり押さえた使いやすい施設になったと考えております。

　二つ目の課題は性能の良い多目的ホールをという設計条件でした。ホール建築では、心地よく響くアコースティックな環境を追求するコンサートホールと、台詞をしゃべり、舞台美術を使い、身体的な演技をする演劇系のホールとは、その設計指針が大きく異なります。

　コンサートホールでは外の音を遮断し、中の音を逃がさないように、がっちりと壁で囲み、さらに響きを豊かにするために、ホールのボリュームを大きく設定し、音を反射するような材料を多く使用します。お風呂場が響くのと同じ原理です。

　一方、演劇系のホールでは、大きな舞台セットを飾るために左右に広い側舞台や、舞台上部にはフライロフトという大きな懐が必要となります。これらは客席からは見えませんが、舞台で芝居を成立させるには必要不可欠なものです。

　ところが、こうした懐はコンサートの時には音を不必要に吸い取ってしまうというやっかいな性格を持っています。そこで、可動式の音響反射板を使って舞台の側面や上方を仕切る工夫が必要となります。しかし、今度はそれが収納されるとフライロフトを塞ぎ、芝居用のセットの吊り込みを邪魔してしまいます。

　本ホールでは出来るだけコンパクトな天井反射板を設計し、また側面反射板はスライドして舞台後方へ格納することを考えました。

　また、演劇使用時には舞台と客席との間に門型状の仕切、すなわちプロセニアムアーチが構築されます。コンサートにおいてはこれは不要で、むしろ舞台から客席にスムーズに繋がるような天井や側壁の処理が好ましい。この矛盾を処理するために特に気を使い、客席前面の側壁と上部に可動式のプロセニアムアーチを設定しました。

　コンサートホール使用時には両側のプロセニアムアーチはホールの側壁になるし、側面はちょうどドアが回転するようにスイングさせ、上部はフライロフト上に上昇して格納することによって舞台と客席

との一体的な繋がりと音の響きを確保しました。演劇時にはそれを引き出すことで、反対に広い舞台としっかりしたプロセニアムアーチを構築することが可能となりました。

客席からはわかりませんが、舞台のセットを吊り込むための仕掛けである吊り物設備にも留意しています。特に道具バトンには可変速機能を充実させ、オペラやバレエのように音楽に合わせたタイミングで舞台転換ができるように考えています。

さらにコンピュータで全体を安全、かつ微妙な演出に合わせた動きが実現できるように工夫しました。フライロフト上部には、すのこといわれる作業床が設置されていますが、メンテナンスや演出上の要望に安全かつ多様に応えることが出来るように、床面にワイヤーを這わせることは控え、作業性の高いものを作りました。

音響設備や照明設備にも同様のきめ細かな配慮を行っています。こうした、見えない部分の設計が質の高い公演を支えることになります。

専門家の設計参画

先に一端を披露したとおり、ホールの設計にはきわめて繊細な気配りが要求されます。建築家が単独でそうしたきめ細かな心配りをすることは難しいので、良いホールを設計するには良い専門家とのパートナーシップが不可欠になります。

本ホールにおいても音響設計は日本でもっとも経験豊かなコンサルティング事務所である株式会社永田音響設計、照明設計はやはり経験豊かな佐藤壽晃さんにお願いしました。

本ホールが水準を大きく超えた心配りを至る所に見せているのは、こうした専門家の方々のきめ細やかな設計アドバイスと徹底した監理監修によるものと思います。

郵便貯金ホールの伝統

旧郵政省は郵便貯金ホールなどの建設を通して、わが国のホール文化に対して大きな貢献をしてきました。私も、学生時代には出来て間もなかった東京芝の郵便貯金ホールへ通い、すばらしい催し物を鑑賞しました。キース・ジャレットのジャズ演奏などは心に残っています。ホール設計を生涯の仕事としようと思うきっかけを作ってくれたといっても過言ではありません。

近年も本施設に先駆けて建設された、"ぱ・る・るプラザ千葉"では複合文化施設の中核としてすばらしいコンサートホールを完成させています。きっと千葉のみなさんは良い音楽に触れる機会が増えて喜んでおられると思います。

残念ながら、このような文化への大きな投資は少子高齢化がどんどん進むこれからの時代においては、経済的に非常に難しくなってくることが予想されます。しかし、若者を育て、シルバーエイジに生き甲斐と輝きをもたらす大きな役割を芸術活動が担っていることに間違いはありません。

むしろ、これからがこのような施設が社会に生きる時代なのではないでしょうか。こうした良き伝統はこれからも続けていただきたいものです。

ハードからソフトへ

　昨年の11月末に文化芸術振興基本法が制定されました。全国にたくさんの文化ホールを抱え、さまざまなパフォーマンスが日々行われているわが国には、これまで文化芸術に関する基本的な法律がなかったことをご存知だったでしょうか。博物館には博物館法があり、学芸員などの雇用が義務づけられていたのに対して、特に、ホールにはそうした法律は永く存在せず、むしろ個人の趣味、慰みの問題として考えられ、政策的な課題として取り上げられることは少ない状況でした。

　しかし、1970年代、80年代ぐらいから少しずつ様子が変わってきました。少し古くなりますが、神奈川県などから行政の文化化という言葉が提唱され、それに伴って文化的サービスも行政の大きな役割として認識される時代に変わり、各地の自治体は地域の人々のこうした文化的欲求を察知し、機能的にも優れたホールを建設するようになりました。

　このような文化ホールの設置が全国にどれほどの恩恵をもたらしたか、考えられたことは少ないと思います。それは本当に素晴らしい多様な表現活動の場を提供してきました。全国各地で世界の一流の公演が鑑賞できるような国は世界を見渡してもあまりありません。このことはもっと評価されて良いのではないでしょうか。

　しかし、一方でまだホールが地域に根づいていないという声も多く聞かれます。それはどうしてでしょうか。こうした一流の芸術公演がよそ行きの文化だからでしょうか。決してそうではないと思います。

　大きな課題なのは、こうした公演が多くは巡回公演の形を取っているために、1日限りで地域を通り過ぎてしまい、芸術家と地域の人々の交流や地域で文化を語り合う場が生まれにくい環境にあるからではないでしょうか。

　青森ではいま、アーティスト・イン・レジデンス、すなわち滞在型の文化創造が話題になっていると聞いています。これからの文化創造はどこかから完成された作品を借りてくるだけではなく、地域で作り上げ、その創造の過程に出来るだけ多くの人々が関わるような仕組み作りが必要になってくるのではないでしょうか。

　全国各地で、市民が自ら文化芸術活動を支えようと、98年に制定された特定非営利活動促進法（通称ＮＰＯ法）を活用して、芸術文化に関わる活動を展開し始めています。かく言う私も、愛知でＮＰＯ法人世界劇場会議名古屋の理事長を務め、毎年、全国に向けて劇場の問題を話し合う場として、国際フォーラムを開催しております。

　青森でも、この施設を核として、芸術文化関係の市民活動が活発になることを切に希望します。

　これからは、公的な事業体と市民パートナーを組んで地域の公益的な文化芸術活動を支えていく時代になるでしょう。青森はもともと文化豊かな伝統のある町です。ぜひ、すばらしい作品をみなさんの手で世界に向けて発信してください。

【目次】

「ぱ・る・るプラザ青森」完成に当たって……2
青森市長 佐々木誠造

アーティスト・イン・レジデンスの拠点として……4
名古屋大学大学院環境学研究科教授 清水裕之

第I部 計画・設計

建物概要・基本図……18
建築計画・設計……28
舞台機構設計と舞台照明設計……38
ぱ・る・るホールの音響設計……46
CGを活用したホールデザイン検討……52
地元芸術家の参画
　　ホール緞帳の製作……54
　　津軽塗り……58
　　ブナヴァインアート……60
　　津軽こぎん刺し……62

第II部 工事概要

工事工程写真……64
総合仮設計画……68
地下防振工事……72
鉄骨工事の冬期施工……77
ぱ・る・るホールの防振工事……80
ぱ・る・るホールの舞台機構……94
ぱ・る・るホールの内装工事……102
ぱ・る・るホールの椅子……104

第III部 設備計画

電灯その他設備……106
受変電設備……111
空気調和設備……112
給排水衛生設備……114
舞台音響設備……116
舞台照明設備……119
昇降設備……120

参考資料

仕上表……122
建物概要……124
舞台照明調光設備一覧表……125
舞台照明器具表……126
移動器具表……128
工事契約一覧……129
担当者一覧……130

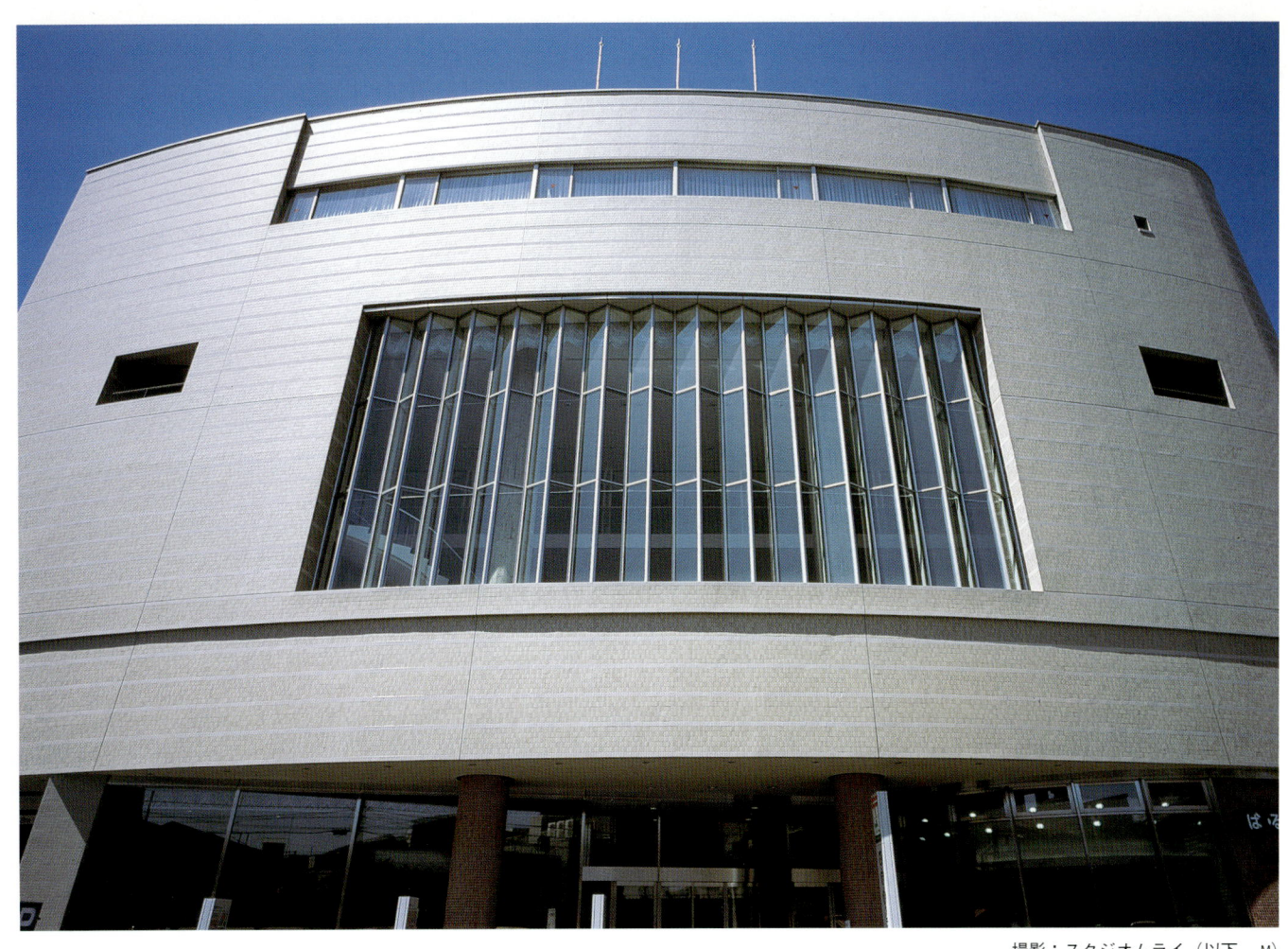

撮影：スタジオムライ（以下　M）

撮影：イースタン写真（以下　E）

JR青森駅周辺

岩木山を望む遠景

ホワイエ

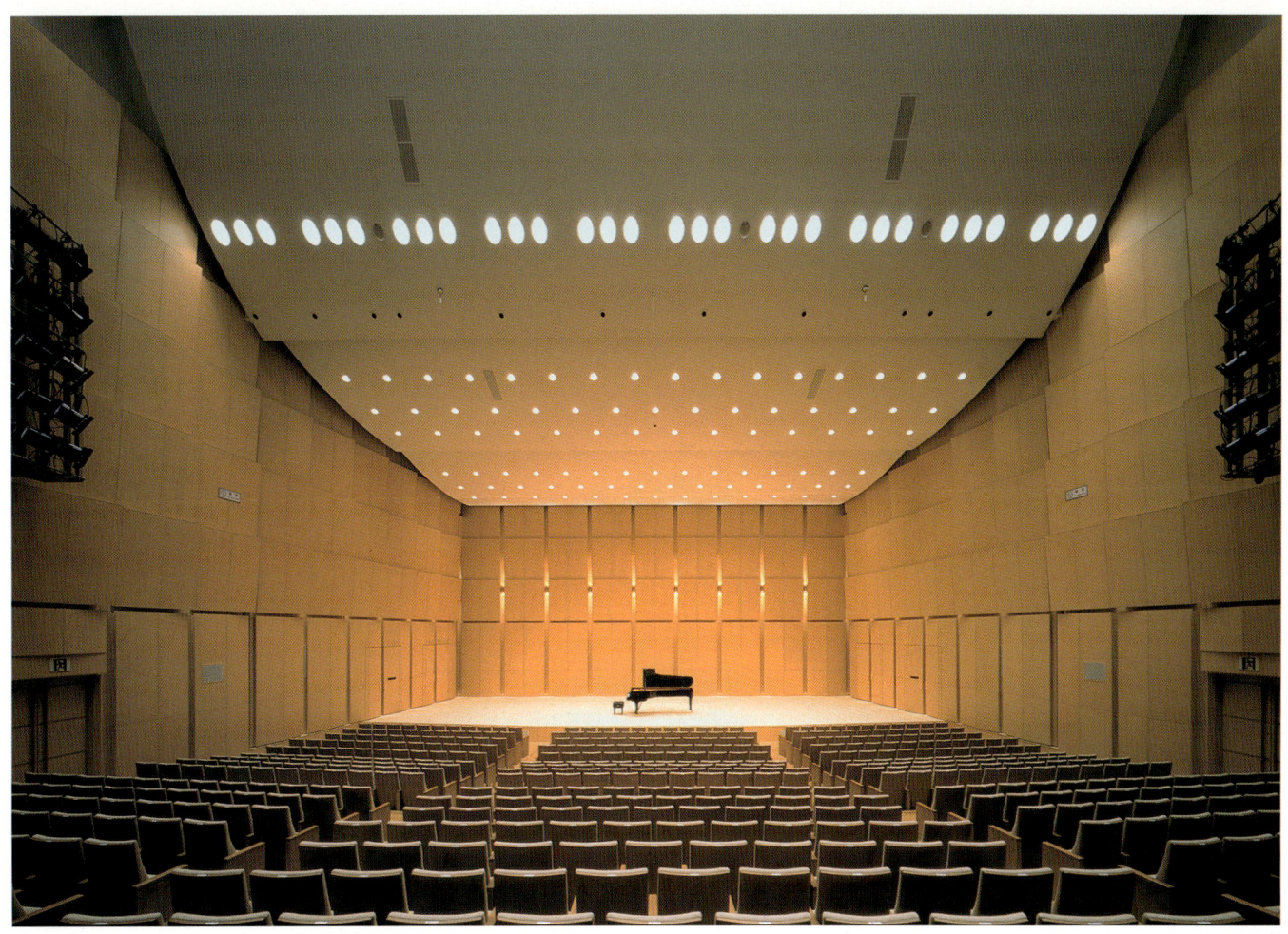

多目的ホール（シューボックス形式）

多目的ホール（プロセニアム形式）

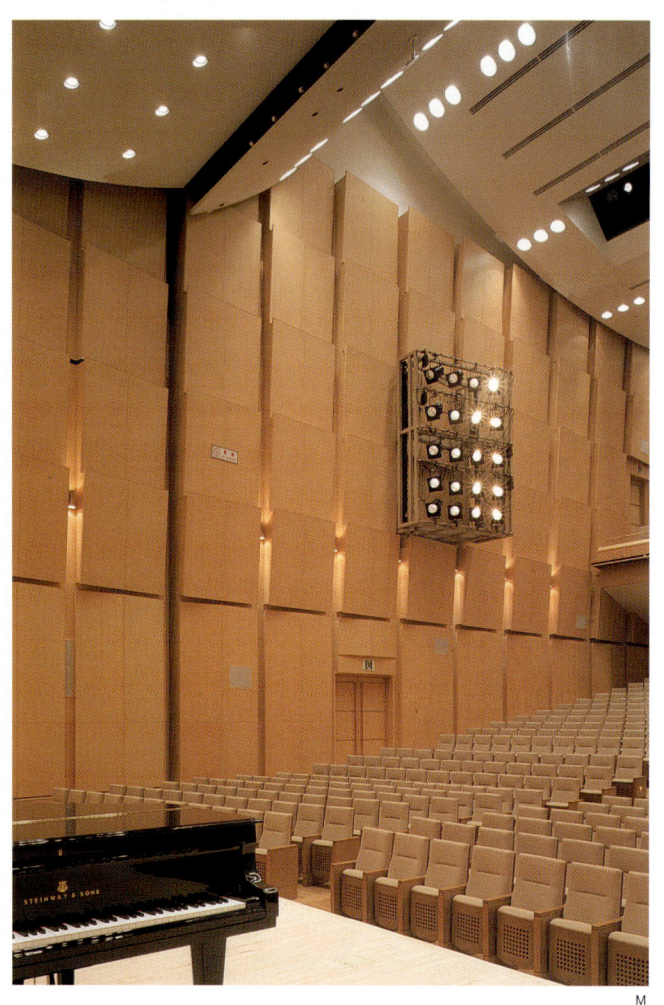

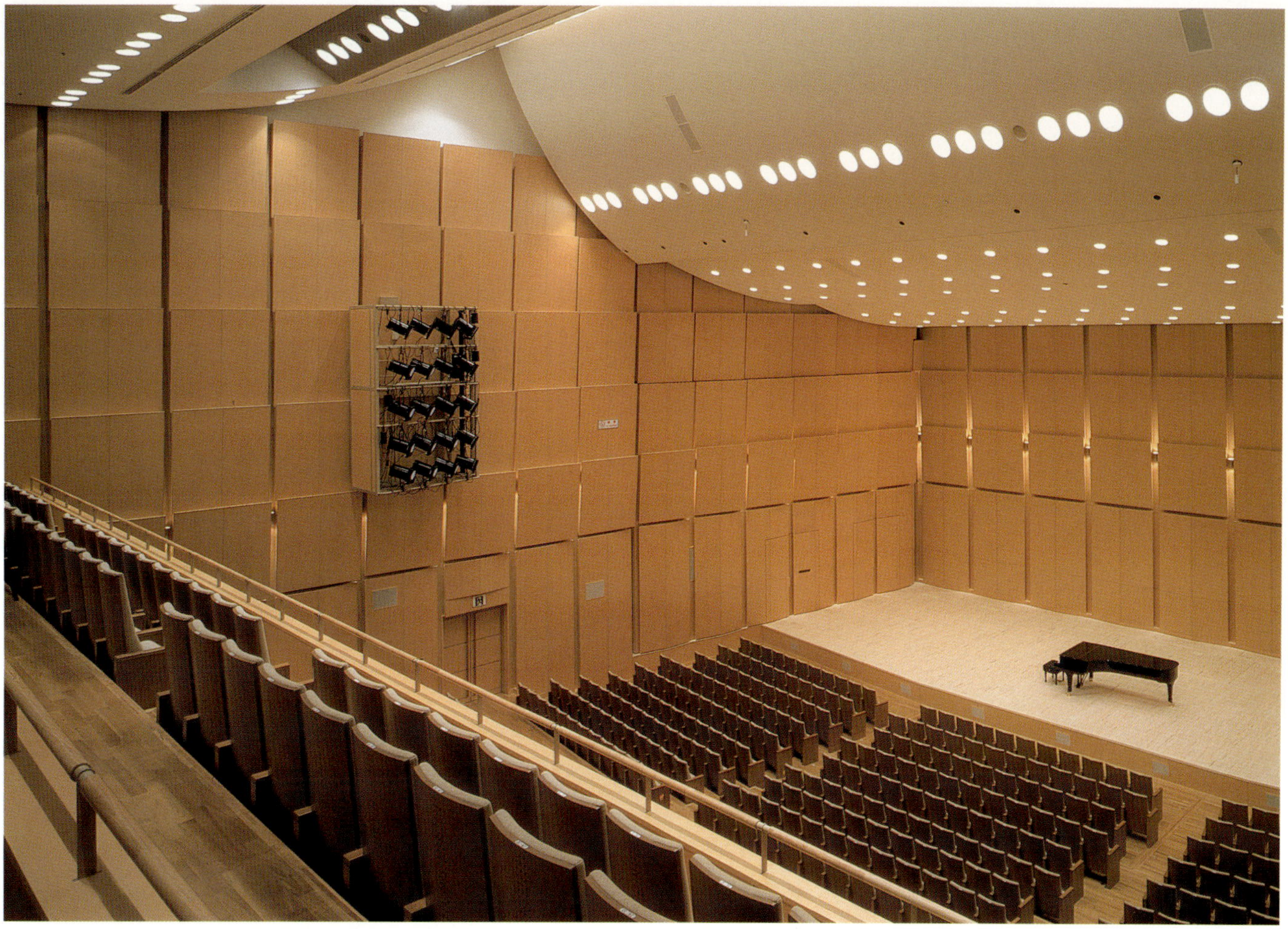

M

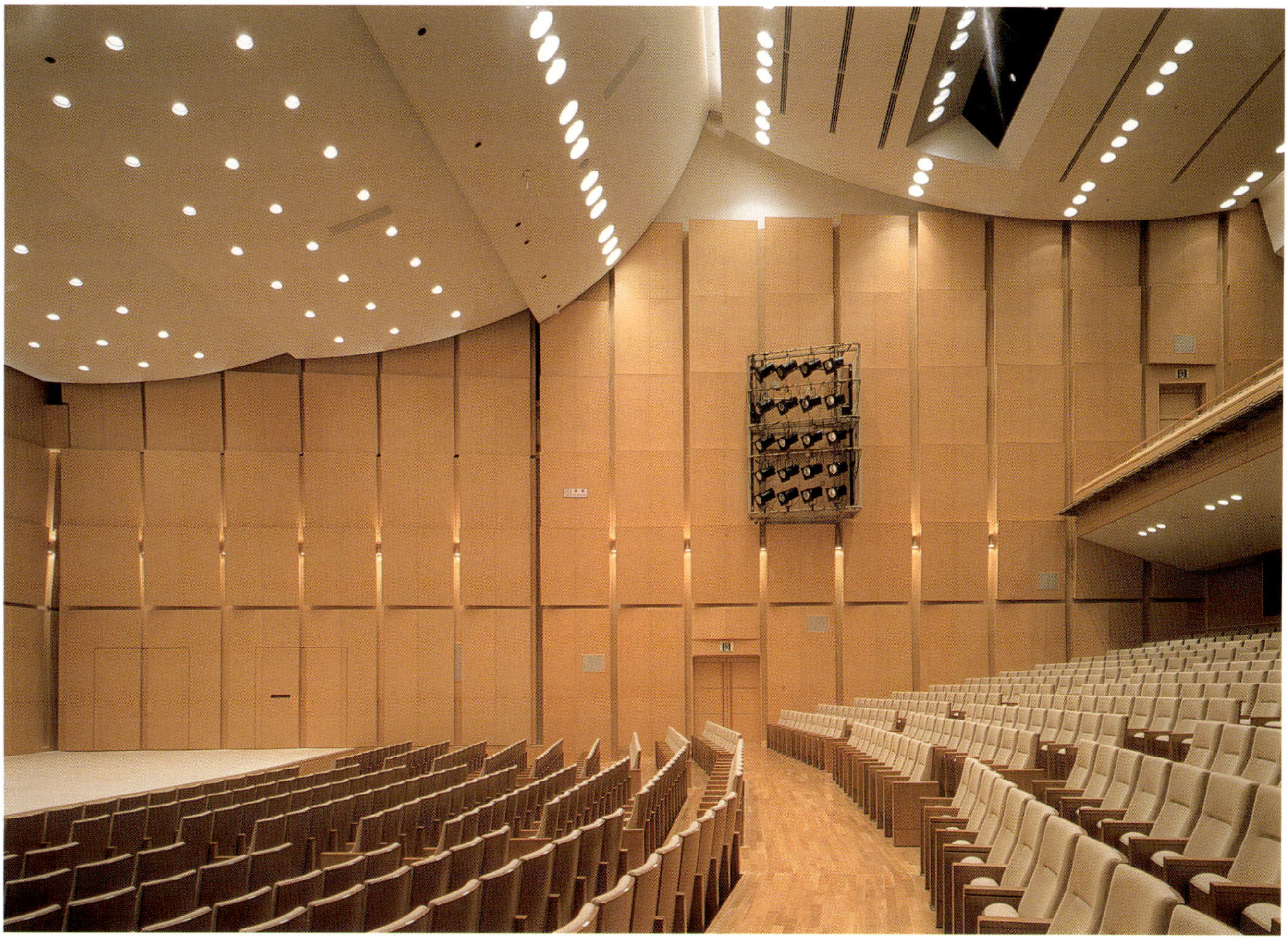

M

レストラン

第1部

計画・設計

建物概要・基本図…………18

建築計画・設計…………28

舞台機構設計と舞台照明設計…………38

ぱ・る・るホールの音響設計…………46

CGを活用したホールデザイン検討…………52

地元芸術家の参画
　ホール緞帳の製作…………54
　津軽塗り…………58
　ブナヴァインアート…………60
　津軽こぎん刺し…………62

建物概要・基本図

所 在 地 ：青森市柳川一丁目42-34

敷地面積： 2,869.84 m²
建築面積： 2,412.53 m²
延床面積： 11,534.75 m²
構　造： 鉄骨鉄筋コンクリート造
規　模： 地下1階、地上6階
最 高 高： 38.005 m
最高軒高： 37.320 m

工　期
着　工： 平成10年11月11日
完　成： 平成13年 5月 6日

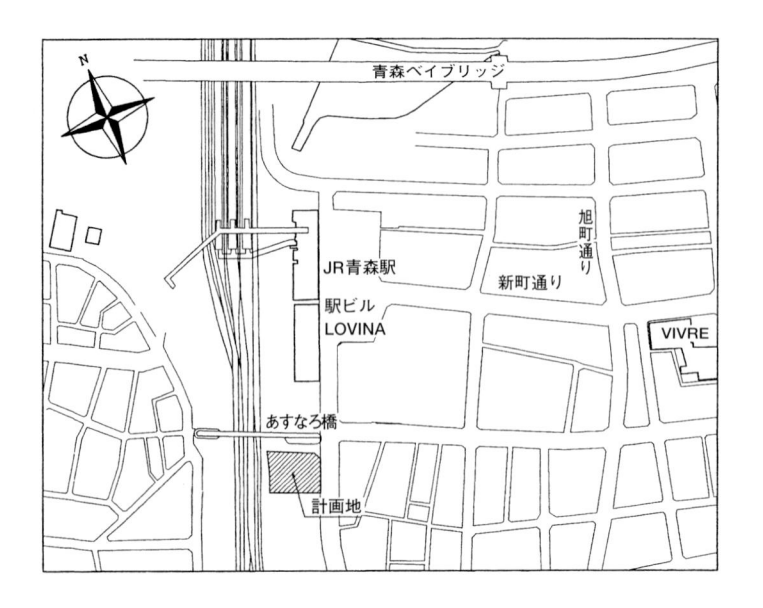

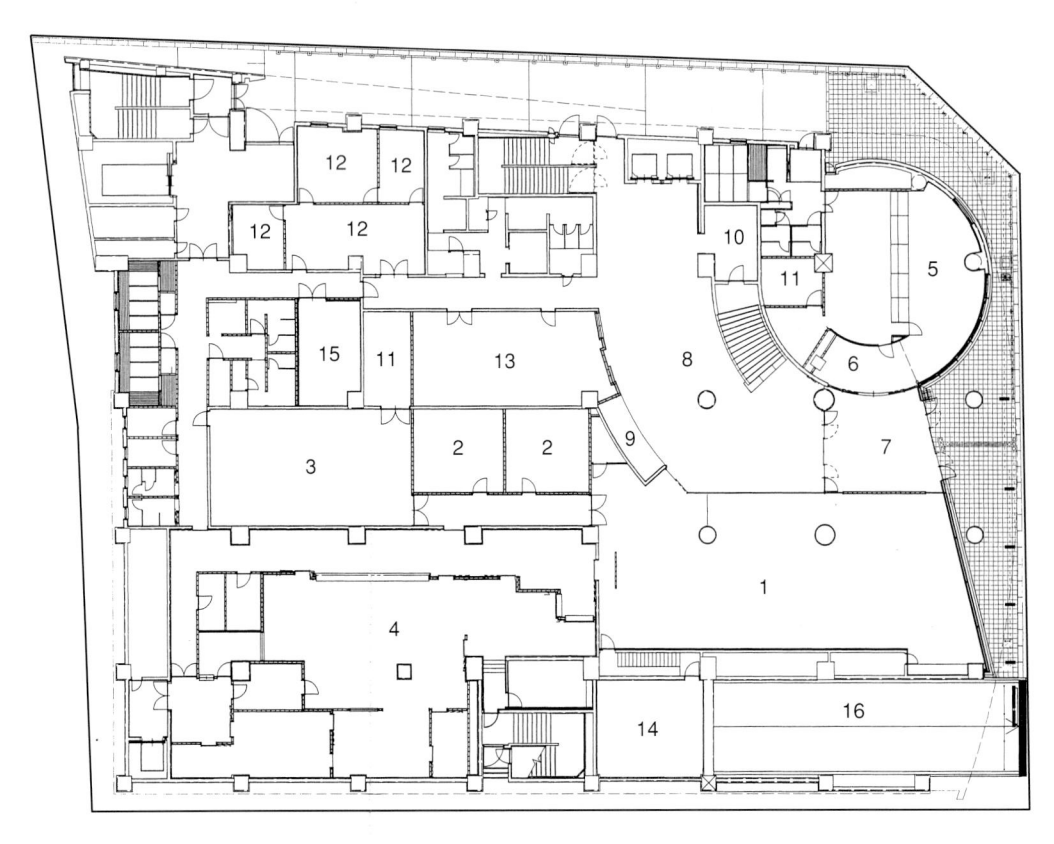

配置図・1階平面図

1　レストラン
2　レストラン（個室）
3　会議室
4　厨房
5　郵便局
6　ATMコーナー
7　風除室
8　エントランスホール
9　青森情報コーナー
10　コインロッカー・
　　公衆電話
11　倉庫
12　暮らしの相談センター
13　総務事務室
14　空調機械室
15　排煙機械室
16　スロープ

第 I 部　計画・設計

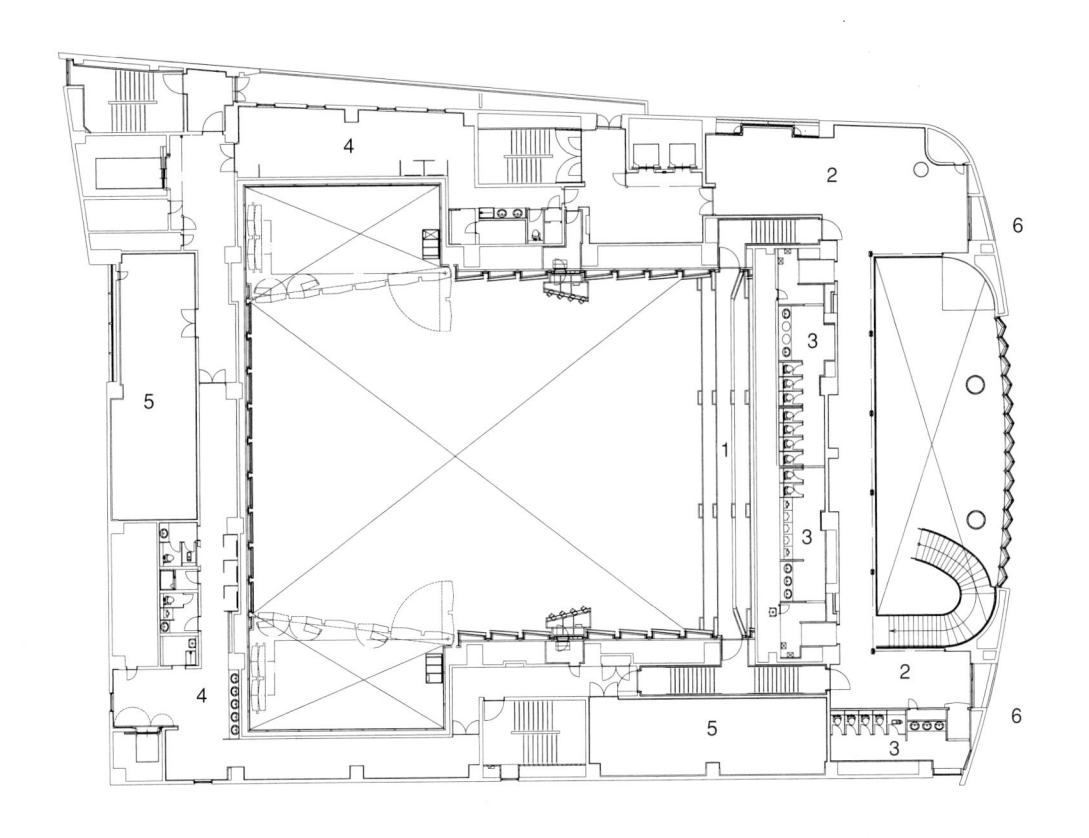

3 階平面図

1　バルコニー客席
2　ホワイエ
3　客用洗面所
4　楽屋
5　空調機械室
6　非常用進入口

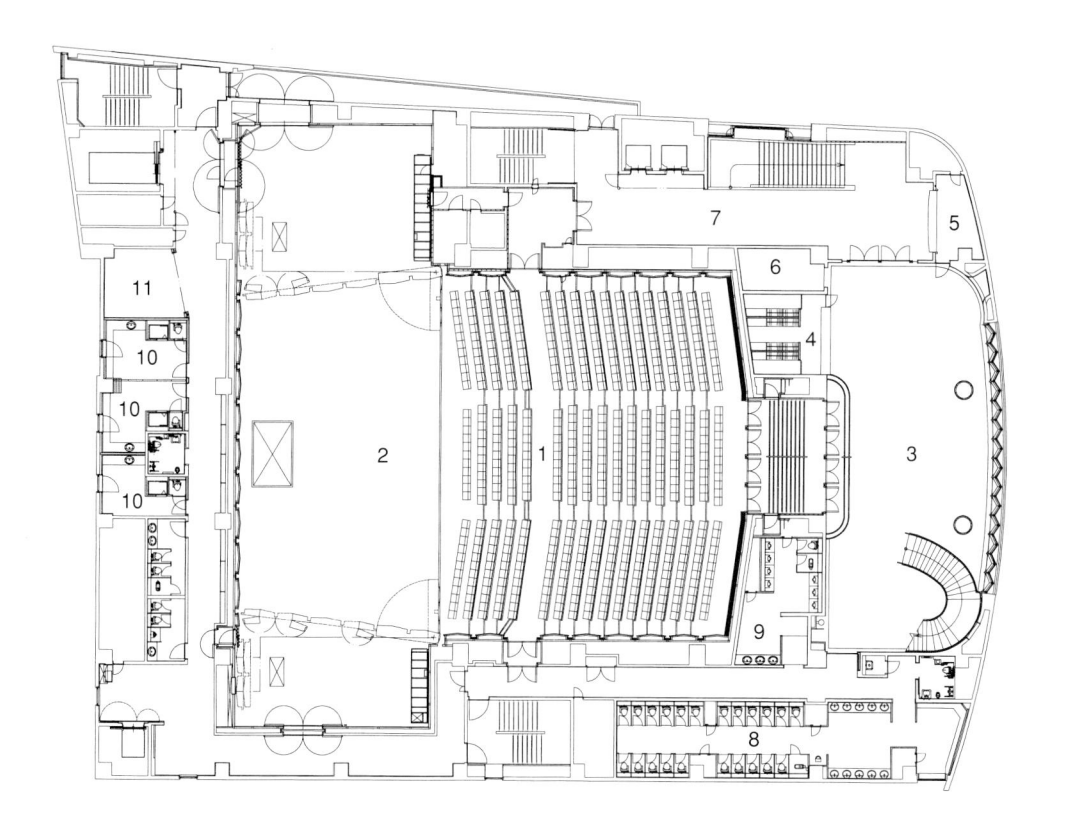

2 階平面図

1　多目的ホール
2　舞台
3　ホワイエ
4　クローク
5　主催者事務室
6　コインロッカー
7　エレベータホール
8　女子洗面所
9　男子洗面所
10　楽屋
11　ピアノ庫

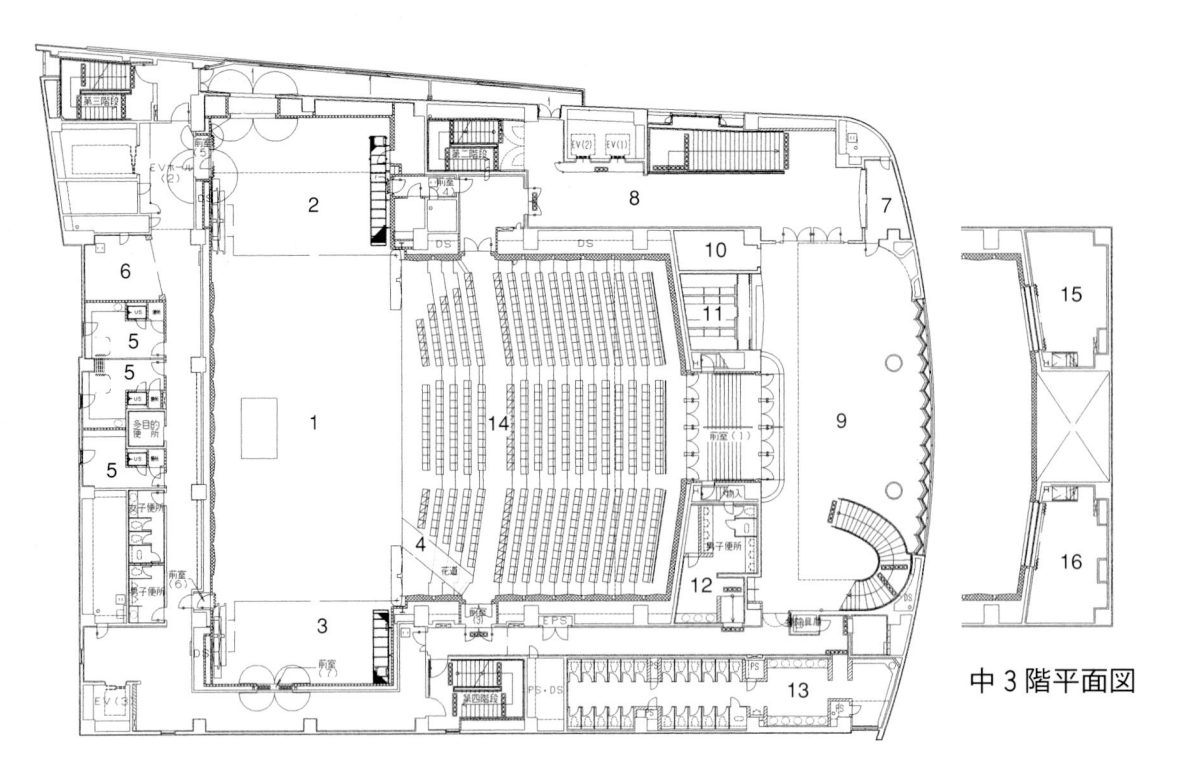

2階平面図（演劇型式）

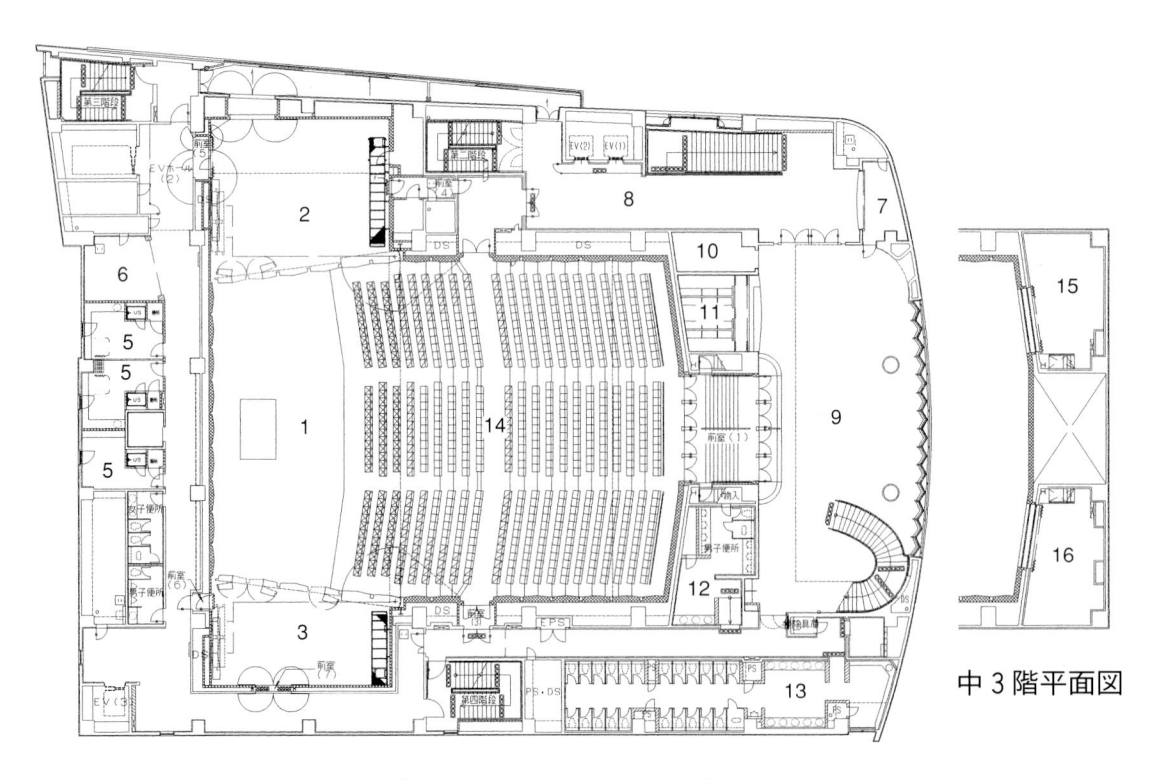

中3階平面図

2階平面図（コンサート型式）

中3階平面図

1	舞台	9	ホワイエ
2	脇舞台（上手）	10	コインロッカー
3	脇舞台（下手）	11	クローク
4	花道	12	男子洗面所
5	楽屋	13	女子洗面所
6	ピアノ庫	14	客席
7	主催者事務室	15	調光室
8	エレベータホール	16	音響操作盤室

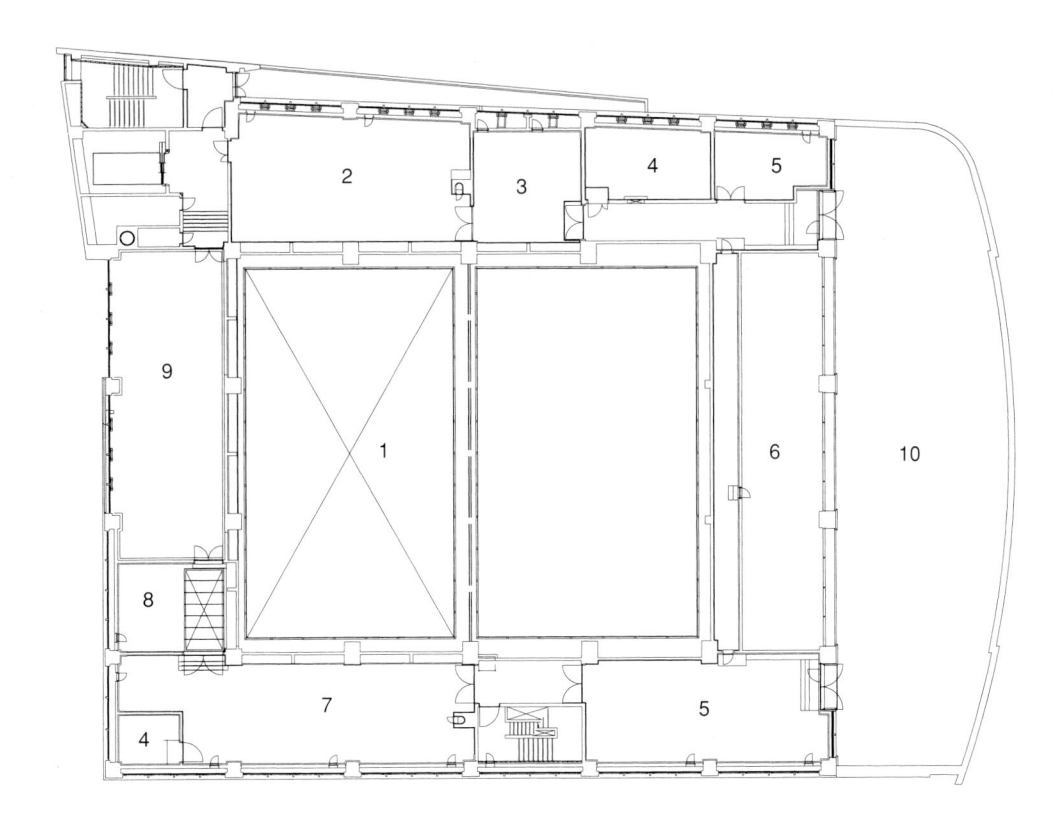

5階平面図

1 舞台上部吹抜
2 電気室
3 発電機室
4 EV機械室
5 外調気室
6 外調機置場
7 ボイラー室
8 排煙機械室
9 クーリングタワー置場
10 屋根

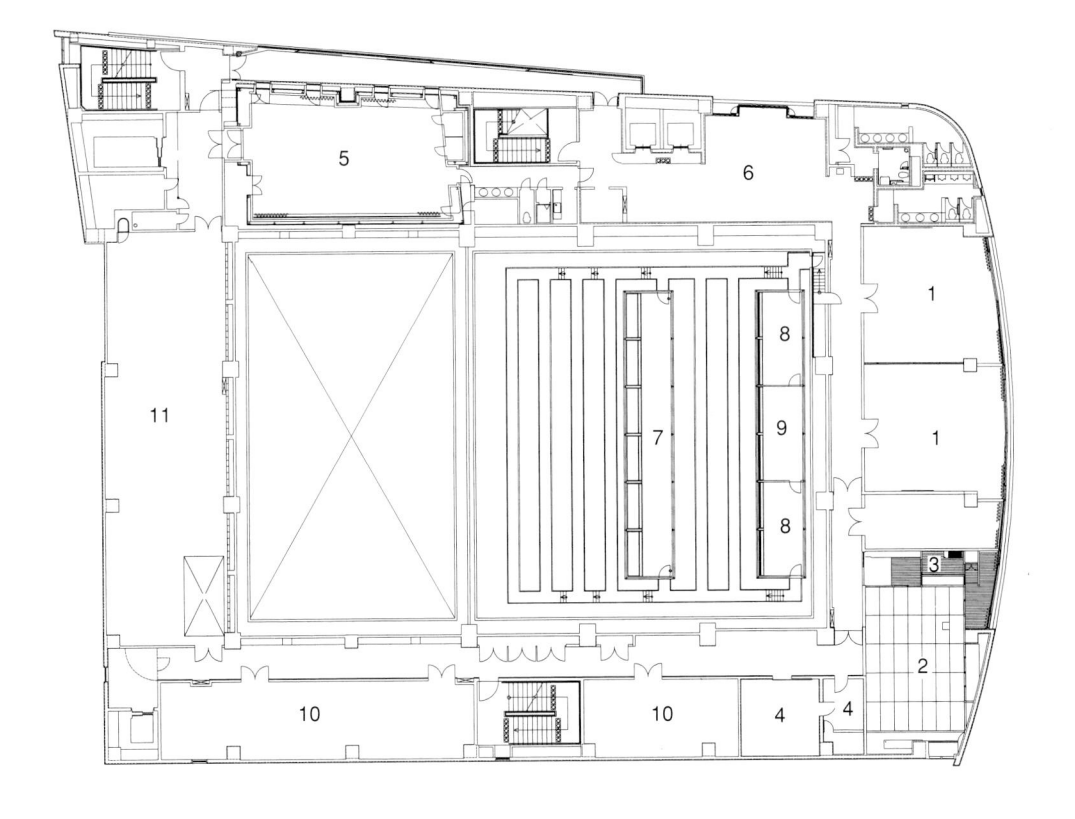

4階平面図

1 会議室
2 和会議室
3 水屋
4 パントリー
5 リハーサル室
6 ロビー
7 第1シーリングスポット室
8 第2シーリングスポット室
9 フォロースポット室
10 空調機械室
11 熱源機械室

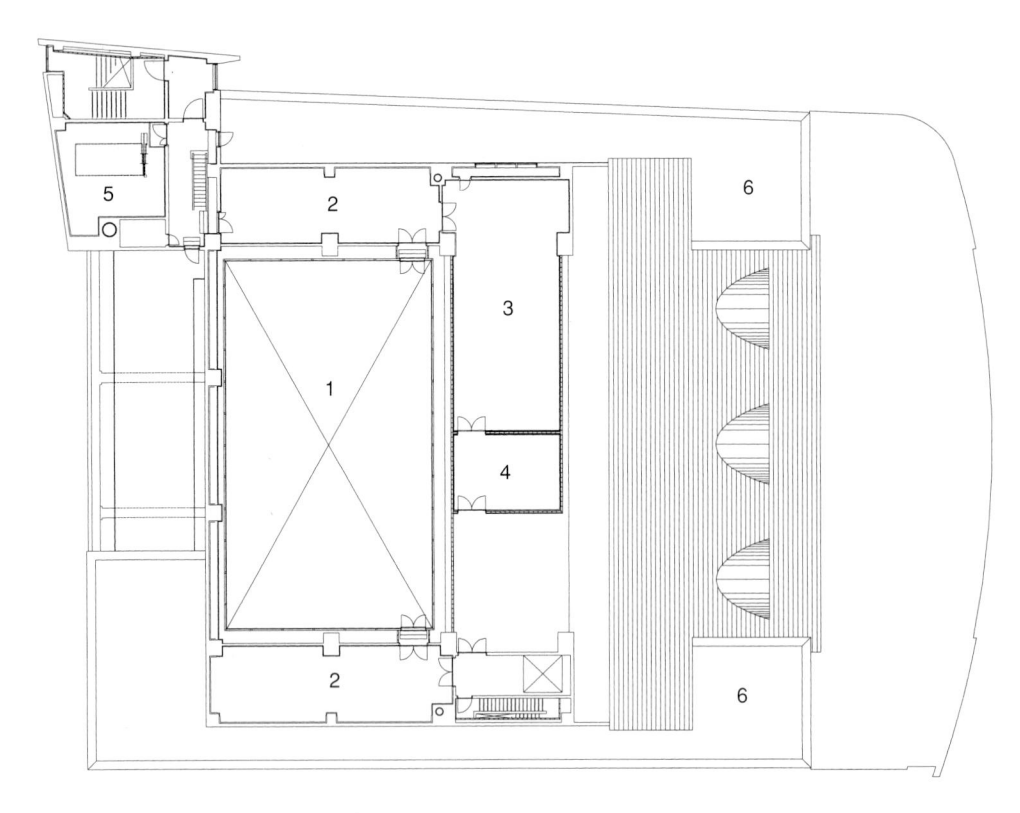

6階平面図

1　舞台上部吹抜
2　吊物装置機械室
3　調光機械室・
　　吊物装置制御盤室
4　排煙機械室
5　ＥＶ機械室
6　屋根

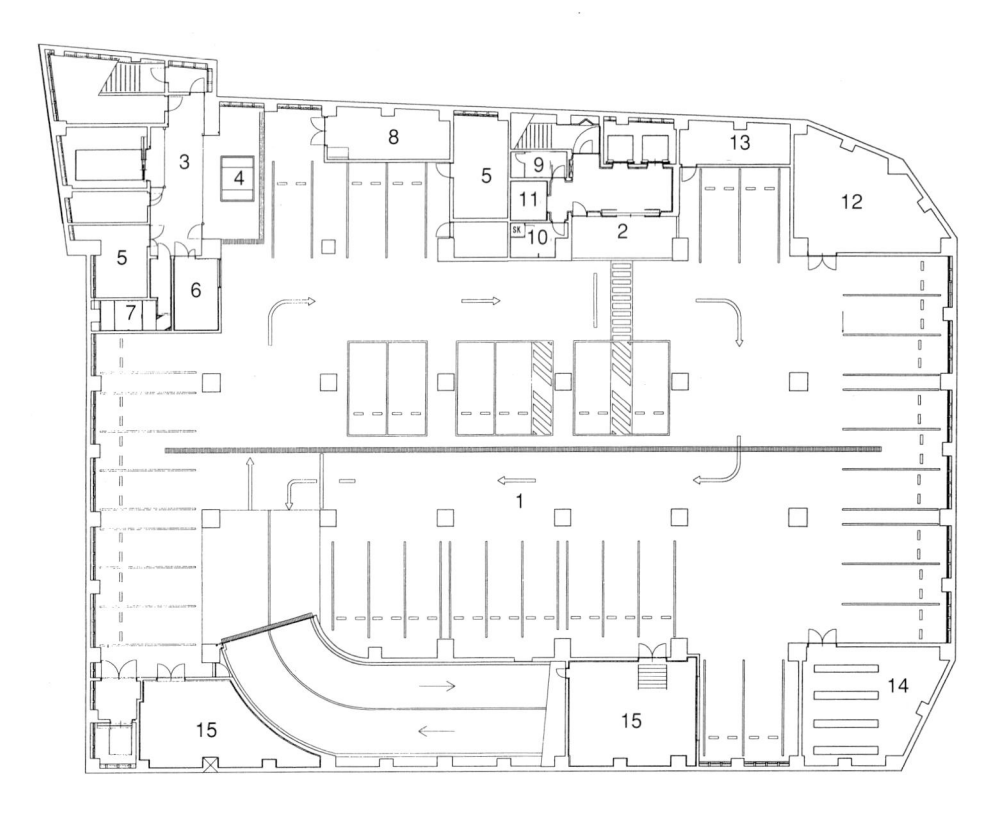

地下1階平面図

1　駐車場
2　車寄せ
3　搬入口
4　油圧リフト
5　倉庫
6　用度事務室
7　清掃員休憩室
8　塵芥置場
9　男子便所
10　女子便所
11　多目的便所
12　消火機械室
13　ガスメーター室
14　受水槽室
15　換気機械室

第 I 部　計画・設計

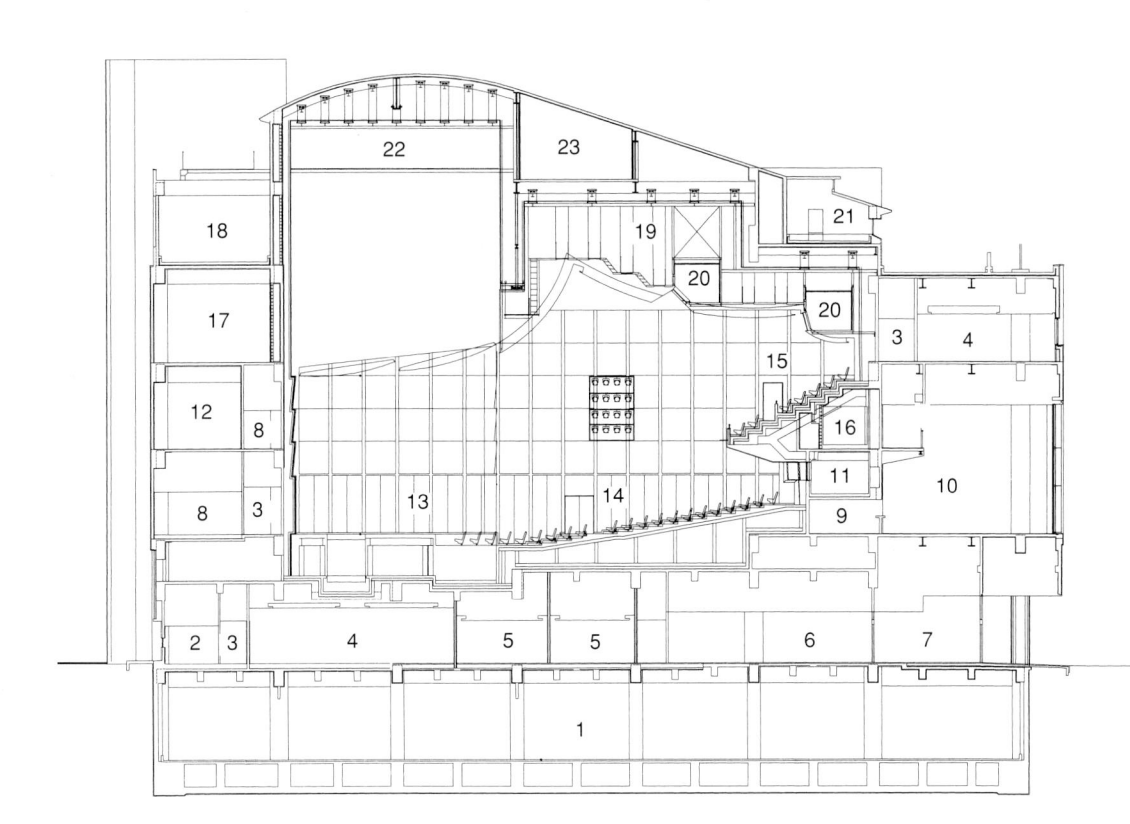

断面図　1

1　駐車場
2　厨房男子更衣室
3　廊下
4　会議室
5　会議室（個室）
6　エントランスホール
7　風除室
8　楽屋
9　クローク
10　ホワイエ
11　調光室
12　空調機械室
13　舞台
14　１階客席
15　２階客席
16　便所
17　熱源機械室
18　クーリングタワー置場
19　キャットウォーク
20　シーリングスポット
21　外調機置場
22　すのこ
23　調光機械室・吊物装置制御盤室

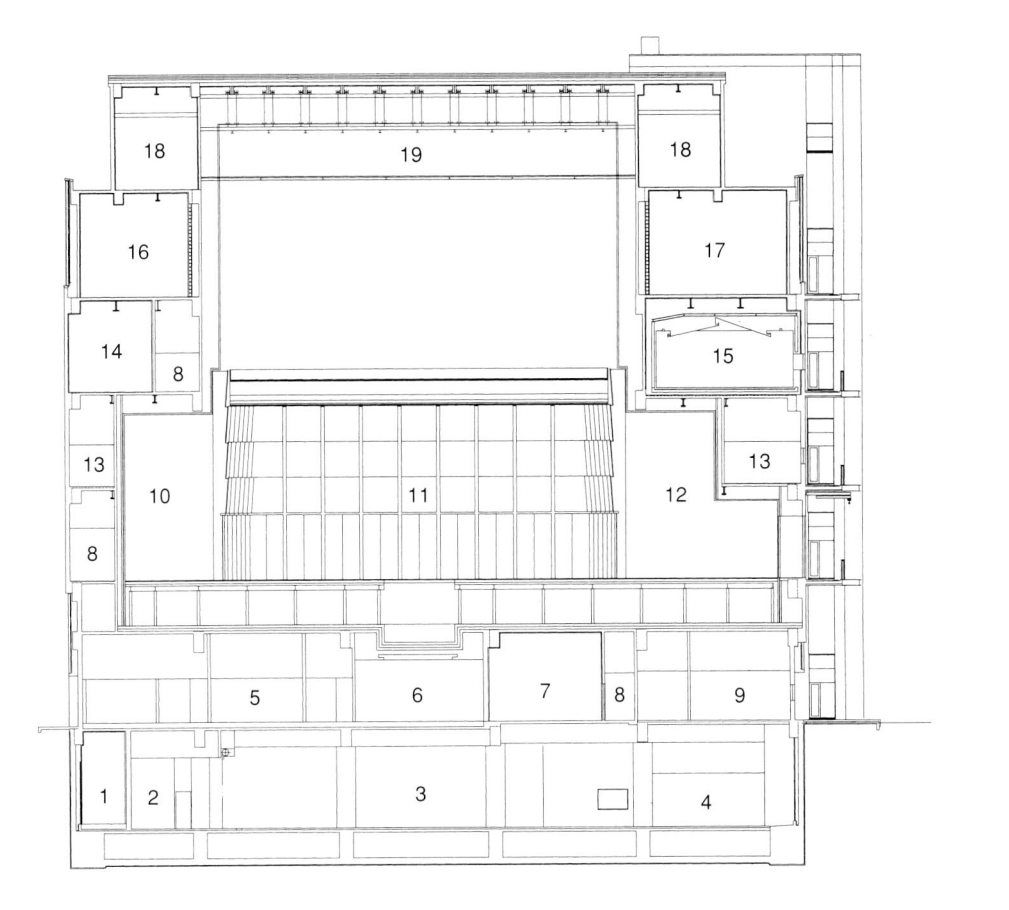

断面図　2

1　換気機械室
2　スロープ
3　駐車場
4　発着場
5　厨房
6　会議室
7　排煙機械室
8　廊下
9　暮らしの相談センター
10　脇舞台（下手）
11　舞台
12　脇舞台（上手）
13　楽屋
14　空調機械室
15　リハーサル室
16　ボイラー室
17　電気室
18　吊物装置機械室
19　すのこ

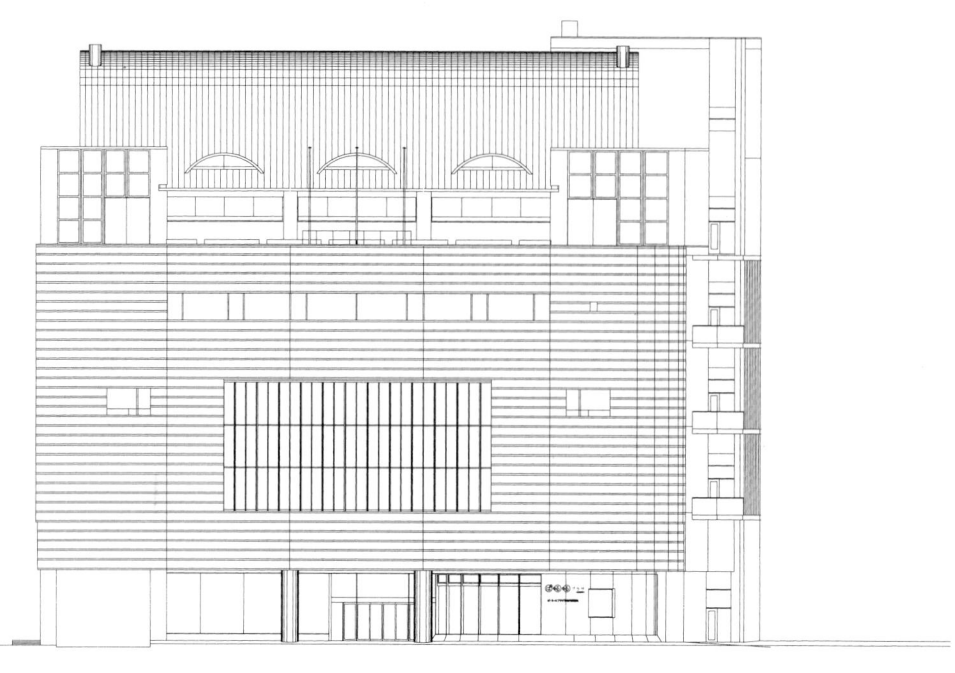

東立面図

第 I 部　計画・設計

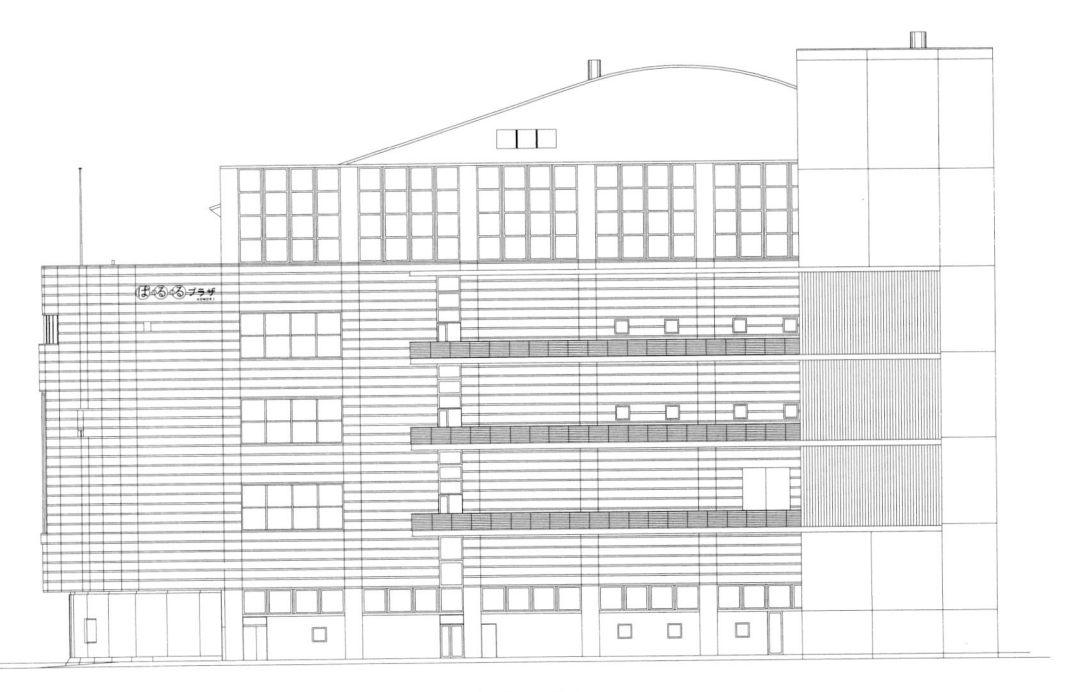

北立面図

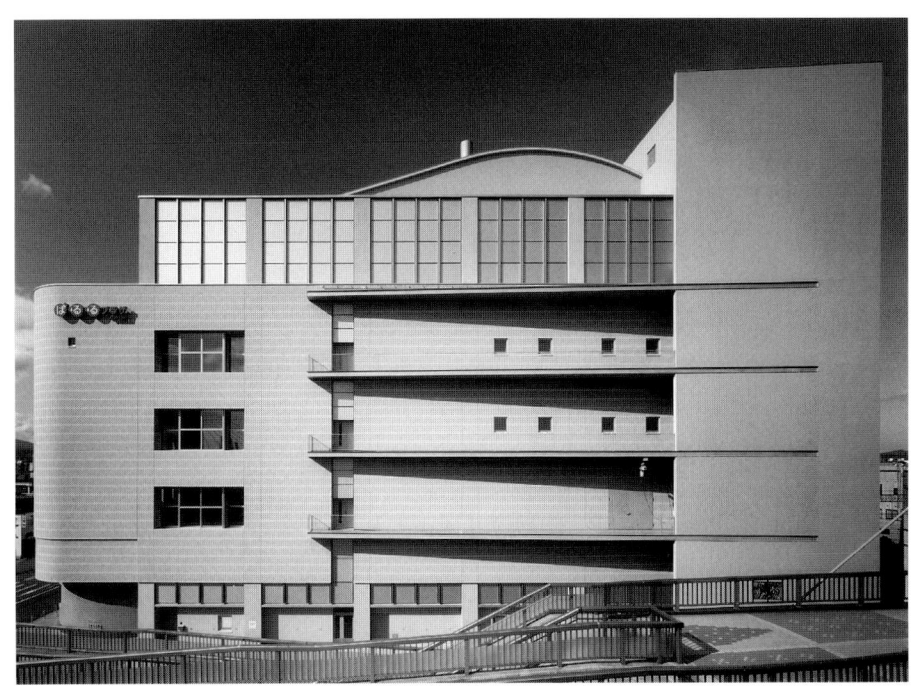

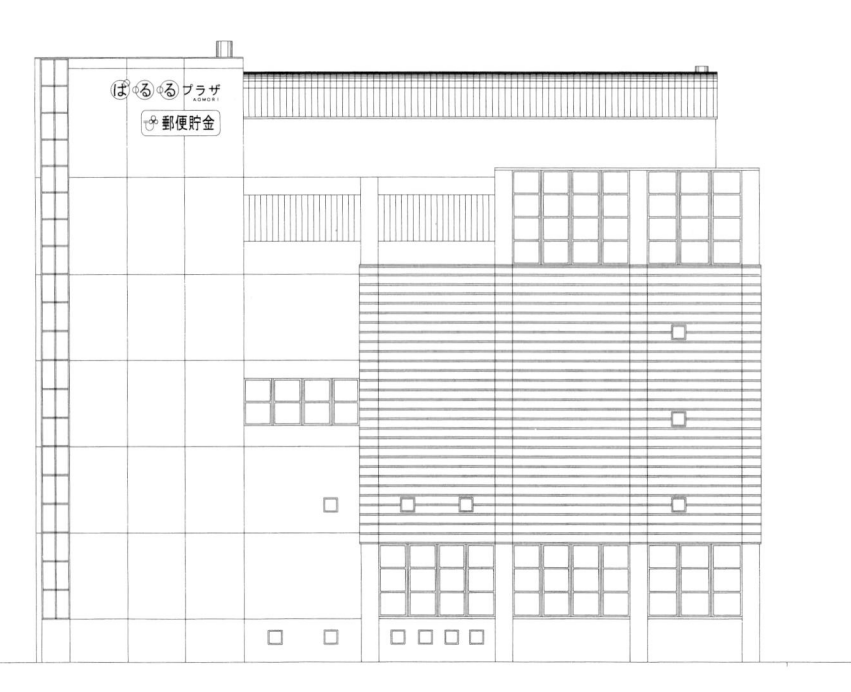

西立面図

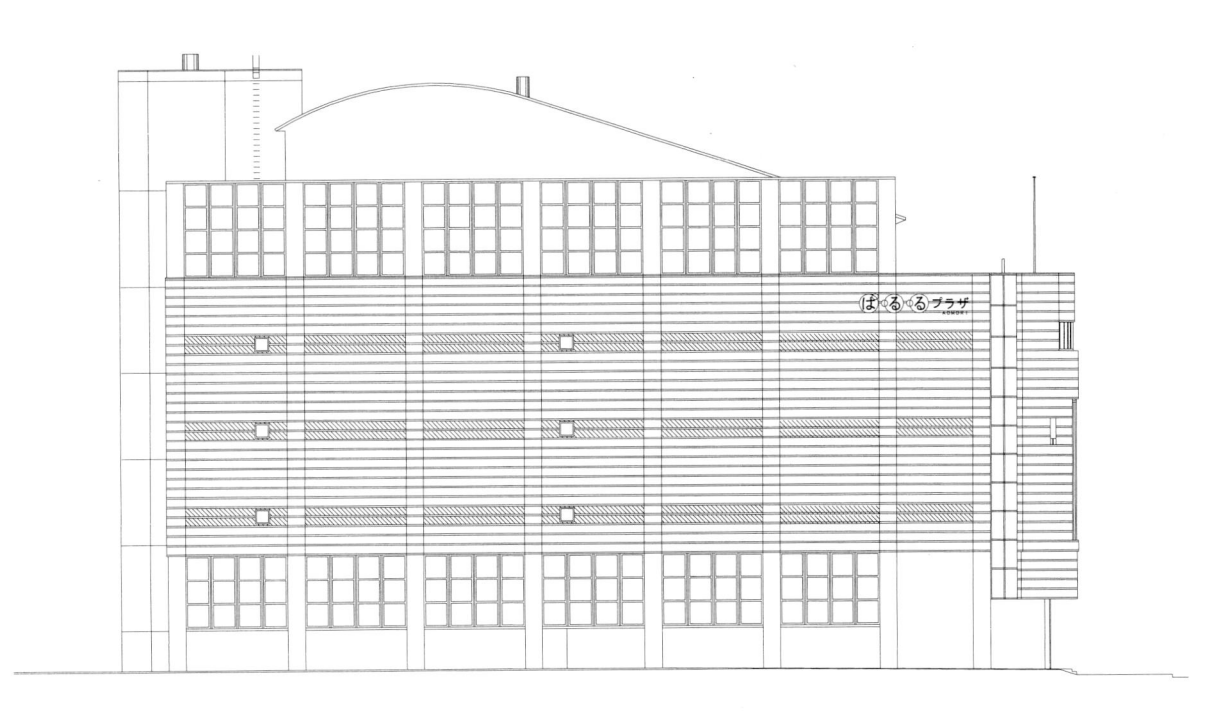

南立面図

建築計画・設計

「ぱ・る・るプラザ青森」は、山口、京都、千葉、町田につぐ全国で5カ所目の郵便貯金地域文化活動支援施設である。この施設は地域住民の方々が学習、文化、余暇活動等多目的に利用できることを目的としている。郵政省（現在、総務省郵政事業庁）が、郵便貯金特別会計の運営経費で建設し、認可法人の郵便貯金振興会に運営管理を委託している。「ぱ・る・る」とは英語の「pal（友人・仲間）」にちなんだ造語で、郵便貯金総合通帳の愛称でもある。施設名には地域の皆様が自由に集い、友人として交流の輪を広げていただきたいという意味が込められている。

◆施設に対する地元ニーズの調査

郵政省は平成5年度予算として27億円を予算計上したが、それに先立つ平成4年11月、東北郵政局貯金部は青森市に対して、「地域文化活動のための施設」設置計画について概要説明を行っている。予算成立を受け平成5年に民間のリサーチ会社に市場調査を依頼し既存施設の立地状況を把握するとともに、地元自治体および地元オピニオンリーダーへのヒアリングならびに一般市民を対象としたアンケート調査が実施された。

自治体からは、
・ホールに関しては青森市文化会館（2,185席）と青森市民文化ホール（565席）の中間規模の施設が求められること
・世界の北方圏の都市が集まる「北方都市会議」や青森、函館、下関、北九州の4市が開催する「海峡フォーラム」などの会議が行える国際交流会館的な大規模会議施設や研修センター的機能を持つ施設の必要性があること
・駅周辺の駐車施設は地下駐車場や駐車場案内システム等の整備により中期的には不足しないと予想されること
・スポーツは自然の中で気軽に楽しめる環境にあるので、フィットネスクラブの需要は高くないこと
・青森らしさという面では「木」に対する関心が非常に高いこと
などの意見が示された。

地域のオピニオンリーダーの方々から提案・要望された主な意見は、
・市内に適当な規模の会議施設がない。文化会館だと大き過ぎ、文化ホールだと小さすぎることがある。きちんとした舞台のついた中規模のホールがほしい
・1,000人規模の集まりでも全体会議と分科会ができる施設がほしい
・音楽や楽器の練習などに自由に使える施設がほしい
・車を運転しない高齢者のための集会施設がほしい
・茶道、華道ができる和室がほしい
・生涯学習の展示ができるギャラリー施設がほしい
・運営に工夫を凝らし、利用日・利用時間を柔軟にする
・夜、自由に使える施設にする
・地域の人、旅行者など誰でもくつろげる場所にする
・駅前は車が混雑するので、駐車場は作らず、建物を大きくする
・施設に「木」を用いて「森・青森」を象徴するようなものにしてほしい
などであった。

ヒアリングの対象は、
　青森商工会議所
　青森県カーリング協会
　青森県婦人スポーツ連盟
　青森市文化団体協議会
　青森市PTA連合会
　地域婦人団体連合会
　青森市老人クラブ連合会
　青森市体育協会
　婦人団体連絡協議会
　婦人学習集団「椿山会」
　青年会議所
　青森市町会連合会
　青森市子ども会育成連絡協議会
の役員の方々であった。

市民アンケート調査は平成5年7月26日から8月13日に18歳以上の青森市民700人を対象に単純無作為抽出、郵送法によって実施した。
・現在行っている余暇活動としては、
　音楽鑑賞　　　　　　14.1%
　ボーリング　　　　　14.1%
　ゴルフ　　　　　　　12.9%
　仕事以外の学習　　　11.8%
　映画鑑賞　　　　　　10.6%
　日曜大工・陶芸・クラフト
　　　　　　　　　　　10.6%
・今後、新たに行ってみたい余暇活動としては、
　音楽鑑賞(コンサート等)
　　　　　　　　　　　18.2%
　絵画・書道　　　　　18.2%
　水泳　　　　　　　　15.5%
　料理・お菓子　　　　12.7%
　語学(英会話等)　　　12.7%
　仕事以外の学習　　　12.7%

外観パース（冬景色の夜景）　　作成：ヒューマンファクター（以下 Ｈ）

・余暇活動に求める楽しみや目的は、
　健康や体力づくりのため
　　　　　　　　　　　　52.9%
　人との交流のため　　　52.9%
　日常生活と違った気分を
　　味わうため　　　　　42.4%
・余暇活動を行う場として利用したい
　施設は、
　　多目的ホール（劇場、音楽
　　ホールを含む）　　　48.5%
　　カルチュアセンター　17.7%
　　クアハウス　　　　　14.6%
　　宿泊施設　　　　　　14.6%
　　スイミングスクール　12.3%
　　屋内テニスコート　　11.5%
・付帯施設としては、
　　レストラン・喫茶　　55.4%
　　宿泊施設　　　　　　47.7%
　　情報提供コーナー　　44.6%
という回答であった。

　クロス集計の結果、現在行っている余暇活動としては男性の場合、ゴルフ、日曜大工が上位を占め、将来行いたいものとしては音楽鑑賞、水泳・スキューバダイビングに人気が集まっていた。女性の場合、現在、将来ともほぼ全種目に平均的に回答が分布していたが、日本舞踊、琴、三味線の人気は低かった。余暇活動の現状として、年齢的には20歳代、30歳代の若者の間ではボーリングに人気があり、40歳代以上の中高年者の間ではゴルフ、日曜大工・陶芸・クラフトの人気が高かった。将来的には年齢を問わず、音楽鑑賞に人気があり、20歳代、30歳代の若者の間で水泳、フィットネスに人気があった。希望する余暇活動施設としては、男性では「多目的ホール」「宿泊施設」「クアハウス」が、女性では「多目的ホール」「カルチュアセンター」が上位を占めた。年齢別に見ると20歳代、30歳代はスポーツジム、スイミングプール、クアハウスに人気があり、年齢に関係なく平均的に「多目的ホール」の人気が高い結果となった。

◆施設構成内容に関する地元との調整

　平成5年6月、青森市連合町会長等から郵政省に対して、
・公民館機能を持つこと
・旅行客が休める所にすること
・棟方志功など地元画家の作品展示コ

断面パース（計画案）

ーナーを設置すること
・建物前面をガラス張りにすること
などからなる要望・提案が提出された。

　平成5年9月30日、東北郵政局は日本国有鉄道清算事業団より2,869.84㎡の用地を取得した。この敷地はかつては鉄道線路敷であった場所であり、東北郵政局が取得する直前においては、JRバスの操車場として利用されていた。青森を含む全国10ヶ所の郵便貯金地域文化活動支援施設用地はすべて国鉄清算事業団から取得したものである。

　平成5年10月、郵政省、東北郵政局、青森市の打ち合わせが行われ、青森市としては1,000人規模のホールや前面歩道の融雪を望んでいることが示された。しかし建設予定地は当時、準工業地域に用途指定されており、中規模ホールを建設するには平成8年度に予定された商業地域への変更を待つことが必要であった。

　平成5年12月に行われた東北郵政局貯金部と青森市の打ち合わせで、青森市からは、
①プールについては近隣に施設があるので郵政省の施設には不要であること
②青森市にはイベントホールとして2,000人規模および500人規模のものがあるが、中規模の1,000人規模のイベントホールがなく、その設置が

望まれていること
が示されている。

　平成6年9月、地元関係者と郵政省貯金局、郵便貯金振興会の間で施設概要について意見交換が行われた。平成6年12月、東北郵政局貯金部から郵政省貯金局に対して、
①地元ニーズに合致すること
②青森県の特色を織り込むとともに、青森市の発展につながること
③幅広い階層に利用されること
④郵便貯金の周知宣伝施設としてふさわしいこと
⑤健全経営が可能であること
を基本的視点とした文化施設としての計画案が提出された。この時、施設に地元県産の青森ヒバを使用することも提案されている。

　平成6年夏、郵便貯金会館（メルパルク）などの管理運営を担っている郵便貯金振興会に企画本部が設置され、今後新築する郵便貯金周知宣伝施設の基本構想の作成を所掌することになった。「ぱ・る・るプラザ青森」についても、地元の要望と収支予測を勘案して施設内容を検討する作業が行われた。基本的には個々の周知宣伝施設は収支相償となることが原則であるが、今回の青森の施設は多目的ホールの支出を

補う収益部門を持っていない。クア施設を多目的ホールの上階に設けて収益性を向上させることも検討されたが、地元との関係を尊重して見送られた。「ぱ・る・るプラザ青森」の管理運営費の一部は、仙台メルパルクなど全国各地にある他の郵便貯金周知宣伝施設の余剰金で補われることとなる。

平成7年8月に、郵政省貯金局と青森市の間で具体的施設内容について打ち合わせが行われた。郵政省からは、
①施設コンセプトは青森市にふさわしいものにすること
②施設内容としては郵便局、暮らしの相談センターの他、多目的な用途に対応できる施設とすること
③フィットネス施設については、市内にある民間施設への影響が懸念されるので設置しないこと
④駐車施設は条例上必要とされる付置義務駐車台数程度とすること
⑤運営は郵便貯金振興会が補助金等を受けずに独立採算で行うこと
などを説明した。

青森市からは、
①青森市にない中規模の多目的ホールを強く望むこと
②多目的ホールは音楽の専門家の要望に対応できる固定席とすること
③会議、研修施設にあわせてカルチャー施設を設置してほしいこと
④町並みの景観向上を重視していること
⑤雪対策について検討すること
などの意見・要望が出された。

この打ち合わせを受け、平成7年9月には、青森市から郵政省貯金局に対して正式な要望書が提出された。

その概要は、
①建設地は駅前に立地し、青森市の顔と呼べる場所であることから「青森市景観形成ガイドライン」に沿った魅力あふれる形状、色彩等の建物とすること
②青森市では冬季における快適空間の創造を進めており、建物が面する歩道については融雪を行うこと
③導入施設としては800～1,000席の固定席の中規模ホール、コミュニティセンター、情報プラザ的施設等とすること
であった。

写真1　青森駅周辺地区

図　中心市街地のグランドデザイン（平成9年8月、青森市商工会議所）

東北郵政局は地元の要望等を踏まえ、平成7年11月、平成8年11月にも郵政省貯金局に対して施設内容に関する具体的要望を提出している。また、郵政省は施設概要を説明するため、工事発注前の平成10年6月10日、および工事期間中の平成11年6月25日に地元で説明会を開催している。

◆施設構成内容とその後の調整

平成8年度に基本設計、平成9年度、および10年度に実施設計、積算が行われた。基本設計の最終段階で施設の管理・運営を行う郵便貯金振興会から事業収支を改善するため、管理運営費、光熱費等を節減したいという要望が出された。希望された経費削減額が大きく、建築仕上げの調整程度で実現することが困難と思われたため、設計担当者から計画規模を見直し、当初、多目的ホール上部（5階）に計画されていた500m²程の大会議室（コンベンションホール）を中止することを提案した。大会議室の中止に伴い、地下2階に計画していた駐車場も不要になり、計画規模面積は16,000m²から約11,500m²に、4,500m²縮小された。

多目的ホールの仕様については設計段階において、郵政省と青森市の間で再度、協議が行われた。青森市関係者には郵政省が設置した既存ホールを視察していただいた。青森市にある既存ホールの利用実績や建設工事費、管理・運営経費等を踏まえて、基本的には固定席としながらも一部を可動席として、演劇とコンサートの双方に対応できる仕様とすることにした。基本設計がほぼまとまった平成9年1月には、郵政省の施設に対する意見を地元商工会議所、青年会議所、郵便貯金利用者の会などにヒアリングして地元の意向の最終確認を行っている。

最終的に決定した施設概要は、以下のとおりである。

　1階：青森情報コーナー、郵便局、暮らしの相談センター、レストラン、会議室（95m²）
　2階：多目的ホール（入口、客席）
　3階：多目的ホール（客席）
　4階：会議室（140m²、2分割可能）、和室（97m²）、リハーサル室（91m²）
　5階：機械室
　6階：機械室
　地階：駐車場、設備機械室

青森情報コーナーでは、端末機を利用して青森市や青森県の行政、観光等の情報が入手できる。暮らしの相談センターでは専門家が無料で、貯蓄、年金、介護、法律、税務等の相談にのってくれる。

◆中心市街地再活性化、駅周辺地区整備計画との連携

青森市の中心市街地は、地理的に扇の要に位置し、古くから商業、業務、行政等の機能の集積によって、市の経済や生活面での中核エリアとして寄与してきた地区である。近年、商業施設や住宅の郊外立地に伴い、商業機能の低下や空洞化など多くの問題を抱えている。このような課題に取り組むため、青森市商工会議所が中心となって平成9年8月に「中心市街地のグランドデザイン」が策定され、「中心市街地」は新幹線駅が予定される「石江地区」、市内中央部に位置する「操車場跡地地区」と連携して青森市の拠点地区として整備する方針が打ち出された。また、青森駅前周辺の国鉄清算事業団用地およびその周辺16.1haについては、昭和63年2月から新都市拠点整備事業の基本計画調査が開始され、駅周辺は計画的、重点的に整備を進めることとされている。その中で青森駅、駅ビル、郵政省の地域文化活動支援施設用地、清算事業団の処分予定地からなる4haについては、青森駅地区計画により「高次の文化施設と商業業務施設を誘致し、土地の有効利用を図る地区」として位置づけられている。このような都市開発の基本方針を背景に「ぱ・る・るプラザ青森」は、青森市が進める市民図書館を核施設とした駅前再開発ビルと連携して青森駅前のゲート機能を担う市街地再活性化に寄与するプロジェクトとして期待された（写真1、図）。

写真2　青森駅ビル「ラビナ」の南隣に位置するぱ・る・るプラザ青森

模型写真1（北東面）

模型写真2（北面）

模型写真3（西面）

模型写真4（東南面）

◆建築設計

　建物の外観は、積雪寒冷地の文化施設にふさわしい暖かみと現代性を感じさせるデザインをめざしている。青森駅方面からのアプローチに対して、建物の表情を形づくっている建物北東のコーナーは、滑らかにタイル壁面を連続させ、柔らかい表情を醸し出している。

　建物の正面となる東立面も緩やかに大きく円弧を描いており（模型写真1）、文化施設らしい優美さと北方都市の施設に求められる暖かみを演出している。東立面中央部にある2層分の高さの大きなガラス窓（模型写真4）は、複層ガラスを屏風状に折り曲げることにより、柔らかい印象のタイル面に対比してクリスタルのようなシャープなイメージを形づくっている。

　夜間はホワイエの光が前面の道路にあふれ出し、ホールの賑わいを街に表出している。

　建物北立面は、駅ビルとの間にある人道橋「あすなろ橋」を行き交う人達が、地上9.5mの高さで建物を間近に眺めることを考慮して、各階の避難バルコニーを軽やかなリズムで設けて変化のある立面構成にした（模型写真2）。

　南立面と西立面の一部にはリブ付きのタイルを貼り、季節や時間による太陽位置の変化や天候による光の変化に対応して、建物の表情にも「季節感」や「自然の変化」が映し出されるようにしている。外壁の軒のライン、建物コーナー部のアールの優しい表情のデザイン、横方向のストライプを強調したタイル貼り、雪国にふさわしい暖色系の色彩などは、青森駅ビル「ラビナ」のデザインとの連続性を意識したものであり、駅前広場を構成する建築のひとつとして、景観の調和に配慮している。

　当該建物は舞台上部にフライロフトを持つため、最高高さが約38mと青森駅周辺の建物としては比較的高い。隣接する「ラビナ」と建物の高さの連続性を確保するため、建物は4階までの居室部分とその上部の機械室部分のデザイン、材料を異なるものとして、セットバックして配置した。このことは

前面道路に対する建物の威圧感を小さくすることにつながっている。

　フライロフトを覆う屋根面は、市内の高層ビルから見え、県庁方面の歩道からも遠望されるため、外壁タイルの色彩に調和させている。

　青森市は人口30万人クラスの都市としては世界屈指の降雪があり、昭和48年には特別豪雪地帯に指定されている。最大積雪深としては昭和20年に209cmを記録したことがある。冬季には南西方角から季節風が吹くため、雪庇が風下の北東側に形成される。雪庇対策としてパラペット笠木等に融雪設備を設けた。

　壁面に一般のガラリを設けると、雪で目詰まりを起こすおそれがあるので、5階の機械室外壁面に沿ってチャンバーを設け、外壁面を構成するアルミパネルのスリット（6ミリ）から空気を出し入れすることで、ガラリそのものをなくした設計としている（写真3）。

　大屋根に積もる雪については、工事期間中、屋根半分に雪止めを設置して雪止めを設けない場合との比較実験を行い検討した。平成13年の冬は十数年ぶりの豪雪であったが、雪止めの有無にかかわらず、春になり雪が解けるまで、積雪は屋根面を滑らないことが確認されたため、雪止めは設置しないことにした。しかし万一、滑雪した場合に備えて、大屋根の西側下部に設置されるクーリングタワーの上部にはグレーチングの雪除け屋根を、東側下部には雪だまりのスペースを確保し、さらにコンクリート製の雪止め壁を設置している。

　1階にある郵便局は円形の平面をしている（写真4）。ホールへ至る階段は郵便局の円形の壁に沿って設けられており、歩行者は自然にエントランスホールから2階にあるホワイエに導かれる（写真5）。

　「ぱ・る・るプラザ」が位置する青森駅前地区はかつてりんごを売る店舗が数多く建ち並んだ場所であった。郵便局の円形の平面形と赤い外壁タイルの色は「青森りんご」のイメージである。

　郵便局の円形に対峙して、レストラ

写真3　北立面ディテール　アルミパネルの目地が空調用外気取入口および排気口

写真4　アプローチまわり

写真5　ホールへの階段

ンの外壁はサッシレスのガラスの直線で構成され、シャープな表情を作っている。内部ではエントランスホールとレストランを透明なガラスで仕切り、仕上げ材も同じものを使用することにより、空間的な連続性、一体性を持たせている。これはレストラン内部にホールへ行き来する人たちの賑わいを伝えるためである。

一方、エントランスホールから食事をしている人が直接見えるのを防ぐため、ガラス面に沿って、ぶなの木で編んだ目かくしを設けている(p.60参照)。エントランスホールを入った正面のわかりやすい場所には「青森情報コーナー」があり、観光で立ち寄った人でも気軽に青森の観光情報などが検索できる。多目的ホール等の部分は週日に休館日を設けることが予定されていたため、郵便局は前面道路から直接利用できる独立した位置に配置されている。

◆多目的ホールの建築計画、設計

これまで青森市には客席数565席の青森市民文化ホール(1979年11月4日開館)と2,185席の青森市文化会館(1982年11月2日開館)の2施設しかなく、市民の利用希望に十分応えられない状況が生じていた。

平成8年度における青森市文化会館の平均利用率は81.6％、総入場人員は271,780人、青森市民文化ホールの平均利用率は86.3％、総入場人員は69,551人であった。

地元市民の声を反映して、青森市は立地条件の良い郵政省の敷地に800〜1,000席の中規模ホールが建設されることを希望していた。文化会館の利用形態は、音楽が36.5％で最も多く、ついで各種大会23.9％、演劇8.6％、舞踏7.5％、映画3.5％、演芸3.1％であった(平成8年度)。

一方、市民文化ホールについては音楽45.6％、演劇16.0％、大会13.2％、映画6.3％、演芸4.9％、舞踏2.2％の利用形態であった(平成8年度)。このような青森市におけるホールの利用状況を踏まえて、「ぱ・る・るプラザ青森」については、コンサート、演劇の利用についてはプロによる商業利用が可能な水準の仕様とすること、ポップスや歌謡曲の興業の他、全国レベルの各種大会に利用できることが必要とされた。

敷地がJR東北本線線路敷に隣接しているため、鉄道振動がホールに伝播するのを防ぐ防振対策が必要であった。

振動測定の結果、振動が建物躯体を伝播しホールにそのまま放射された場合、最大NC−40レベルの騒音が予測された。そのため音響設計上、鉄道騒音に対する必要低減量は20dBと設定された。効果と費用、工期等を条件に検討した結果、防振地中壁の設置により5dB、浮き床構造の採用により15dB、合計で20dB低減させることになった。

今回の施設ではホールに隣接してリハーサル室が計画されているため、室相互間の防音対策のためにも浮き床構造の採用は効果的であった。

防振地中壁としては連続地中壁(SMW)と建物躯体との間に防振ゴム(厚さ50mm)を設置している。鉄道と建物の距離が近いので、底部からの音の回りこみを防ぐため、根切り底にも防振ゴムを設置している。

平成9年2月、郵政省は名古屋大学工学部建築学科の清水裕之教授にホールの建築計画に関する指導助言を依頼した。

計画段階で、清水教授からは以下のような指導をいただいた。

・多目的ホールは特色がないと成功しない。目玉となる特色をつくる
・演劇のプロセニアムは間口8間(約14m)、高さ4間(約7m)、舞台奥行きとしては8間(約14〜15m)は必要
・本計画の場合、脇舞台が狭いので、ピアノ庫は搬入しやすい舞台裏に設ける
・下手付近にトイレを設ける必要がある
・どこのホールでも倉庫が足りない。ホールで使用する倉庫はなるべく大きくする
・地方巡業の場合、11t車で搬入するのが一般的。地下1階の4t車用搬入口以外に大道具関係の搬入ルートを確保する
・ホール用エレベータは、所作台が搬入できる奥行きが必要
・控室はVIP用の他に、最低4室必要。VIP用は前室付が望ましい
・3階倉庫(当初設計案)を控室に変更
・舞台照明、音響のコンサルタントを設計時点から参加させないと良いホールはできない。サイドスポット、シーリングスポットは舞台照明を含め、照明コンサルタントの意見を聞いて計画する必要がある
・舞台機構等の操作は専門家以外では困難なので、音響、舞台照明、舞台機構などについて専門技術者6名程度の人員が運用に必要

清水教授の助言を参考に、ホールの特色については、地元の要望も踏まえ、音楽と演劇の両方についてプロの使用に耐えうるグレードの仕様とすることにした。

この敷地は1,000席のホールを建設するには面積が狭く(敷地面積2,869.84m²に対して、建築面積2,412.53m²、延床面積11,534.75m²)、また建物前面しか道路に接していないため、大型車による搬入は容易でない。

地下1階の搬入口には4t車が下りることができるが、それより大きな車は、1階楽屋口と2階上手脇舞台に設けた扉から搬出入が可能なように対処した(敷地北側隣地のあすなろ橋との間の通路部分は、国鉄清算事業団が処分した後、道路に変更される予定)。舞台用倉庫については舞台下の中2階を倉庫として使えるようにして面積を確保した。

控室は3階レベルに大楽屋を2ヶ所設けるとともに、4階にあるリハーサル室を裏動線でアクセスできるようにして、控室としても利用することを可能にした。

音響設計については基本設計の段階から永田音響設計の豊田泰久氏にご指導をいただいたが、舞台照明や劇場計画に詳しい佐藤壽晃氏にもコンサルタントをお願いして設計を進めた。永田音響設計の豊田泰久氏、浪花克治氏、石渡智秋氏と佐藤壽晃氏には、工事完成まで一貫して設計・監理を行っていただいた。

「青森らしさ」を表現する素材として、この施設で最も重要な空間である多目的ホールの壁仕上げに津軽半島北

部、青森県三厩町増川の青森ヒバを使用した（写真6）。

音響上フラッターエコーを防止するため、2m角の壁パネルは下向きに数度傾斜させて取付けられている。このパネル表面に青森ヒバは貼られている。着色しないで、生成りのままでヒバを用いているが、パネルのわずかな下向きの傾斜が影をつくるため、ヒバは黄色味を帯びた本当の色より少し濃い、落ちついた色合いに見えている。2、3年もすればさらに落ち着いた色合いに成熟していくことが期待される。

舞台は2階床レベルと同じ高さにあり、客席最前列の床より700mm高くなっている。客席の最前部5列は背を倒して舞台下部に収納して、舞台とすることができる。そのため舞台奥行きはコンサート時には5間、演劇時には7間になる。

側面反射板の一部を回転させ、上部から壁を下ろすことによってプロセニアムを形成する。従来の多目的ホールはコンサートを行う時には、舞台内部に反射板で囲まれたステージを形成していたが、「ぱ・る・るホール」では、演劇を行う時には客席側にステージを広げ、ステージ先端にプロセニアムを設置しているのが特色である。

客席総数は舞台の大きさの変化に伴い、演劇形式の場合で813席、会議・コンサート形式の場合で989席となっている（主階席にコンサート形式の最も席数の多い場合で739席、3階レベルのバルコニー席に250席設けられている）。

舞台の広さは200.5m²（他に下手脇舞台110.9m²、上手脇舞台66.9m²）であり、舞台に4,000mm×2,400mmの道具迫りが設けられている。スピーカ置台（あぶらあげ）および花道を設置することにも対応している。

ホール客席天井の最上部は5階床レベルとほぼ同じ高さにある。2～4階の階高はそれぞれ5,400mmなので、舞台床から客席天井最上部までの高さは約16.2mとなっている。

室容積は約7,900m³、室表面積は約2,900m²、客席1席当たりの室容積は約7.9m³である。

残響時間は豊かな音感を確保しつつも、会話の聞き取りやすさ（明瞭度）を確保するため、コンサート形式の時は1.4秒（満席時、500Hz）、演劇形式の時には1.1秒（満席時、500Hz、各種幕設置状態）である。

客席後壁は格子になっていて、音を透過するサラン幕が張られた格子内部に下向き傾斜した音響反射壁が設置されている。この反射壁によりステージにいる演奏者に反射音を返すことが期待されている。この格子内部には音響調整カーテンが隠されていて、カーテンを閉じることによりホールの残響時間を短くすることが可能である。

舞台床面から「すのこ」までの高さは23m、フライタワー最上部までの高さは25.5m、プロセニアム開口高さは7.9mとなっている。

ホールの天井高さが高いので、空調については、冬の暖房時は天井面から吹き出し、客席下部に設けられたマッ

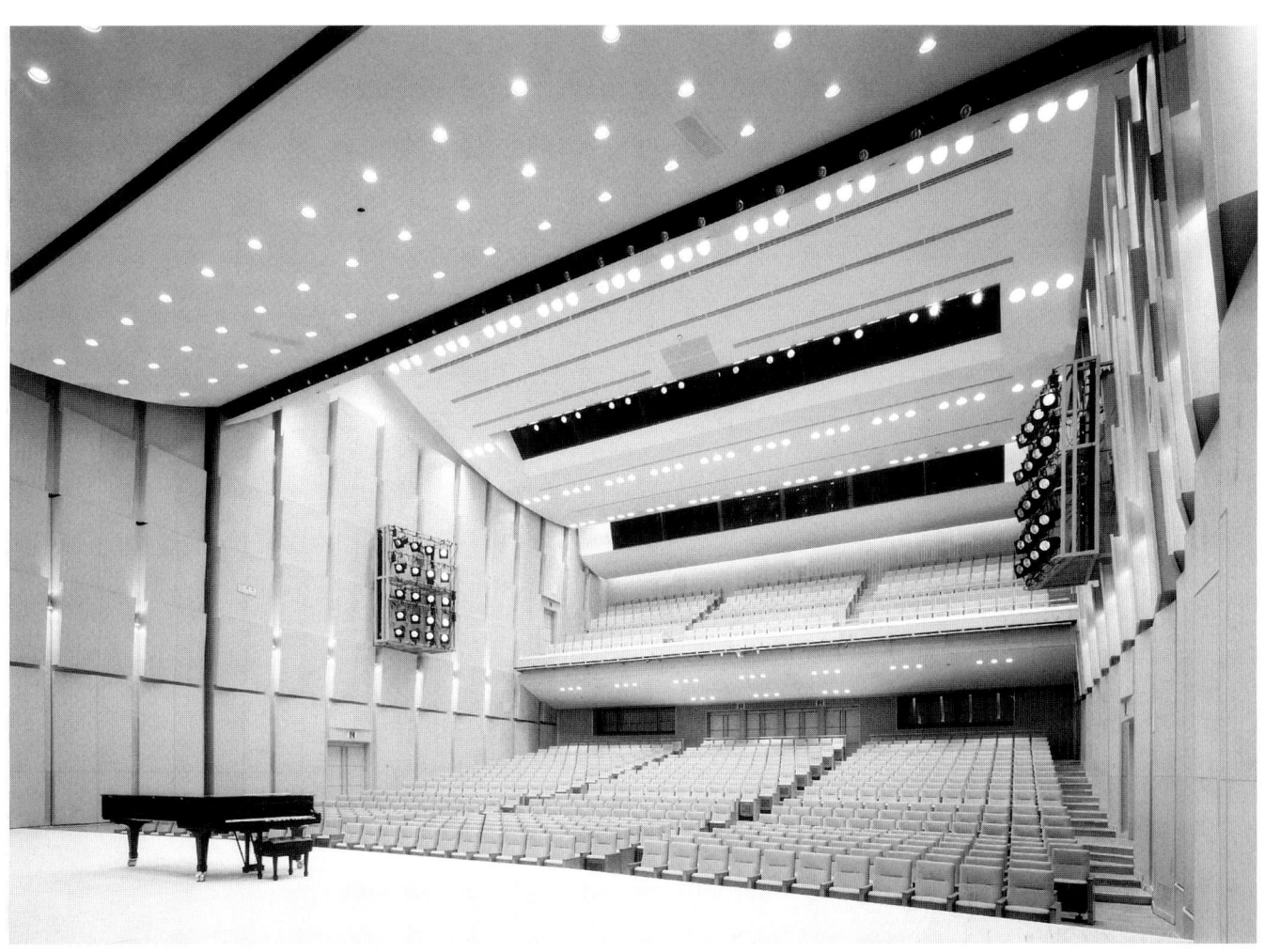

写真6

シューボックス形式

ホール利用形態	クラシック音楽、講演会、会議、研修会、各種大会
客席数	主階席（2階）739席、バルコニー席（3階）250席、合計989席
舞台開口	22,400mm（間口）×10,500mm（高さ）
吊物機構	天井反射板（使用）、側面反射板（使用）、可動プロセニアム（収納）
床機構	前舞台迫り（沈下）

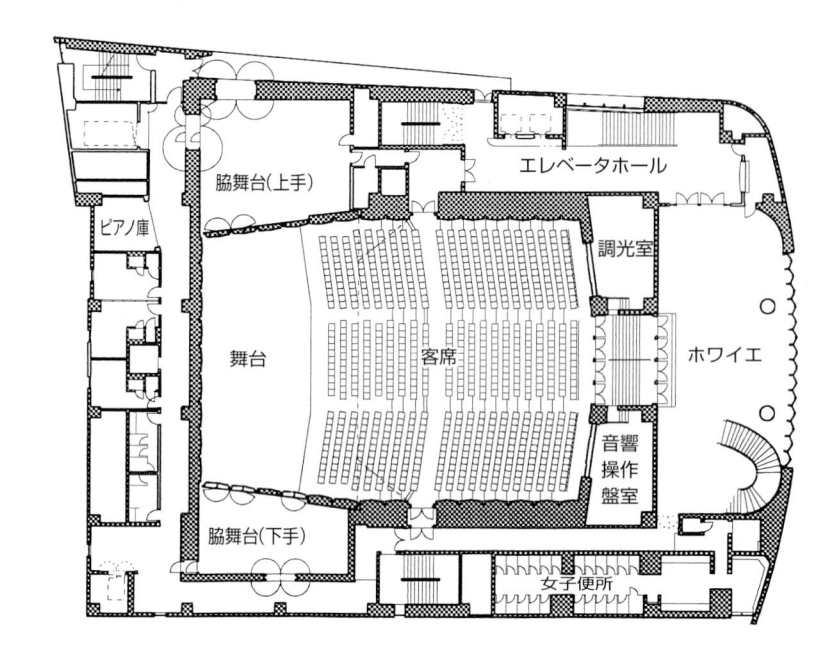

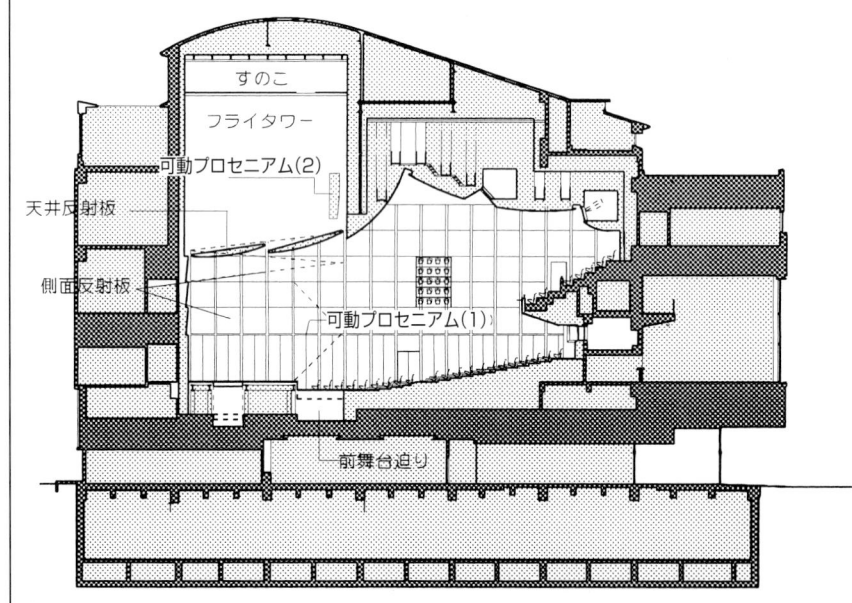

シュルームから中2階に設けられたダクトに吸い込んでいる。

反対に、夏の冷房時には空気の流れの向きを切り替え、マッシュルームから冷気を吹き出し天井面で吸い込むことで、客席の快適性を向上させ、室内の温度分布を平均化することにより省エネルギーにも寄与している。

車椅子使用者はエレベータホールから段差なしで、客席や舞台に直接アクセスすることができる。客席側だけでなく、出演者用として舞台下手にも車椅子で利用可能な洗面所を設けている。地元自治体の指導により、客用便所への入り口は、廊下側に廊下とは異なる仕上げ材をはみ出させて設け、視覚障害者にその場所をわかり易くしている。

◆地元芸術家の参画

地元芸術家のプロジェクトへの参画により、今回の施設の本来の目的である「地域文化活動支援」を設計、建設段階から実現したいと考えた。

青森県工業試験場漆工部長の九戸眞樹氏（当時）らの紹介を得て、津軽塗りについては伝統的技法を用いながらも新しい津軽塗りの表現をめざしている游工房の久保猶司氏に製作を依頼した。津軽塗りは常用エレベータの乗り場扉、施設案内サイン、2階ホワイエの入口扉、柱飾り、ドアハンドル、手すりに使用した。

青森を象徴する木である「ブナ」を使った工芸品をレストランのインテリアに用いている。木を薄くスライスしてテープ状に編んだパーティションや「ブナ」の木肌を生かしたランプシェードを弘前市在住の武田孝三氏に依頼して製作した。

地元工芸品のこぎん刺しについては、前田セツこぎん研究会の前田章子氏らに製作を依頼し、レストラン窓際のロールスクリーンの裾模様として用いた。

ホールの緞帳については、東北郵政局が2段階コンペを主催し、原画と製作者を選定した。平成12年10月に原画制作のコンペが公告され、平成13年1月30日に実施された審査の結果、青森市出身の画家、山内ゆり子氏の作品「ALL TOGETHER」がホール緞帳の原画として選ばれた。

第Ⅰ部　計画・設計

◆工事施工および開業

　工事は平成10年11月11日に着工した。鉄骨建方が、着工約1年後の平成12年冬に当たり、氷点下での高力ボルト締め作業となった。翌年は十数年ぶりの大雪となり現場施工は苦労することが多かった。

　約30ヶ月の工期を経て、平成13年5月6日に完成、5月18日に引渡された。1階にある郵便局は平成13年5月28日に業務を開始し、その他の部分については備品搬入等の作業後、平成13年9月29日に開業した。

　郵便局は土・日曜、祝日が休業、郵便局以外の部分は毎週火曜日（火曜日が祝日の場合は翌日）が休館日となっている。

　ホール、レストランなどの利用時間帯は9時～21時である。地元との協議の結果、施設前面にある市道の歩道融雪装置については、郵政省が設置し、東北郵政局が維持管理することになった。

　ホールの運営については、設計段階から青森市文化会館、青森市民文化ホールと共同で予約システム等を構築することが提案されていたが、今後本格的に、市内の3つのホールの共同利用、共同運営についての議論が行われることが期待される。

　青森市文化会館は、「ぱ・る・るホール」の完成を待って、開館後20年ぶりに舞台機構などの全面的リニューアルが予定されている。この改修期間中、「ぱ・る・るホール」は市民文化会館の代替施設としての役割を果たさなければならないが、市内のホールが共同で市民の期待に応える良い機会になると思われる。

　青森市が現在進めているアーティスト・イン・レジデンス構想とも連携して、市民の文化活動の創作・発表の場所として、今後積極的に活用されることを望んでいる。

　　　南　一誠（郵政事業庁施設情報部）

プロセニアム形式

ホール利用形態：	演劇、演芸、ポピュラー音楽、会議、研修会、各種大会
客席数：	主階席（2階）563席、バルコニー席（3階）250席、合計813席 （下手側に花道を設置し、スピーカ置台を設けた場合は813席。花道を設置せず、スピーカ置台を設けた場合は823席。花道、スピーカ置台とも設置しない場合は849席）
プロセニアム開口：	15,700mm（間口）×7,900mm（高さ）
吊物機構：	吊り物バトン、緞帳、幕類、可動プロセニアム（全て使用）、天井反射板（収納）、側面反射板（収納）
床機構：	前舞台迫り（使用）

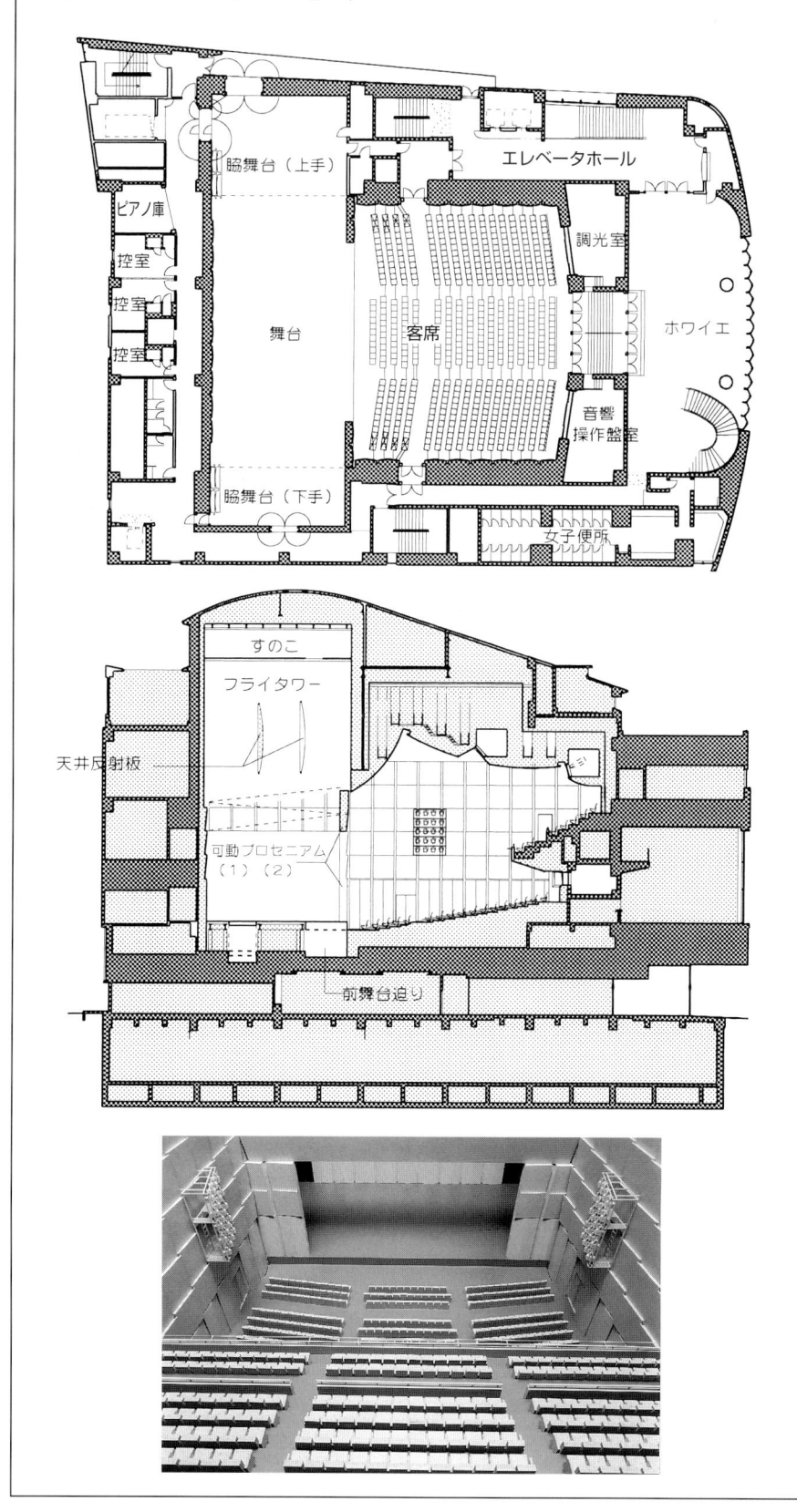

舞台機構設計と舞台照明設計

●舞台機構設計

平成9年3月、当時の郵政省施設部の依頼で、名古屋大学工学部建築学科の清水裕之教授と共同で舞台機構のコンサルティングを開始した。

舞台美術バトンは、すべて可変速可能なこととし、操作はコンピュータ卓を採用という基本線を重視し設計に入った。

ぱ・る・るホールの舞台機構設備は、多目的ホールの管理運営が最新式の情報システムを採用することによって、使用者、管理者の安全を最優先し、仕込み時、本番時にトラブルがなく、また緊急のトラブルに対して即時に対応できるシステムを構築することを最大の目的とした。

また、最新の演出に支障を来たさないように、操作システムは最新のコンピュータシステムをメインにすることを提案した。

舞台機構設備、舞台照明設備とも、この基本姿勢で設計された。

◆設備概要
1. 形態可変機構

ぱ・る・るホールの舞台機構設計の特徴は、プロセニアム型ホールから、コンサート型ホールへと、舞台形態を可変できることにある。

従来であれば、プロセニアム型を基本にし、音響反射板をプロセニアムの形態に合わせることでコンサートホール型に変容させることが一般的であった。

しかしぱ・る・るホールでは、青森市の要望により、コンサート時に客席数1,000席を確保するために、本舞台をセットバックし、プロセニアム時の舞台後方をコンサート時のメイン舞台にすることにしたため、プロセニアムの枠組みを移動させることになった。

このため、プロセニアムを構成している部分が3分割され、天井垂れ壁部分は上方に収納され、側壁にあたる部分は回転して音響反射の側面反射板になるように設計している。

正面反射板は、正面に建築の意匠として飾られている。そのためホリゾント幕後に、この正面反射板を仕込み時に保護する保護幕を吊ることにした。

天井反射板は、敷地も狭く、シェルター式の音響反射板を設置できないので、吊り下げ式を採用し、極力薄く、しかし、音響反射効率を下げずに製作することとした。

従来、天井反射板は舞台の中心に吊られることが多く、舞台美術や舞台照明の妨げになり対処に苦労していたので、舞台中心線から前後に逃げた位置に吊ることにした。このため、本体荷重が13tを超す音響反射板のバランスをどのように取るかが重要な問題となったが、施工を担当した森平舞台機構の技術者が良く対処してくれた。コン

プロセニアム形式からコンサート形式への転換シーケンス

1　プロセニアム状態

2　上部可動プロセニアムを上げた状態

3　可動プロセニアム（側面反射板）を開いた状態

4　第1天井反射板を下げた状態

サート時あるいは講演会時に看板程度のものを吊るため、またプロセニアム時に仮設の文字幕などを吊るため、背面にバトンを設置した。

コンサート時の前客席の部分を奈落に収納するため、セリ機構を有している。

1階部分にレストランと会議室があり、ピットが取れないため、スパイラルリフトを採用している。

スパイラルリフトを採用したことにより、最低限のピット部でセリを設置することができた。

このセリ部分は、コンサート時の建築意匠に合わせて多角形であり、プロセニアムを設ける時には本舞台になる。

本舞台が多角形のセリになっているホールは、ここが初めてである。その精度が6mm以下であるところに、機構メーカーの鍛練を感じさせる。

2．吊物装置

ぱ・る・るホールの吊物設備は、名古屋大学工学部建築学科清水裕之教授の提案により、一般的に舞台機構で使用する、荷重バランスのためのカウンターウエイトを使用せず、直接バトンパイプ等をワイヤーロープにて巻き上げる巻取式を採用した。このシステムは、ヨーロッパでは主流である。

手引きバトンシステムは、本来、プロの職人が扱うものである。カウンターウエイトの調整には、経験と熟練された技術が必要となる。

このため、ホールの管理者もその監視が大きな仕事となり、負担が多くなる。近年、この手引きバトンの操作をアルバイトやボランティアにさせるホールも出現し、いつ事故が発生してもおかしくないような状態になりつつある。

このため今回はすべて巻き取り式にし、ウエイト調整を必要としなくても済むようにした。

今回、設備された吊物バトンは、最大60m／minの速度で運転が可能で、設定は可変速を採用し、シーン運転可能になっている。このシステムを最大限に使用できれば演出効果は大きい。

また、仕込み時間がなく、シーンの組立を必要としない演目のためには、バトンに対して一対一のマニュアル運転も可能に設計されている。

美術バトンの構造にはラダーバトンを採用し、大道具の集中荷重にも十分耐える設計になっている。

照明バトンは、低速であるが、照明器具用の純粋積載荷重として450kg確保されている。

近年、照明の仕込みが従来の倍以上になり、旧来の機構で設定された荷重では対応できなくなってきている。

今回は照明のシステムが、器材1台に付き1回路を割り当てる一対一対応を採用しているため、10間（約18m）の照明バトンに1kwの照明器材を想定して、40〜42台は吊り込み可能である。

このことから照明バトンの純粋積載荷重は450kgとした（純粋積載荷重とは、バトンの自荷重、フライダクト、ボーダーケーブル等工事にかかる荷重条件の一切を省き、純粋に仕込み時に仕込まれる照明器材の荷重のことである）。

5　第1天井反射板を傾斜した状態

7　前舞台迫りを下げた状態

6　反射板をセットした状態（舞台の大きさは大編成オーケストラに対応）

8　前舞台迫りを下げた部分に客席をセットした状態（小編成オーケストラに対応）

すのこは、上記のような条件をクリアするために、ローデンボーデン式を採用している。この方式を取るとシングルデッキ（1段式すのこ）でも、ダブルデッキ式と同等に使用可能となるためである。

初期の東京宝塚劇場に80年前に採用されているが、わが国では長い間採用されることはなかった。10年前に三重県津市に立てられたショープラザという民間劇場で、戦後初めて採用された。その後パブリックシアター、長久手町文化の家などで採用されている。今後の多目的ホールにおいても、ぜひとも採用してもらいたい。

◆制御システム

舞台機構操作卓は、デジタル卓を採用した。吊物バトンの位置決め操作として、タッチ機能による「データ入力」「設定データ一覧」「状態監視」表示などができる。

この操作卓では、前述したようにインバータ制御された吊物バトンは、最大60m／minの速度で運転が可能で、可変速を採用し、シーン運転が可能である。停止位置等はコンピュータの画面上で確認できる。

仕込み時間がなくシーンの組立を必要としない演目のためには、バトンに対して一対一のマニュアル運転も可能に設計されている。このシステムは、すべての吊物バトンに対して一対一で、速度選択スイッチと4種類のプリセットグループおよび装置選択スイッチと、上昇・停止・下降運転鈕を組み合わせて使用する。

また、マニュアル操作をすべてに優先させているので、どの状況からでも瞬時に運転、停止が可能である。

◆騒音対策

舞台機構はモーターやその他機械装置を動かすため、騒音対策が必要になる。ぱ・る・るホールでは開演中の吊物バトン等の昇降機械騒音を避けるため、吊物機械の巻き取り器とモーターを別室（吊物装置機械室）に隔離して、機械騒音を外部に漏らさないように工夫している。

吊物用滑車には、MCナイロンを使用して極力摩擦係数を減らし、騒音が出ない対策がされている。またワイヤーの摩擦音を消すためにすのこ部分でワイヤーに消音器を取り付け、演出の邪魔をしない工夫がされている。

この摩擦音消音器は、施工メーカーの技術者の工夫によるものである。機械音が減るとワイヤーや他の摩擦音などが気になりだし、舞台機構の消音対策は後を絶たないが、愛知県長久手町の文化の家の設計時に、森平舞台機構の技術者が工夫を凝らしてくれ、摩擦音を減らした経験があり、今回も対処してくれた。

◆遠隔監視システム

デジタル対応の操作卓を採用したことで、電話線を使用したメンテナンスのリモート管理が可能になった。

リモート管理が可能になることで、トラブル発生時には、内容を予め把握し、人や機材を準備することが可能となる。照明設備でも述べるが、公共ホールでは、メンテナンスの方法論が見直されつつある。

この遠隔監視システムの採用により、舞台技術者とメーカー技術者の対話がスムーズに進み、メンテナンスの効率を上げることができることは、画期的なことである。特に舞台機構でデジタル化が進み、遠隔監視システムが採用可能になったことは、今後のメンテナンスの方法が大きく変わるきっかけになるであろう。

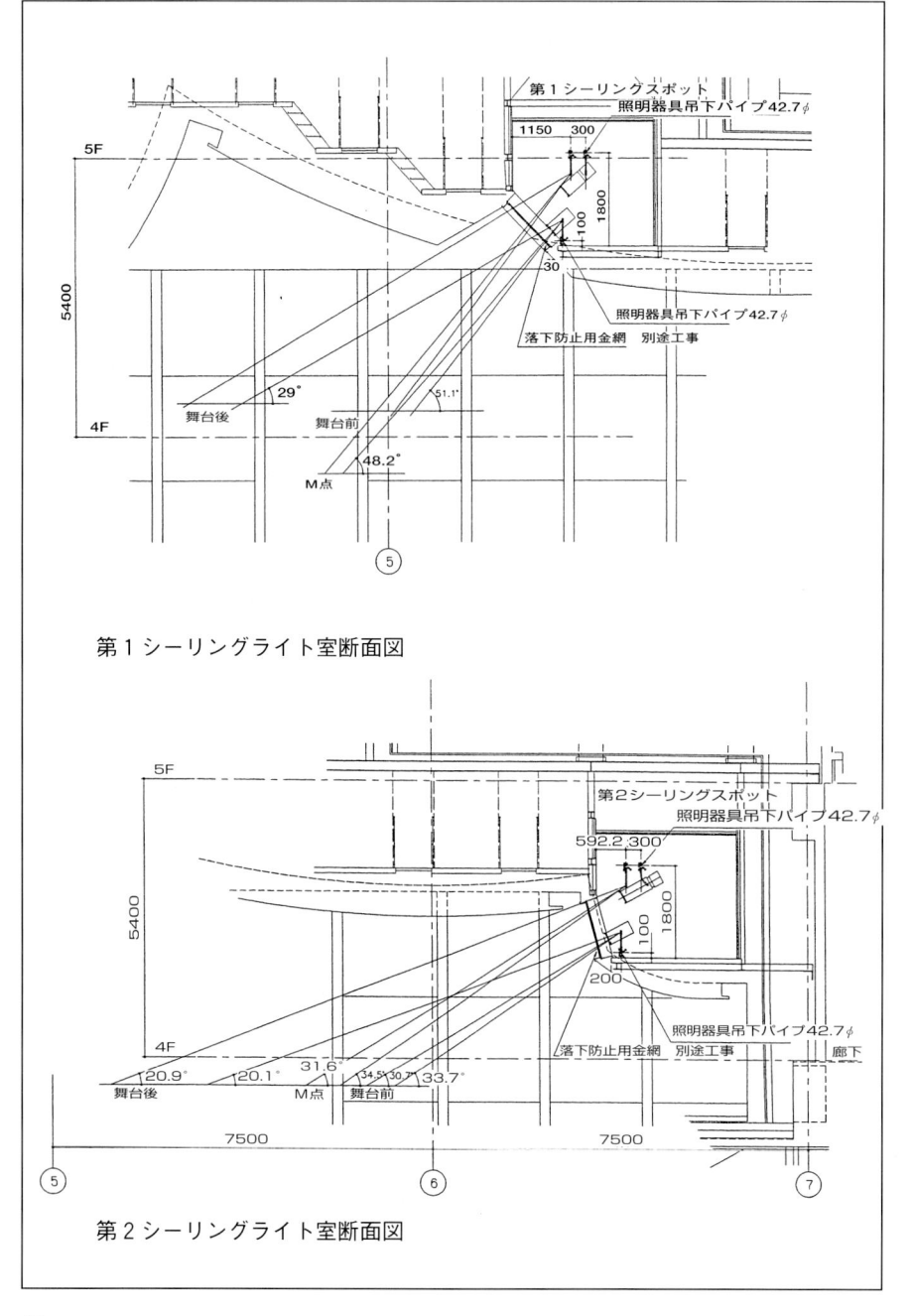

第1シーリングライト室断面図

第2シーリングライト室断面図

● 舞台照明設計

このぱ・る・るホールの舞台照明設備設計は、平成9年3月に、当時の郵政省施設部の依頼で、最新の多目的ホール仕様の舞台照明設備を提案したことから始まった。

当時東京では、新国立劇場中ホール（プロセニアムスタイル、約1,000名）、世田谷パブリックシアター（プロセニアムスタイル、約600名）が最新式の舞台照明設備を持つ劇場建築として進行中であり、地方都市では新潟市民芸術文化会館（プロセニアムスタイル、約700名）、長岡リリックホール（プロセニアムスタイル、450名）が進行中であった。

また町民会館ではあるが、筆者が劇場コンサルティングをした愛知県長久手町文化の家の大ホール（客席数最大800名、プロセニアムスタイル500名）でも、最新の舞台照明設備の設置が進行中であった。

これらの例から、ぱ・る・るホールの舞台照明設備は、多目的ホールの管理運営が最新式の情報システムを採用することによって使用者、管理者の安全を最優先したものになり、仕込み時、本番時にトラブルがなく、また緊急のトラブルに対して即時に対応できるシステムとして構築することを最大の目的とした。

また、最新の演出に支障を来さないように、調光システムは最新のコンピュータシステムをメインにすることを提案した。

この仕様には、1997年当時まだ製品化されていないものも含まれるが、当時の郵政省の理解を得て、また施工を請け負った東芝ライテックの技術者の努力によって、最新の高度なシステムを構築することが可能となった。この事実は、製品の従来品化を重視する公共ホールにとっては画期的な出来事である。

ぱ・る・るホールの舞台照明設備の特徴を以下に記す。

◆調光システムの概要

舞台照明基本システムは、ムーブフェードメモリ調光卓をメイン調光卓とし、インテリジェント（情報フィードバック）調光器、調光器のHND(ホットノンディム)指定、DMX信号を使用した伝送信号システムおよび舞台照明器具から構成される。

またメンテナンスを重視した遠隔監視システムを採用。電気的整合性を重視し、20A（実質24A）ユニットを主体にし、一対一で端末のスポットライトと調光器（ディマー）、調光卓をつなぐシステム構成とした。

1. インテリジェント機能
＜情報フィードバックシステム＞

情報フィードバックシステムを持ったインテリジェント調光器（JATET仕様漏電検知機能付き調光器）を採用した。これにより、負荷側の状態を調光卓、調光器あるいは専用卓にてモニタできること、JATET A/Bカーブを選択可能なこと、端末負荷側および調光器自体に異常が発生した場合は、調光器の運転停止あるいは抑圧が可能であり、異常の原因解消後は自動または操作卓からの指令で復帰ができるようになった。

インテリジェント調光ユニットの自己判断とは、
① 出力レベル
② 負荷容量チェック
③ 無負荷チェック
④ ブレーカー遮断探知
⑤ 漏電探知
⑥ 伝送信号チェック
⑦ 使用電力チェック

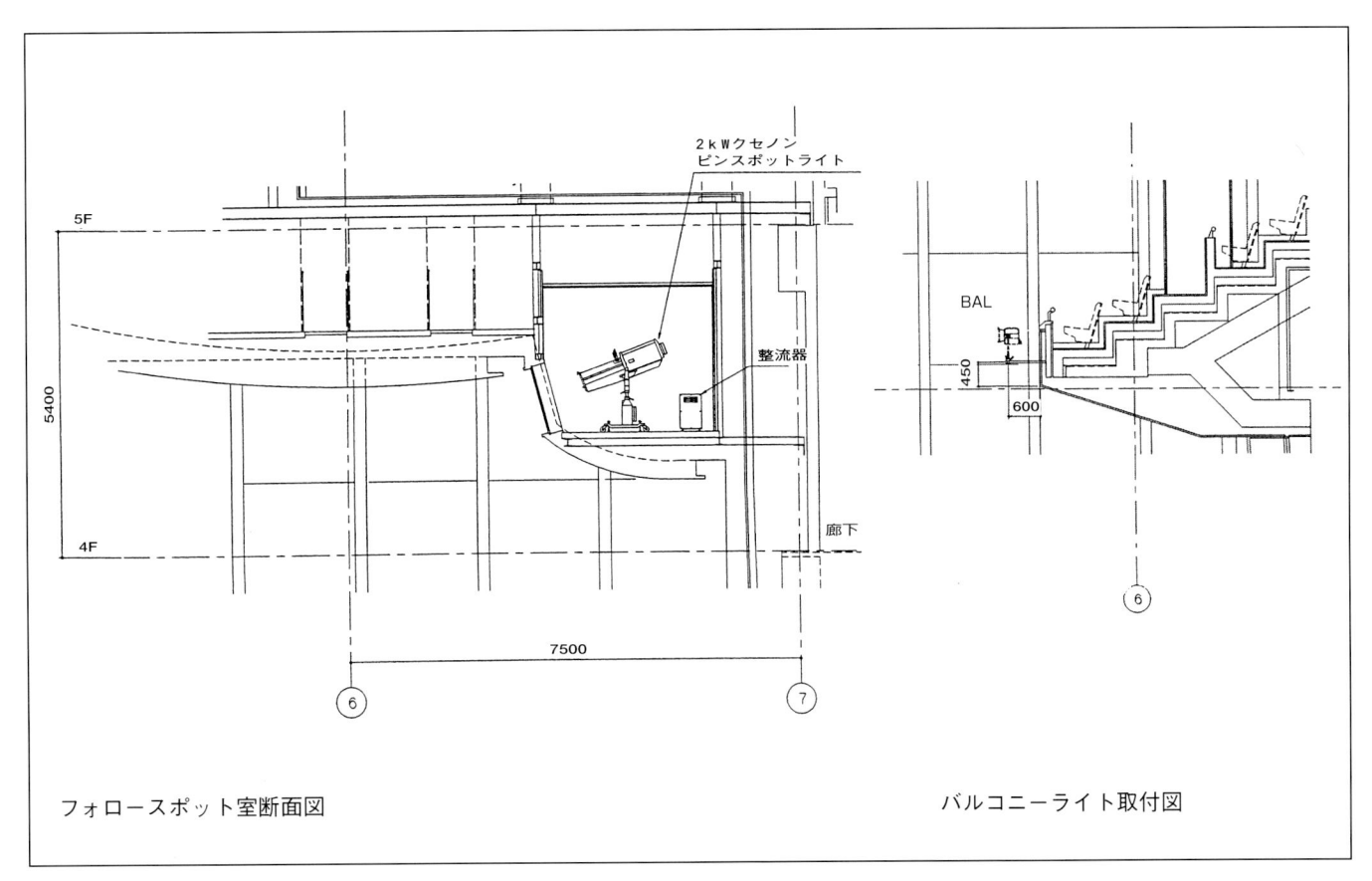

フォロースポット室断面図

バルコニーライト取付図

⑧　相バランスチェック

などである。

　従来の調光器では、漏電警報が作動した場合は中央監視室にて、舞台部に対しての給電をカットし、原因を特定し、対処後、給電が再開されていた。この場合、原因が究明される前に給電をカットするので、復旧に非常に時間を有した。

　今回、青森で採用したシステムは、漏電に対して、自動的に原因になっている調光回路が抑圧される。これにより、従来のように給電をカットする必要はなくなり、安全に有効に対処することが可能になる。このインテリジェントシステムの採用は、郵便局などの金融機関と併設されることがある劇場や多目的ホールに、今後採用を勧めたいシステムである。

2．調光操作卓

<システム概要>

①　調光制御

　本システムの調光制御は、ムーブメモリーシステム（調光制御データのレベル値、時間情報データの記憶、再生、修正機能を持つシステムおよび強制Cue Onlyシステム、トラッキングシステムを有する）による。放電灯、小型モーター、トランス等誘導負荷を制御するホットノンディム（以下HND）指定とした。

　このシステムは、調光器をHNDに指定して、調光器を重複追加することが可能である。将来、調光器を増加させるときに、調光器室の追加工事をする必要がなくなる。記憶容量は1,000Cue以上（制御チャンネルごとのレベル値記憶を1Cueとする）。

　調光器盤への信号はデジタル信号とする。

②　追加システム

　追加システムとして手動プリセットフェーダーを持ち、そのデータはメモリー書き込みが可能なシステムとする。100本3段および300本1段で使用可能とする（レベルインジケーター付）。

　多目的ホールでは、すべての演目が仕込み時間を十分に取ってくれるわけではないので、マニュアル操作を可能にしておかなくてはならない。そのための追加システムである。

③　制御チャンネル

　制御チャンネル数は1,024（DMX信号にてアドレス指定されたものの制御も含む）である。これは、シンプルなムービングおよびカラースクローラーを、本卓で制御可能にするためである。

④　二重住所システム採用(個別名称とともに通し番号のアドレス表記)

⑤　調光データ

　調光データの読み取りは、COMOS対応方式と新システム（JASCII）を採用する。COMOS対応フロッピーは調光卓本体で直接読み込み可能とする。

　新システム（JASCII）は、今後のJATETの展開に準ずることになる。さらに、この新システムは、将来のコンピュータソフトの展開を可能にする。

　従来の国産舞台照明卓は、そのハードの内容により今後の発展が限定されていたため、今回は最新システムを導入することで将来の展開を確保した。このシステムはここで初めて採用された。

⑥　デュアルバックアップシステムを採用。

⑦　無停電電源装置付き。

⑧　複数のパート分割可能。

⑨　20以上のサブマスター（サブマスターは個々にインヒビット、パイルオン、ページシフト機能付き）。

⑩　誤操作防止システム採用（誤操作した場合の警告表記、操作手順の対話方式等のヒューマンタッチ操作）。

　この誤操作防止システム採用により、舞台技術者の誤操作かコンピュータの誤動作か判断がつきにくかった事故を、未然に防ぐことが可能であり、メンテナンスの際にも重要個所が事前にわかり有効である。このシステムも初めて採用された。

⑪　マクロ方式採用（複数テンキー操作自動記憶システム）。

3．遠隔監視システム

　ISDNを使用し、東京の技術センターで、インテリジェント調光器の不具合等を検査可能にした。

　公共ホールでは、メンテナンスの方法論が見直されつつある。この遠隔監視システムの採用により、舞台技術者とメーカー技術者の対話がスムーズに進み、メンテナンスの効率を上げることができる。

　このシステムは、新設された東京宝

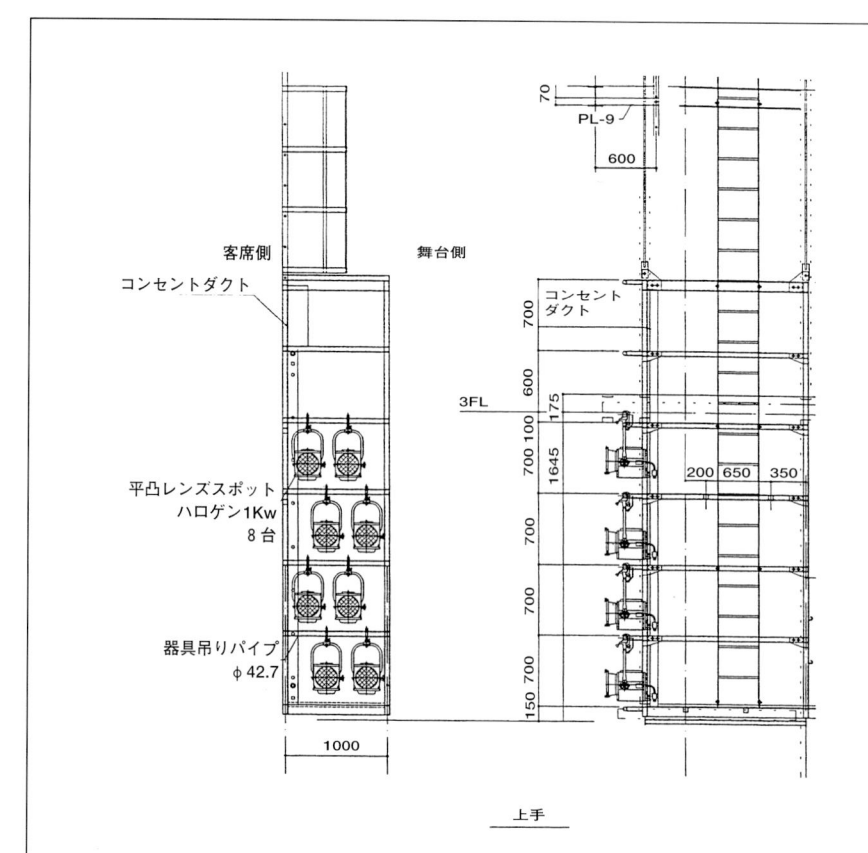

トーメンタルライト取付詳細図

塚劇場で初めて採用されたシステムである。公共ホールでの採用はぱ・る・るホールが最初であろう。

その他調光システムに準ずるものとして、次のものが挙げられる。
　ワイヤレス操作器
　オフライン仕込み卓
　客席ディスプレイ
　プリンタ装置一式
　舞台袖操作パネル
　持ち込み卓用電源及び信号システム

4．舞台調光回路の特性

20A調光器の一対一対応を採用。電気的整合性を重視し、20A（実質24A）ユニットを主体にし、一対一で端末のスポットライトと調光器（ディマー）、調光卓をつなぐシステム構成とした。

このシステムは、シーリング、フロント、バルコニーなどのFOHもすべて、一対一対応をすることで、全体の統一を図っている。

このシステムの採用により、回路変更等の作業がほとんどなくなる。

SUSバトンの吊り込みも1SUS当たり42回路の構成にしたため、配線コードはほとんど必要はない。このため仕込み時間の大幅な短縮ができ、配線コードなどの不良に神経を使う必要がなくなり、従来のシステムに比べ、安全の確保が確実にできるようになる。

この20A調光器を主体とした一対一対応システムは、多目的ホールでは、初めての試みである。

このぱ・る・るホールの立地は線路敷のすぐ横であり、搬入のスペースは十分確保されていない。1階には郵便局の設置が優先されており、搬入搬出の条件がかなり限定され、そのことにより、仕込み、バラシの有効時間が限定されることになる。

この限定された条件をクリアするためにも、極力仕込み、バラシの作業性を上げる必要があり、今回の20A調光器の一対一システムを採用することにした。

各ポジションの回路構成は、設備表（p.125～128）を参照。

5．その他の特記仕様

① 各ボーダーライトおよびサイクロラマライト（アッパーホリゾントライト）の下部には、照明器具吊り下げ用のバトンを併設している。

② いくつかの照明基地（バトン、フロント、シーリング、フロアなど）には60Aの回路が設置されている。この調光回路はHNDとして大容量の放電灯系のON/OFFの制御が可能である。

③ 各照明基地には、調光回路と交わらない20A直回路が設置されている。

④ 各照明基地には、DMX512の最新バージョンの信号線のOUTプットが設置されている。

⑤ 調光回路は、すべて情報フィードバックが可能なセンサーユニットになっている。

⑥ グランドロウ（ローアホリゾントライト）は可動音響反射板を使用するときには、道具バトンを使用して吊り上げられるようした。

⑦ フォローピンの電源は調光室でON/OFF可能である（タイマー付）。

佐藤壽晃
（セレブレーション・オブ・ザ・ライツ）

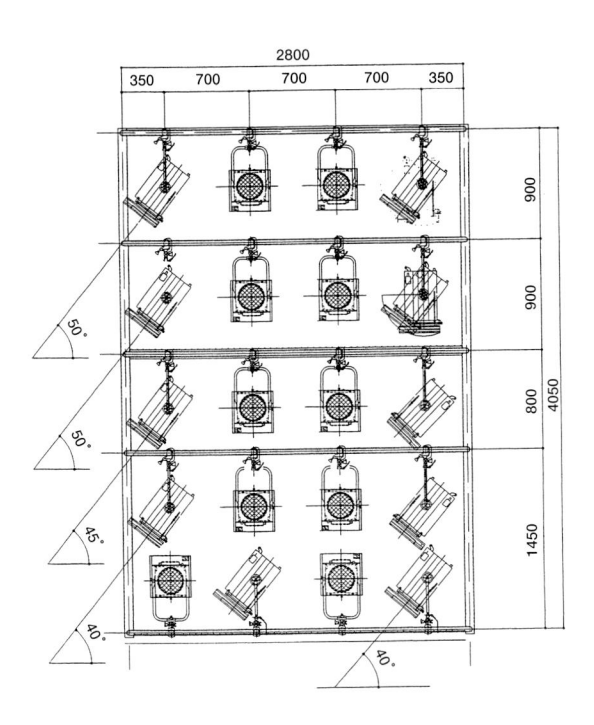

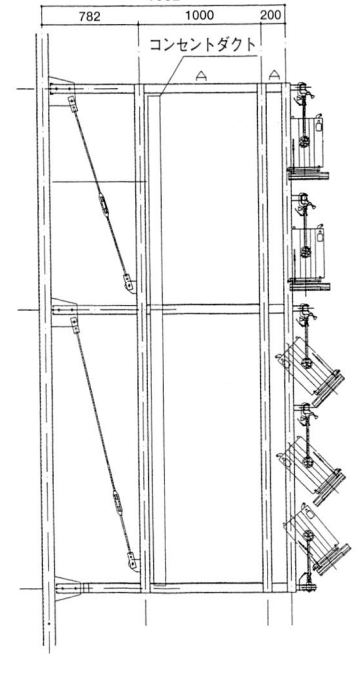

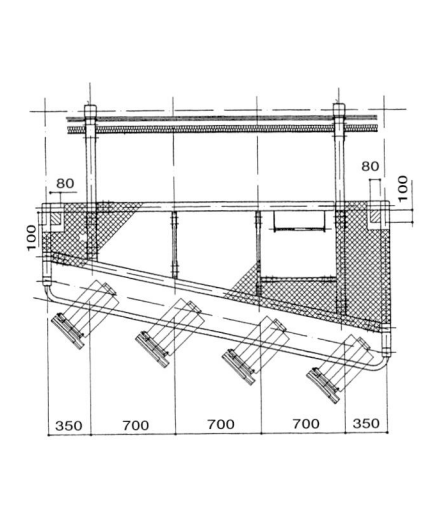

フロントサイドライト取付詳細図

凡例		
記号		名称
1BL		第1ボーダーライト
1S		第1舞台(No.1)ピンスポットライト
2BL		第2ボーダーライト
2S		第2舞台(No.2)ピンスポットライト
3S		第3舞台(No.3)ピンスポットライト
UH		タイクロライト(アッパーホリゾントライト)
天反		天井反射板ライト
1CL		第1シーリングライト
2CL		第2シーリングライト
FR		フロントサイドライト
FC		フロアーポケット
LH		ランパライト(ローホリゾントライト)
客C		客席ウォールコンセント
BAL		バルコニーライト
TL		タワーライト
CP		プロセニアムサイド(トーメンタル)
国PS		固定プロセニアムライト

コンサート仕様時の断面図

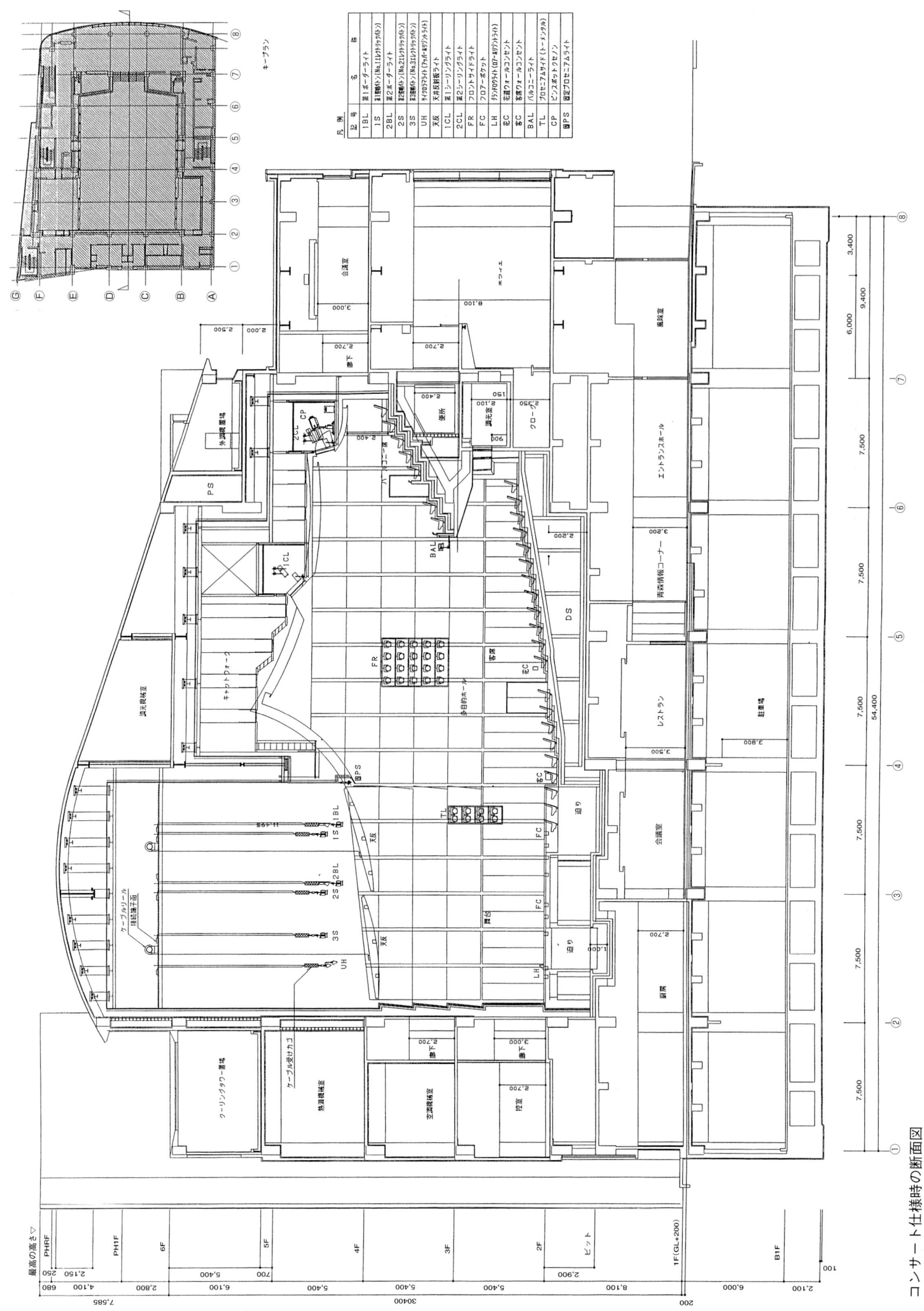

第Ⅰ部　計画・設計

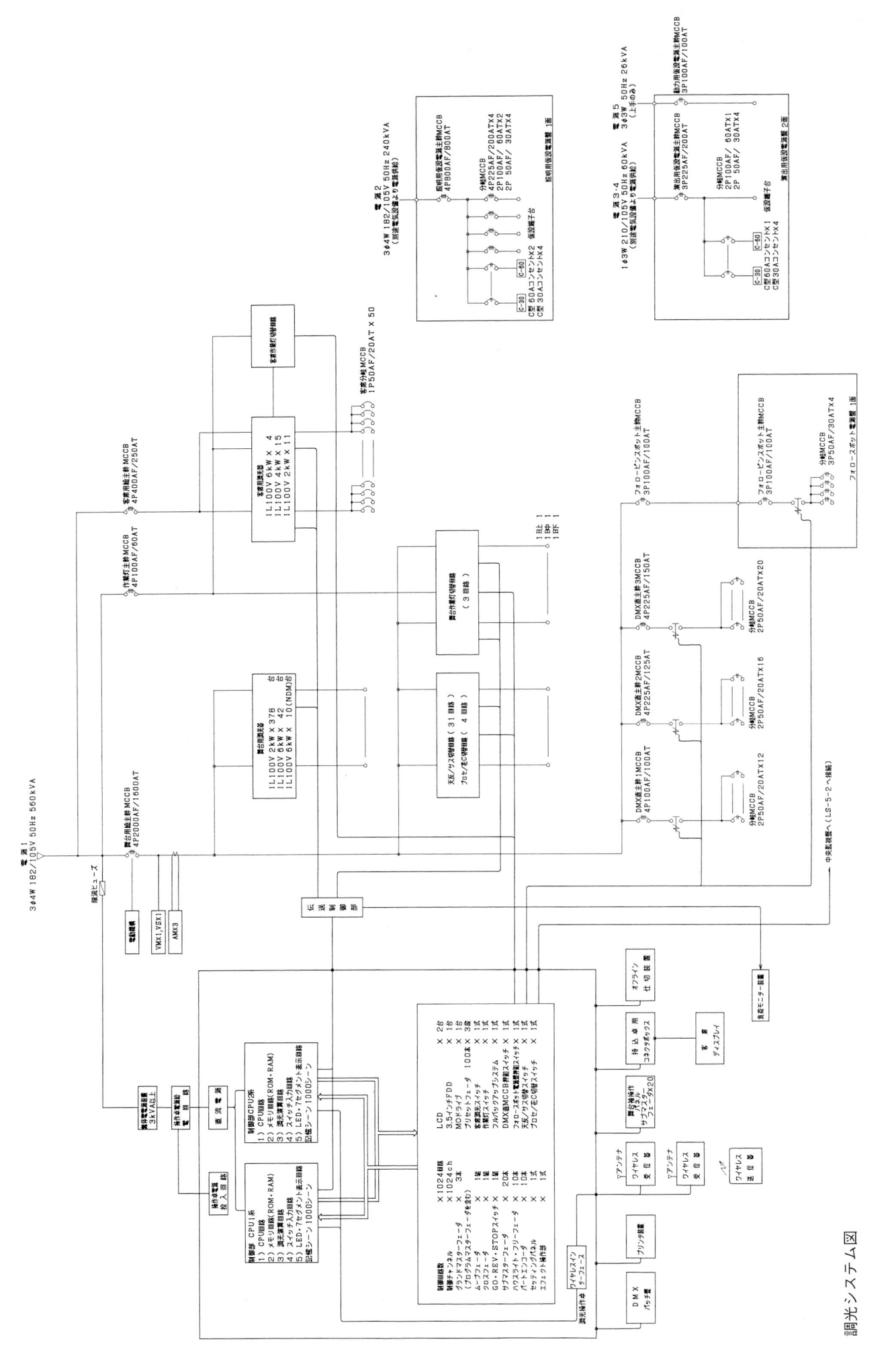

調光システム図

ぱ・る・るホールの音響設計

◆多目的ホールの用途

多目的ホールの設置は、地元自治体および民間諸団体から郵政省に対して要請され、各種コンサート、演劇の他、舞踊、講演会、各種大会、催事等、幅広い用途に供されることが想定された。

◆音響設計の目的

本施設における音響設計の目的は、多目的ホールを中心として施設内の主要な室において、次のような音響条件を実現することにあった。

◇静けさ　[騒音防止設計]
使用目的に応じた
十分な静けさの実現
- 外部の騒音、振動が伝わらないこと
- 隣接する室からの騒音、振動が伝わらないこと
- 建築設備騒音、振動の影響がないこと

◇良い音　[電気音響設備設計]
使用目的に応じた
高性能な電気音響設備の実現
- 使用目的に対して十分対応できる機能、性能を有していること
- 豊かな音量、良好な音質が均一に得られること

◇良い響き　[室内音響設計]
良好な響きを持った
室内音響空間の実現
- 室内の響きが良好で、ホールの使用目的に応じた適切な響きを有していること
- エコー等の音響障害が生じないこと

◆騒音防止設計

◇鉄道騒音、振動の遮断設計

本施設敷地の裏手には隣接してJR青森駅への軌道があり、その騒音と振動による固体伝搬音が、多目的ホールに影響することが懸念された。

[騒音対策]

騒音については、過去の類似条件を参考に検討を行った。多目的ホールについては、外部騒音遮断に必要な遮音性能を中音域で約70dBと判断し、[コンクリート壁150mm厚以上]＋[防振遮音層]の二重の遮音構造を設置した。

また、開口部には防音仕様の建具を必要枚数設置した。例として、外部に直接面する舞台上手袖の搬入口扉については、35dB級と40dB級の防音扉を1枚ずつ計2枚設置した。

[振動対策]

設計に先立ち、計画敷地とほぼ同様な位置関係にある青森駅周辺敷地において振動の測定を行った。さらに、地盤掘削時に現地にて測定を行い、その結果にもとづき実施した対策は以下のとおりである。

鉄道振動による固体伝搬音は、敷地における振動測定の結果から、多目的

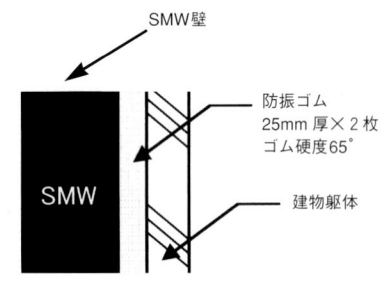

図1　地中防振壁概念図

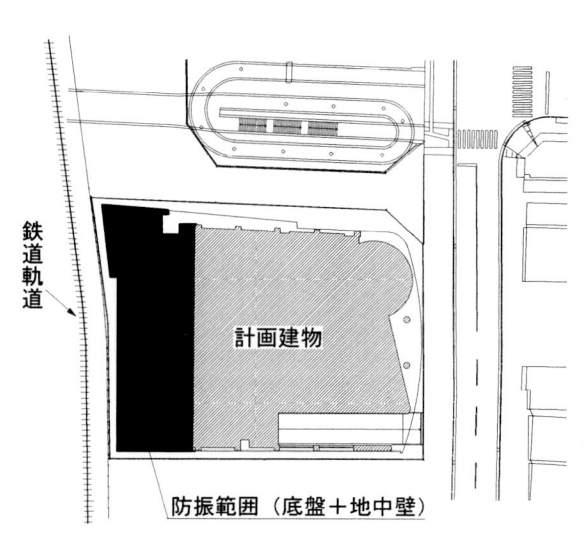

図2　地中防振壁施工範囲（黒い部分）

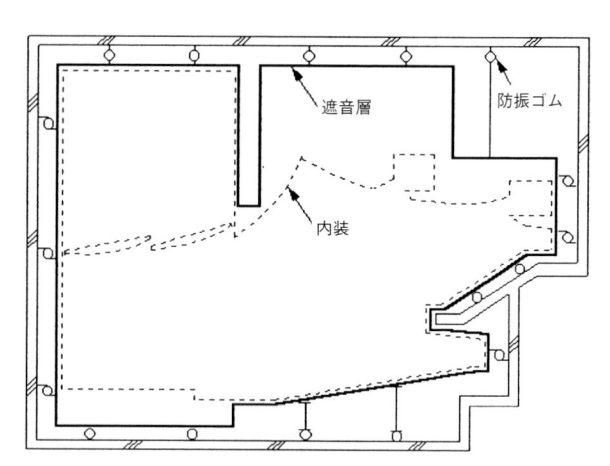

図3　ホール防振遮音構造の仕様

遮音層仕様
床　　：防振ゴムによるコンクリート浮床
内装天井：繊維混入石膏板30mm厚
　　　　　＋グラスウール50mm厚　防振吊り
壁　　：繊維混入石膏板30mm厚　防振支持
　　　　（遮音層は一部内装下地を兼ねる）
　　　　グラスウール50mm厚躯体壁直貼り

ホールにおいてNC-40程度になると推定した。

後述するホールの室内設備騒音目標値NC-25以下に対しては、最大で約20dB(31.5Hzにおいて)の振動低減が必要と考えられた。

採用した振動低減対策を以下に示す。

・鉄道軌道側から③通りまでの施設外周に防振地中壁を設置。さらに底盤下に対しても防振ゴムを設置（図1に地中防振壁概念図、図2に地中防振壁施工範囲を示す）。

地中防振壁は、一般に波が伝搬特性の異なる物質の間を伝搬していく過程において、その境界線上で生じる反射によってうち消される性質を利用して、躯体へ入射する振動の低減効果を期待するものである。

・多目的ホールに防振遮音構造を採用（図3に防振遮音構造の仕様を示す）。

◇室間の遮音設計

本施設には、中心となる多目的ホールの他に、レストラン、リハーサル室、会議室等が計画されている。

多目的ホールを中心として各室間に必要な遮音性能を検討した（主要な各室に採用した遮音構造と遮音性能目標値を表1に示す。図4に多目的ホールに隣接して計画されたリハーサル室に採用した防振遮音構造の仕様を示す）。

◇設備騒音防止設計
[室内騒音低減目標値の設定]

多目的ホールの使用目的に応じた適切な静けさを確保するために、以下に示す目標値を設定した。

・ホール舞台　：NC-25以下
　客席　　　：NC-25以下

表2に、各種用途の室に対する室内騒音の許容値例を示す。

[空調設備騒音低減対策]

空調設備騒音低減のために行った対策の概要を以下に示す。

・ホールに隣接する機械室は、ホールとの間にコンクリート壁(150mm厚以上)と重量ブロック壁の二重壁を設けた

・ダクト内の騒音低減については、必要な消音器、消音エルボ等を設置した

・ダクト設備をとおしてクロストークの恐れのある箇所（排煙も含む）については、建築構造の有する遮音性能を損なわないように、系統の分離、区画、ダクト経路の変更、吸音ダクトの設置、機器・ダクトの遮音等により、クロストーク防止を図った

[設備機器による固体音の防止対策]

設備機器からの固体伝搬音を防止するには、その設備を設置する躯体の剛性の確保と、機器類の適切な防振設置・支持が必要である。対策の概要を以下に示す。

・空調機械室、熱源機械室、ポンプ室、電気室等振動が発生する機器を設置する室の床スラブについては、コンクリート200mm厚以上を確保した。

・振動が発生する設備機器および、それらに接続されるダクト、パイプ類の主要なものについては、必要な防振装置の設置を行った。

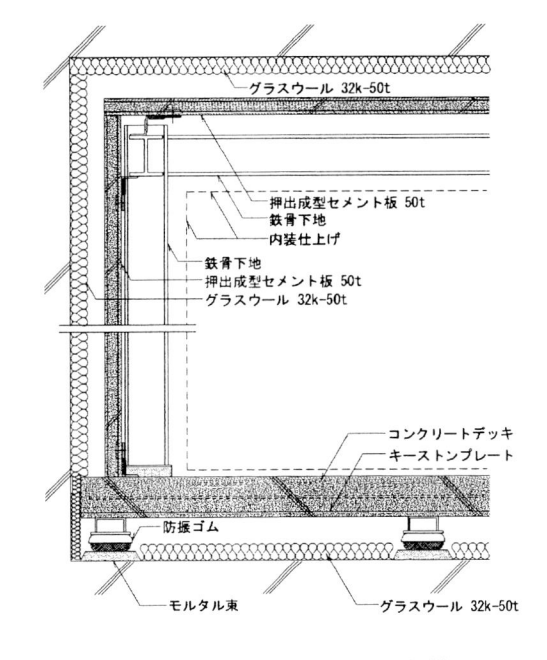

図4　リハーサル室防振遮音構造の仕様

表1　主な遮音構造と遮音性能目標値

箇所	遮音構造	遮音性能目標値
リハーサル室～多目的ホール	防振遮音構造（多目的ホール）防振遮音構造（リハーサル室）	80dB以上/500Hz
1階レストラン個室～多目的ホール	防振遮音構造（多目的ホール）	80dB以上/500Hz
4階会議室～多目的ホール	防振遮音構造（多目的ホール）	80dB以上/500Hz

表-2　室内騒音の許容値

NC	10～15	15～20	20～25	25～30	30～35	35～40	40～45	45～50	50～55
dB(A)	20	25	30	35	40	45	50	55	60
うるささ	無音感	非常に静か	静か 特に気にならない		普通のやかましさ 騒音を感じる		騒々しい 騒音を無視できない		
会話・電話への影響		5m離れてささやき声が聞こえる		10m離れて会話可能 電話は支障なし		普通会話(3m以内) 電話は可能		大声会話(3m) 電話やや困難	
スタジオ		アナウンススタジオ	ラジオスタジオ	テレビスタジオ					
ホール・劇場		コンサートホール	多目的ホール	映画館		ホールロビー			
病院		聴力試験室	特別病室	手術室病室	診察室	検査室			
ホテル				客室		宴会場			
住宅				寝室		応接室			
事務所ビル				重役室大会議室		小会議室	一般事務室		
公共建築				美術館博物館		図書閲覧室	室内スポーツ施設		
学校				音楽教室	講堂	普通教室			
教会					礼拝堂				

◆室内音響設計
◇多目的ホール室形状の検討

本ホールは、幅広い用途に供されることが想定されている多目的ホールである。この種々の用途の中で、室形状に直接影響を受けるのが生音、特にクラシック音楽である。クラシックのコンサートホールでは、楽器から発せられた音が壁、天井で効率よく反射されて"豊かな響き"が形成されることに、その音響的な特徴がある。

響きの質に関しては、初期反射音（直接音に対する遅れ時間がおよそ100mm秒以内の反射音）が大きな役割を果たしている。豊富な初期反射音の確保と同時に、時間的また空間的な反射音分布のバランスが重要である。

この初期反射音の構造には、室形状が大きく影響する。本ホールでは、3次元コンピュータシミュレーションを用いて室形状の検討を行った。図6にコンピュータシミュレーションの結果を示す。室形状に関する主なポイントを以下に示す。

・クラシック音楽の場合には、舞台音響反射板を設置し、舞台天井と客席天井がなめらかな曲線で結ばれ舞台空間と客席空間が一体となるワンボックス型のホール形状となるようにした。この状態におけるホール形状はクラシック専用コンサートホールに近い形態となる。
・舞台上の演奏者が演奏しやすくするために、できるだけ早い反射音を演奏者に返すことを考慮し、舞台上の天井については必要以上に高くならないように配慮した。
・主要な反射面である側壁については音の拡散性を意図して表面に凹凸のある形状とし、客席内における反射音の均一性について配慮した。

◇残響時間目標値の設定

響きの"質"の一方、響きの"量"、"長さ"は、残響時間としてホールの室容積と内装条件によって左右される。残響時間は物理量として定義されており、音源停止後に音のエネルギーが100万分の1（-60dB）になるまでの時間をいう。

ホールの用途、室容積に応じて残響時間の最適値は異なり、さまざまな学者によってその推奨値が提案されている。それらの例を図5に示す。

室容積が大きくなるにつれ、残響時間の最適値は長めになっており、また用途によってもその値は異なってくる。

多目的ホールでは舞台音響反射板設置時の残響時間目標値を、図5のオペラハウスの推奨値付近に設定することが多く、本ホールもこれを参考に、以下のとおり目標値を設定した。

<u>残響時間目標値</u>
　　舞台音響反射板設置時
　　　1.4～1.6秒（満席時/500Hz）

◇ホール内装条件の検討

ホール内装条件の考え方を以下に示す。

・内装壁面は、低音域から高音域までの反射を期待し、基本的に遮音層の繊維混入石膏板30mm厚の上に化粧材を直貼りした重量性材料とした。
・内装天井面は、基本的に繊維混入石膏板16mm厚を基本とした反射面とする。なお、細かい凹凸ができるように表面に粗目のクロスを貼り、高音域における音の拡散を図った。
・クラシックコンサートの長めの響きと講演会等の短めの響きへの対応は、舞台音響可動反射板の設置によるものとし、反射板収納時に露出する舞台空間内は吸音性仕上げとした（ホールの内装仕様を図7に示す）。

◆ホール電気音響設備設計
◇基本方針
・公共ホールとして一般性のある適正なものとするが、一方でプロ使用に対しても十分対応可能な規模、グレードの設備とした
・地域住民利用を前提としたアマチュア使用にも十分対応できるよう簡易操作設備の設置を検討した
・本ホールは幅広い演目に対応する多目的ホールとして計画されていることから、コンサート用途として多少残響が長めの条件下においても十分なスピーチ明瞭度が確保できるようなシステムを採用した
・多目的対応として各種演劇等に十分対応できる効果音再生設備を設置した

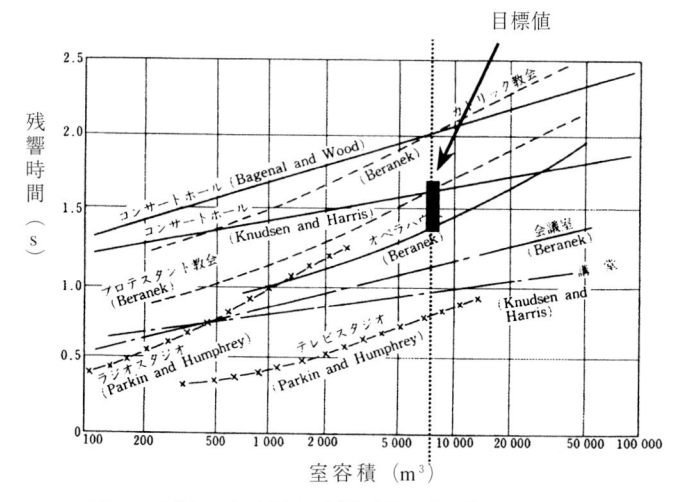

図5　用途、室容積と残響時間の推奨値
（出典：B. F. Day, Ford and P. load: Building Acoustics, 1969）

表3　電気音響設備動作特性目標値

項　目	目　標　値
最大再生音圧レベル	95dB以上（ピンクノイズ、ホール客席中央部）
伝送周波数特性	偏差　10dB以内（200～5,000Hz）
音圧レベル分布	偏差　6dB以内（2kHzバンドノイズ）
安全拡声利得	-10dB以上（ホール客席中央部）
残留雑音	NC-20以下（ホール客席中央部）

第Ⅰ部　計画・設計

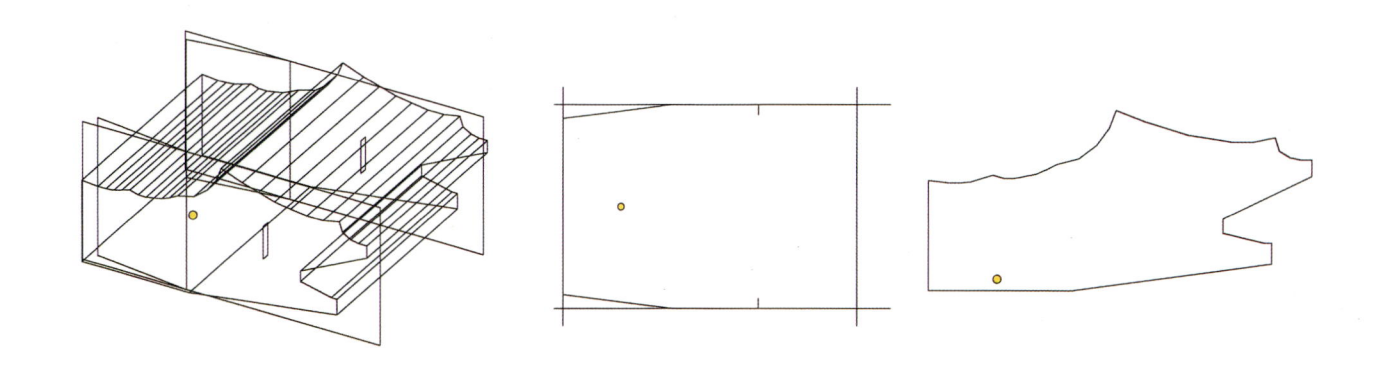

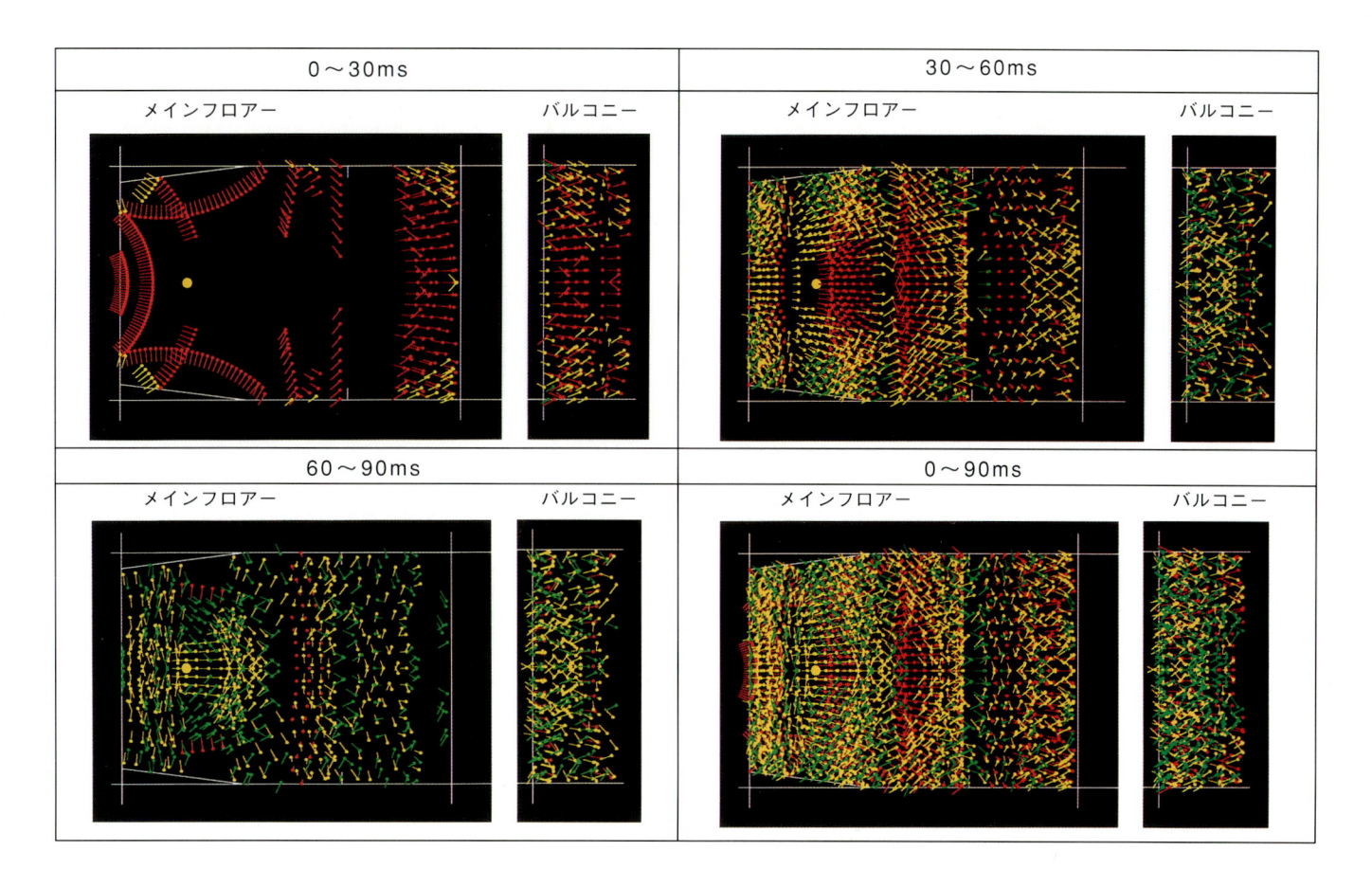

0～30ms		30～60ms
メインフロアー　バルコニー		メインフロアー　バルコニー
60～90ms		0～90ms
メインフロアー　バルコニー		メインフロアー　バルコニー

時間表示の見方

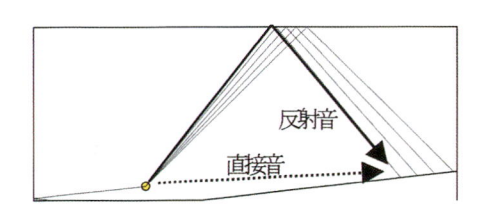

反射音
直接音

時間表示は直接音が到来した後、
反射音が到来するまでの時間差を示す
単位（ms）

線分表示の見方

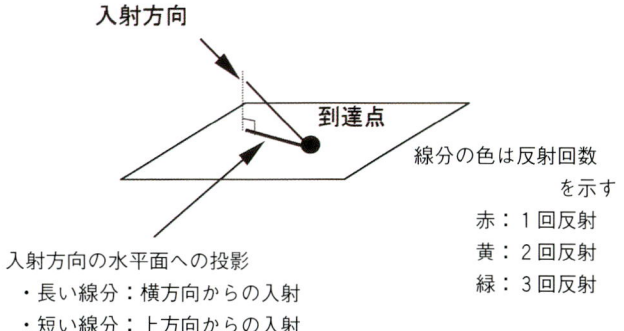

入射方向
到達点
線分の色は反射回数
　　　　を示す
赤：1回反射
黄：2回反射
緑：3回反射

入射方向の水平面への投影
・長い線分：横方向からの入射
・短い線分：上方向からの入射

図6　コンピュータシミュレーション結果

49

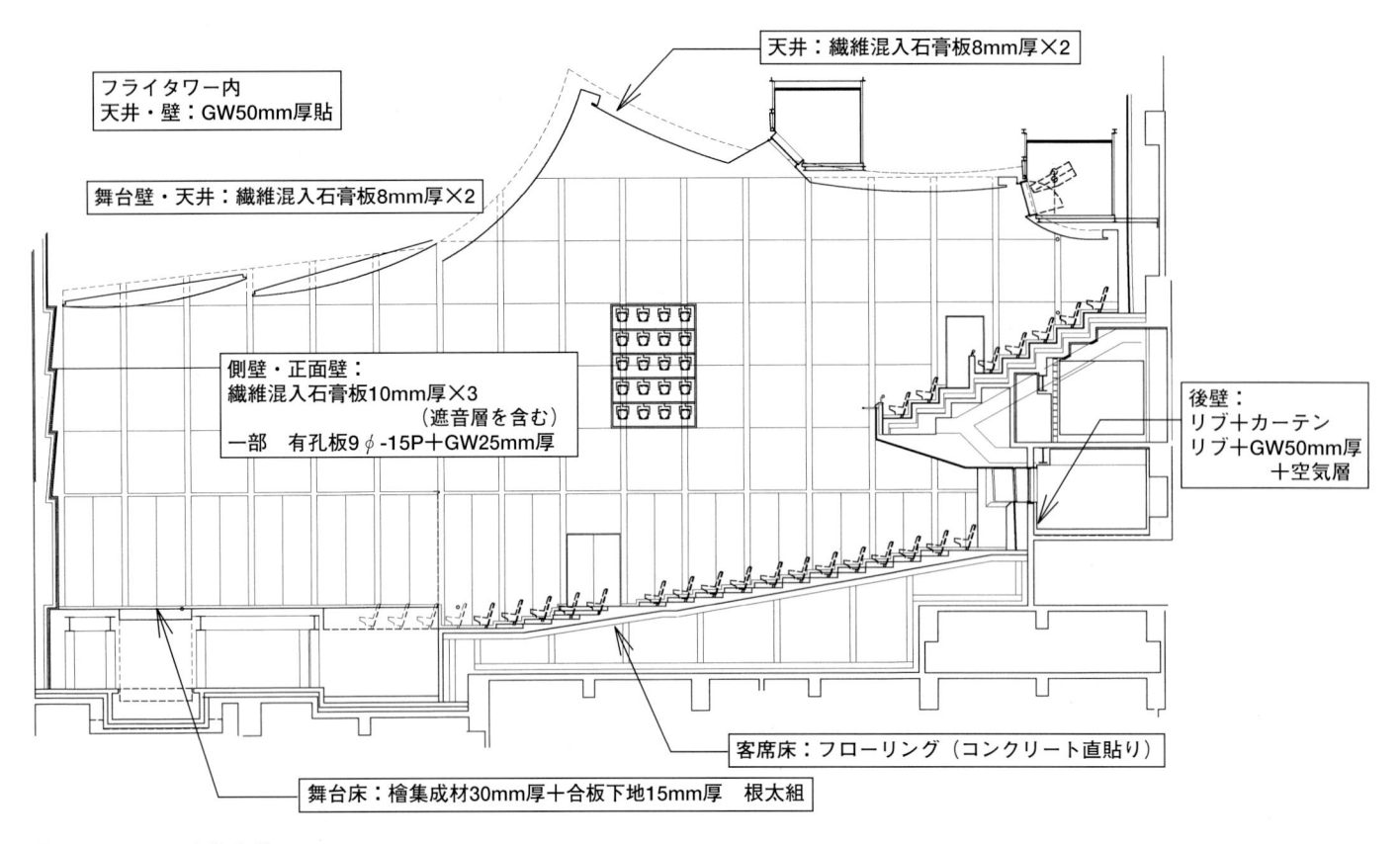

図7　ホールの内装仕様

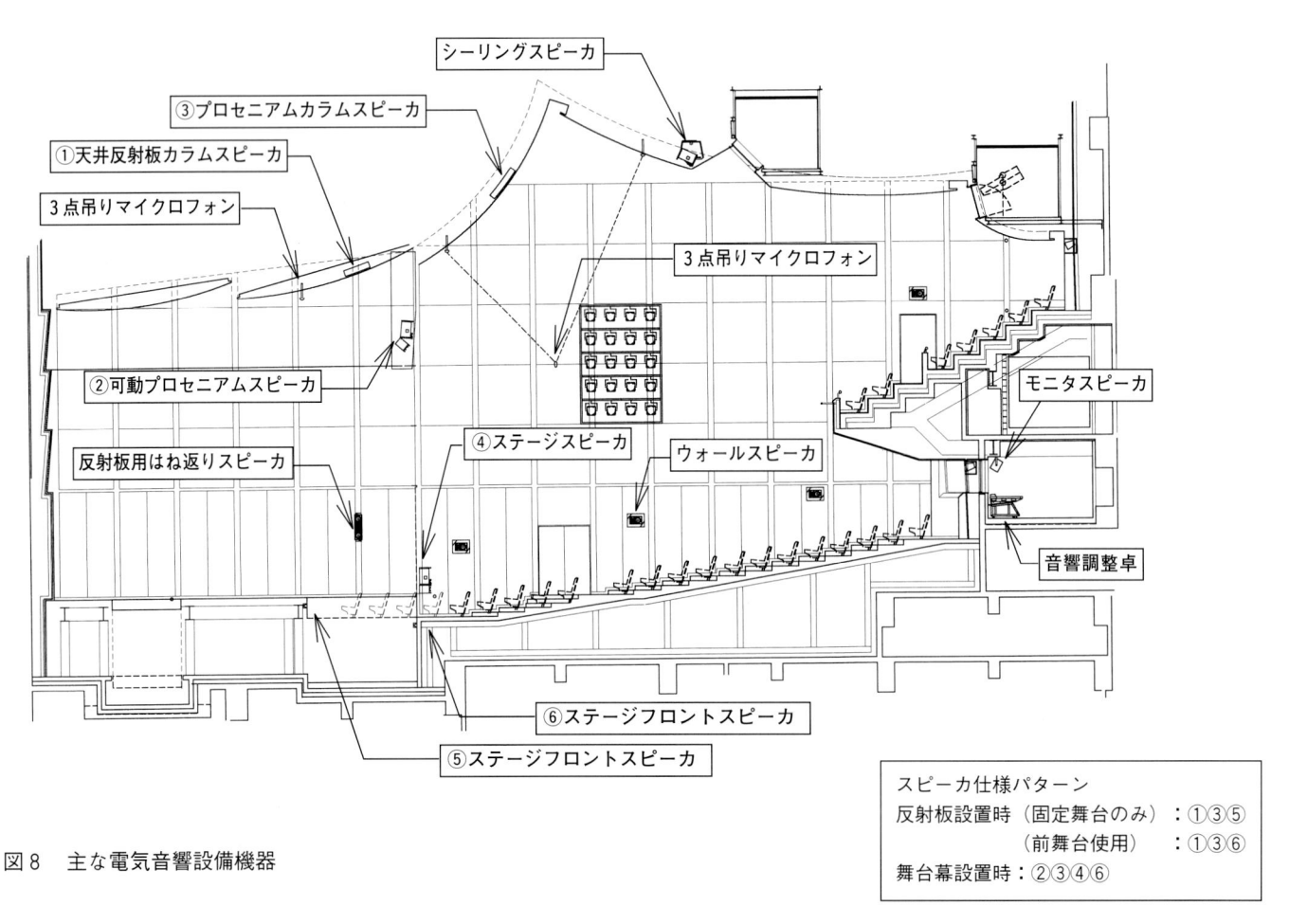

図8　主な電気音響設備機器

スピーカ仕様パターン
反射板設置時（固定舞台のみ）：①③⑤
　　　　　　（前舞台使用）：①③⑥
舞台幕設置時：②③④⑥

第Ⅰ部　計画・設計

・録音設備の充実を図り、高品質録音設備を設定した
・仕込み用、呼出用をはじめ、インカム、運用系モニターシステム等の運用連絡設備を充実させた
・機器の持込み利用に対し、舞台袖コンセント盤、ＰＡブース盤、音響用電源盤を設置し、容易に対応できる設備とした

◇音響性能目標値の設定

音響性能目標値を表3に示すとおり設定した。

◇主要機器の配置

基本方針、音響性能目標値をもとに、設定したホールの主な電気音響設備機器の配置を図8に示す。

◇スピーカシステム

クラシックコンサートにおけるホール内アナウンス、レクチャーコンサート等のスピーチの放送・拡声に対応するため、反射板と上部プロセニアムにコンサート専用のスピーチ拡声用スピーカシステムを設置した。

設置にあたっては、天井の有効な音響反射面がスピーカの大きな開口によって吸音されることを避けるため、プロセニアム中央にスピーカの設置は行わなかった。

また、スピーカシステムも可能な限り小型のシステムとする必要があった。

さらに、本ホールは前舞台迫りが設置されており、舞台面積の変化に伴い客席のサービスエリアが増減することへの対応も行う必要があった。

このため、サービスエリアの増減に対応するためのスピーカシステムを追加しなくてもいいように、スピーカの指向性制御によるサービスエリアの拡大・縮小を行った。

このスピーカシステムは、5cm径の小型フルレンジユニット12台をカラム形に配列した。これを1システムとし、上・下手各2システムで構成した。上手・下手の配置は舞台側の天井反射板に1システム、客席側の上部プロセニアムに1システムであり、前後のシステムが一直線になるようにした。

これらの小型フルレンジユニット1台にデジタルシグナルプロセッサ（DSP）と電力増幅器を各1chずつ割り当て、遅延時間とイコライザの設定によって、スピーカシステムの指向性を制御している。舞台と客席のパターンごとに各DSPの共通No.のメモリバンクに記憶することにより、専用キー（ボタン）で一括呼び出しをかければ各パターンの設定が再現できるように設定した。

◆音響特性測定結果

◇ホール残響時間

①舞台音響反射板設置時（固定舞台のみ）、1,000席仕様、②舞台音響反射板設置時（前舞台使用）、800席仕様、③舞台幕設置時、1,000席仕様の残響時間測定結果から推定した満席時の残響時間を図9に示す。

舞台音響反射板設置時における満席時の残響時間推定値は約1.4秒（1,000席仕様、500Hz）および1.5秒（800席仕様、500Hz）であった。これは設計時目標値を満足しており、多目的ホールとして適切な残響時間が得られている。

また、舞台幕設置時における残響時間の満席推定値は、舞台音響反射板設置時よりそれぞれ0.8秒（500Hz）短くなっており、多目的使用で想定される講演会等の催しに対して、十分対応できる響きとなっている。

◇遮音性能

主な室間についての遮音性能測定結果を図10に示す。いずれも構造にみあった性能が確保されており、目標値を満足する結果が得られている。多目的ホール、リハーサル室、会議室相互の遮音性能は、ほとんどの演目に対して同時使用が可能な性能が得られている。

◇鉄道騒音、振動

鉄道の騒音、振動による固体伝搬音は、多目的ホールにおいてNC-20を満足しており、所期の遮音、防振性能が実現されている。

◇空調設備騒音

多目的ホールの空調設備騒音測定結果は、舞台、客席ともにNC-20前後の性能目標値を満足し、大変静かな空間が得られた。

◇電気音響設備動作特性

完成時に行った音響測定と拡声テストでは各パターンでの客席内の音量分布および拡声音質は良好であった。各項目とも設計の意図および性能目標値を満足する良好な結果が得られた。

㈱永田音響設計

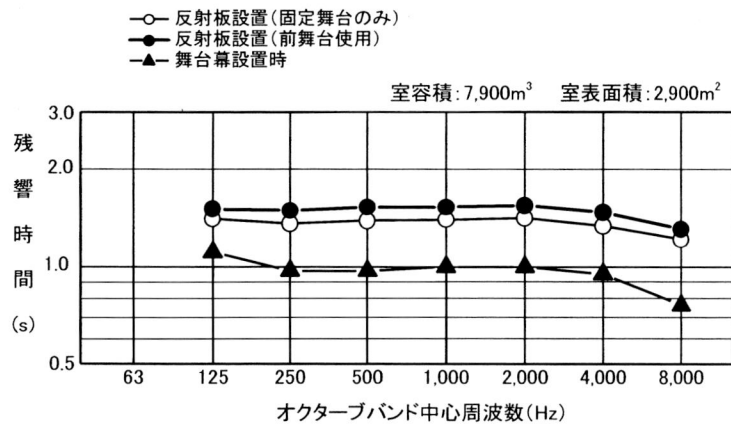

図9　ホール残響時間測定結果

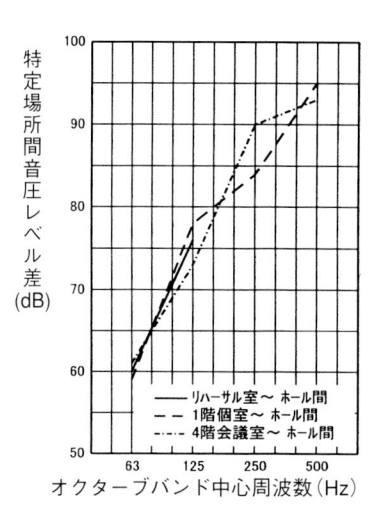

図10　室間遮音性能測定結果

ＣＧを活用したホールデザイン検討

◆ホールインテリア検討

　このホールの内部空間の特徴は音響反射のためにデザインされた壁と天井にある。壁面は平面的にも断面的にも微妙な傾斜角を付けた小割の木製パネルで構成される。

　このような空間がどのような雰囲気になるかの検討には、一般的なレイトレーシングＣＧの手法ではパネルの重なりの感じが表現できない。また、照明の効果を忠実にシミュレートするためにはラジオシティ法によるレンダリング手法が最適である。

　照明設計の実際の効果を予め確認するため、照明器具メーカーの協力で照明器具の特性（光束と配光特性）のデータを得て、レンダリングを行った。

　青森産のヒバで仕上げた木製パネルの材質感や壁のスリットを照らす照明の効果が確認できた。また、壁パネルの微妙な角度の重なりが織りなす効果と曲面で構成した天井の対比のデザイン意図を表現することができた。

　ステージはコンサート利用時の音響反射板で閉じられれた状態と演劇利用時のプロセニアムを構成した２つの状態を視覚化した。

◆機能上の検討

ホール客席からの視線検討

　演劇利用では特に重要な設計条件である客席からステージの見え方の検討を行った。ＣＧで作成したモデルを利用して、客席の着座視点からステージ方向の視野でレンダリングし、ステージを遮る、前方座席の人の重なり方で評価した。

　この検討の結果、一部の座席配列の修正を行った。

多目的ホール（シューボックス形式）

使用ソフトウェア：	
・３Ｄモデリング	form-Z
・ラジオシティレンダリング	Lightscape
・視線検討レンダリング	RenderZone
・画像レタッチ	Photoshop
ＣＧ作成（多目的ホール）	構造計画研究所
ＣＧドローイング パース	ヒューマンファクター

エントランスホール

第Ⅰ部　計画・設計

多目的ホール（ステージ）

多目的ホール（プロセニアム形式）

レストラン

レストラン

ホール緞帳の製作　　　　地元芸術家の参画

◆ぱ・る・るホールの緞帳の特色

原画に描かれている多彩な色合いを踏まえ、「ふるさとの豊かな色彩の季節への思い」を織表現に生かせるよう、企画した。

一見、単調にも見える色面構成だけにそれぞれの色の持ち味を生かし、いろいろなバリエーションの糸種と織組織で表現した。緞帳としての工芸織物の良さを加味し、華やかさ（使用糸種）およびスケール感・質量感（変化織組織）をもって試織した。

緞帳は本来客席からの視認距離はかなり隔たり、手元で眺めることはなく、全面の図柄を一目で見極められる位置も相当離れた距離になる。また、特殊な照明光源下で眺めるものゆえ、それらを考慮して少し明るめで、なおかつボリューム感のある組織を使用し、全体の図柄が引き立つようにした。

経糸には綿糸を、緯糸にはレーヨン糸等を使用している。織組織は4本引き揃えをベースに8本引揃えや、よりボリューム感を出すさまざまな変化織を使用している。

通常、緞帳は裏織されるが、これは一般的な緞帳の織組織の場合で、緯糸を裏に返すのが非常に効率が悪いためである。

今回の緞帳の場合、さまざまな織技法を使用したため、その織肌を目で確認しながら製織する必要があった。効率の悪い緯糸を裏に返す作業があったが、あえて表織した。

また、今回の緞帳の図柄は一見、単調にも見える色面構成だけに、それぞれの色が持ち味となる。その色を生かすためにも、山内ゆり子先生には何度もご指示いただいた。

◆日本における緞帳の歴史

古来、日本では住＝建築空間に織物を用いる習慣は、西欧に比べ少ない方であった。「衣・食・住」の住の語は、織物を思い浮かべ難い分野である。建材は木が主体で、住＝建築空間に関る繊維品は紙（障子・戸・襖）や畳等であった。

織物としてはわずかに座布団程度であり、一般的な住空間とは少し異なった大空間の社寺・御殿・城館に帳・荘厳などが特殊な例として用いられていた程度に過ぎない。

日本の建物では、人と建材の接するものは繊維質の畳・紙が主体だが、西欧の建物では建材が硬質の石・土を主体としたものが多く、人と接する面を和らげるため、内装に織物を用いる習慣が生まれたのであろう。

当初の無地ものが、色変化・図柄を施し「装飾」として発展していったのも、自然な成り行きであったと考えられる。城館・教会堂などにおいて最高の美術織物とされるゴブラン織が多用されているのは、その顕著な例といえる。

西欧においては、壁面に直接図柄を描く大壁画も見られるが、日本では古くは社寺の壁画に散見される程度で「障壁画―障屛画」と総称される分野で、戸襖の絵画・装飾が内装として発展した（狩野派・琳派等）。

「障壁画」の施された戸襖はその用途が会議、儀式、応対、講話など、緞帳とは多少異なるものの、手前の部屋と次の間を区切り、用に応じて左右に開閉され、人の視点の前面にあって飾られることにおいては、緞帳と同様の用途に属するものであり、戸襖に対座する者には、それが開かれるまでの気分の統一の対象としてのものであっただろう。

緞帳は、舞台前面と客席前面を区切って開閉する「用」と、客席の前面を飾る「装飾」の役目を併せ持っている。

舞台幕「緞帳」は、大劇場においては従来、左右から片方に引いて開閉するカーテンのようにたたみ込める裂地による横引き幕が用いられてきた。

日本の劇場、舞台は歌舞伎をその主たるものとしてきたが、江戸末期には設備の充実も完成の域に達し、明治開国に伴い建築も欧風化が進むにつれ劇場様式も西欧の影響を受け、現在に見るプロセニアムアーチ・大舞台の形態が整った。

現在のような上下に開閉する緞帳は、明治12年（1879）、新富座でアメリカのグラント将軍観劇記念に贈られた引き幕を緞帳として用いるようになったのが始まりとされている。その後、図柄も単純なものから多様化するとともに、第2次世界大戦直後の昭和20年代前半までは、緞帳製作方法は布地に直接図柄を描くもの、刺繍を施すもの、色布を切り貼りするアップリケなどの手法で製作されてきた。

原画

第Ⅰ部　計画・設計

　昭和20年代後半ようやく台頭してきた戦後の復興気運は、工業生産の伸展とともに、文化的な面でも展開を始めた。いまだ食料事情も低迷する時勢ながら、劇場・ホールの再建も各地で始まる勢いの中で、有識者は観客の視点のポイントとなる緞帳にヨーロッパのゴブラン織と並び日本で最高の美術工芸織物である綴織の手法を採り入れて作成し、好評を得た。

　綴織による緞帳は昭和26年（1951）、大阪・朝日会館に吉原治良氏の原画によるものが最初であるが、当時の朝日会館の村山氏、クラレの大原氏などの見識・文化的な物に対する復興期の意気込みも伝わってくる感がある。

　続いて産経ホール、毎日ホールなどを始め、東西の劇場・公共ホールにも文化的気運は伝播し、建築家で画家でもあるル・コルビジェ氏、彫刻家のイサム・ノグチ氏などが緞帳作りにデザインから参画するケースもあるなど、工芸織物の一分野が定着していった。

　緞帳は特殊な場内空間の雰囲気と照明下で眺めるものであり、場内空間に調和したもの、舞台との関連性を逸脱しないデザインでなければならないが、観客の目を和ませるとともに幕間の休息感、あるいは適度な緊張感から品位をかもし出す内容をもったものが要求される。

　劇場・ホールに限らず、今日、多用な用途に催されるステージ付ホールにおいて緞帳は「障壁画」での意義と同様の目的を果たしているものと考えられる。

　インテリア・エクステリアとして織物緞帳の存在は、ともすれば硬質の室内空間にあって、客席の前面というその質によるところを得て、内と外のものの区切りと心の区切りの機能を果たす環境造形（エンバイロンメンタル・クラフト）として位置付けられるのが今日の姿であるといえる。

◆緞帳の製作仕様（サイズ、色数など）および製作工程

緞帳寸法：
　仕立て上がり
　　（W）17.50m×（H）9.00m
　　＝157.5m²
　プロセニアム
　　（W）17.50m×（H）7.90m

使用色数：81色

製作工程：緞帳製作着手から搬入・吊り込みに至る工程の概要は下記の通りである。

1）織企画
　　効果的な表現のため、織組織、織素材等の決定。
2）原画コピー取り
　　原画の形態および配色の分解、線描。
3）織下絵制作
　　2）のコピーを基に、緞帳実寸大拡大図に、配色番号など記入して製織の拠り所とするもの。
4）配色
　　原画を基に、使用糸による配色組み立て。
5）糸量計算
　　4）の配色組み立てを基に、各色の製織面積から糸量を算出。
6）染色
　　かせ染め、浸染および水洗等一連の作業。
7）製織準備（機綜・整経・経糸通し・撚糸・緯巻）
　　機綜は経糸開口のための綜絖をセットする作業。
　　整経は必要経糸本数を必要長経糸ビームにセットする作業。
　　経糸通しは経糸を筬および綜絖の目に通す作業。
　　撚糸は単位糸を必要糸本数に合糸するとともに、均一な撚りをかける作業。
　　緯巻は緯糸を杼にセットできる管に巻く作業。
8）製織
　　図柄に合わせ、綴れ織る緞帳製作の主作業。
9）表・裏面整理仕上げ
　　把釣り目かがり作業、裏面緯糸の余分切除作業。
10）防炎・裏打ち加工
　　緞帳を規定寸法にセットするため

4）配色

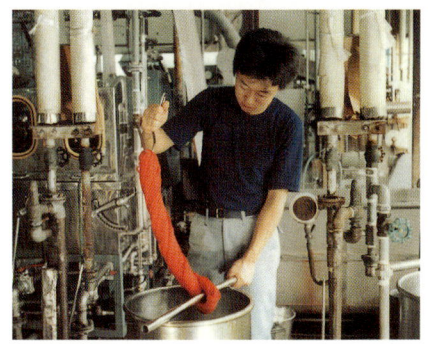

6）染色

8）製織

8）製織

8）製織

55

の地入れ作業を含む。消防当局認定の防炎薬剤の有資格業者による散布および裏面に純綿布を全面接着し、裏打ち加工をする。

11) 乾燥

　　裏打ち面の自然乾燥。

12) 縫製仕立て加工（縫製・裾裂取付・下パイプ袋取付・懸吊用テープ取付）

　　緞帳裏面と化粧裂を合わせ、仕立て縫製加工を施すとともに、下部には図柄とマッチした遮光用の裾裂を取り付ける。

　　また、下パイプ挿入袋の縫製取付および、下パイプ落下防止用に上下パイプをつなぐ補助ロープを5本取り付けられるよう縫製加工し、上部には緞帳の重量に充分耐える懸吊用厚地綿テープを約250mm間隔に取り付ける。

13) 梱包・出荷

　　輸送に耐えるに充分な梱包および運搬車への積み込み作業。

14) 搬入・吊込

　　現場での荷降ろしおよび上部バトンへの懸吊用テープの結着。

◆まとめ

　地域とともにある郵政の事業であることから、地元・青森のイメージを大切にし、しかも施設の外観および内装とのバランス、多目的に使用されること等々を考慮し、抽象的な中にも、ふるさと青森の豊かな色彩の季節への思いを緞帳に込めてみた。

　原画はもとより織物の暖かみ、華やかさを客席の人々に感じていただけるよう、願っている。

㈱川島織物

織り上がり

裏面

整理仕上げ

仕立て加工

完成

画題　ALL TOGETHER

　パリで長い冬の季節を暮らしているとき、私はしばしばふるさと青森の春や夏を思います。鉛をのべたような灰色の空が毎日のようにつづくと、ほとんど反射的に高く青々と晴れ渡る空の下のむつ湾の海を思い、勇壮なねぶたの灯りを思い、八甲田の山々や奥入瀬渓流の緑のトンネルを思い、弘前城の桜のじゅうたんを思い、津軽の西の海に沈むあかね色の夕陽を思い、雲谷の斜面に揺れるコスモスの群生を思い……という具合です。ときには、その思いは恐山の賽の河原で無心に回る風車であったりもします。

　雪国の冬の青森にいますと、私は逆に春や夏のフランスに思いをはせます。人はみな、厳しさの中で優しさを求め、寒さの中で暖かさにあこがれ、闇の中に光を探るものなのでしょう。

　この度、建設されるホールには、何よりもまず温かさと親しさが基調にあって、その空間に奔放な色彩にあふれた自由で大らかな空気が流れていることが望ましいのではと思います。ひばの木肌に包まれた内装が、自然に温かみや親しみをかもし出すことでしょう。

　灰色のパリの空の下で、ふるさとの豊かな色彩の季節への思いを絵筆に込めましたら、こんな作品が生まれました。この抽象的な表現が何を描いているのか、と問われますと、私は「内的な感動を表現したまで」としか答えようがありません。

　音楽や演劇などを楽しみに集う人びとの精神的な高揚をやさしくなでる役割を果たすことができればと願うばかりです。

　オール・トゥゲザー、みんなでいっしょに！

山内ゆり子

津軽塗り

地元芸術家の参画

ぱ・る・るホールへ津軽塗りを使いたいという話は着工2年ぐらい前から進んでいたのですが、まだ先は長いという実感のほうが強く、あまり深く考えることもなく時が過ぎてしまい、いざ本番という時には、初めて塗装するものや、重さ、大きさ、空間に対しての色彩とバランスなど、迷うこと、考えることが多く、取り付けが終わった今でも、ああすれば良かったなどと、過ぎた反省をしています。

建築物の中に漆を使うというのは、かなり前からあったことですが、ここ70年ぐらいの間はあまり見られなくなりました。たぶん近代工業への移行、生活環境の変化がそうさせたのだと思いますが、特に近年では手作りの切り捨て、工業化、大量生産へ、価格の低下、職人の仕事とはまったく違う時代へ流れていましたが、しかし、ここ10年ぐらい前より手作りの見直しや潤いのある生活環境、天然素材へ、時代はより質の高い、手作り、新しい感覚、素材感、あたたかさを求めて動いてきています。

実際に私どもが手掛けたホテルの装飾も10件は超えていますし、また、レストランの装飾などの仕事も増えつつあります。新しい装飾の素材として漆が見直されてきているのではないのでしょうか。

津軽塗りは約350年ぐらい以前から青森県津軽地方に伝わる漆の伝統的工芸で、少し固めに調合した漆を模様の元として、道具を使い小指の先ほどのホントに小さな模様をまばらに付けていきます。それは小さな漆の丘みたいなもので、全体にバランスよく適度に隙間がないような感じで、この適度な隙間の加減と使う道具の作り方により、個人個人の持ち味がかなりでてくるのが、この津軽塗りの面白さといえます。

この小さな模様を仕掛けと呼んでいますが、これを乾燥させた後、いろいろな色漆を塗り重ねて、塗っては乾燥させを何度か繰り返し、最後に一番面積を占める、地になる色を塗り、乾燥した後、研ぎに入ります。何度かに分けて、研ぎは進められますが、その都度、仕掛け以外の低い所に、地の色の漆を埋めて、平らになった時点で研ぎの仕事を完成させます。

非常に目の細かいサンドペーパーで奇麗に磨き上げ、それに木から直接とった漆を刷り込み、和紙で吹きあげていきます。薄い膜を作るわけですが、これを9から10回ほど繰り返し、その間に、布や和紙でこすり、光沢を出していきます。こうして、漆独特の深い味わいのある光沢が生まれるのです。

これまで書いた工程はおおよそのもので、実際は約50工程、期間は約2ヶ月ほどかかり、製作物により、仕掛けの大きさやデザインを変えたり、塗装する色を変えたりと、いろいろなバリエーションが生まれ、考えられていきます。

今回の仕事で一番面白いのは、動くものを漆で塗装したということです。それはエレベータの扉ですが、漆は静物というイメージが強いのですが、もし動いたらどんなに面白いだろうと思っていました。それが実現できたのです。塗装するのは簡単ですが、隙間、金属との密着性、色彩、周りとのバランス、配色など、考えなくてはいけないことが多く、下書きは最後の最後まで書き直していました。

幸いにも、漆の弱点である紫外線が当たる場所ではないので、ある程度の色までは使うことができましたが、やはり取り付けが終わるまで、色の組み合わせには悩みました。地下はシックに星空と強い線の組み合わせ、1階は華やかな色を、2階は落着いた色、3階は明るい色彩、4階ははっきりとした色の違いを、という組み合わせですが、文字にするほど、うまくいったかどうかは皆さんが見て判断していただきたいと思います。

特に音楽会などで使用する頻度が多いエレベータですから、品格、色彩、完成度、バランスなど、気付かれる点は多いと思います。

この他にホワイエのドア、柱飾り、サインなど数多く塗装しましたが、「ウワー 津軽塗りだー」とか、「値段が高そうだー」とか、そういう喜び方はやめていただきたいのです。

これから数多くの人たちがこのドアを通り抜けることと思います。どれだけの人が気付いてくれるか、津軽塗りと解ってもらえるかどうか、わかりませんが、私どもの作ったこの仕事の将来への可能性や、津軽塗りの深い可能性に気付いていただきたいと思います。

津軽塗りは、ただの漆器のためにある技法ではありません。大いに可能性を秘めた技法のある工芸であることを感じ取っていただきたいと思います。

柱の飾りは津軽塗りの仕掛けの技法と色を変えた津軽塗りで仕上げて、組み合わせています。春の優しい音のイメージと、夏の終わりから秋にかけての静かな音、ゆるやかな月と徐々に強まる光、それらのイメージで組み上げて作りました。

自分の好きなコンサートの終わりにドアを開けて階段を降り、ふと見上げたガラス越しにやさしげな月が見えた時に、この柱の飾りは見た人自身の中で完成されるのだと私は思っています。

頭の中を流れる音楽と飾りの印象が優しく見えるようであれば、その瞬間はその人にとり、とても幸せな時間だと思います。その一瞬のために創られた物はあるのではないでしょうか。

遊工房　久保猶司

ホール扉ディテール

第Ⅰ部 計画・設計

エレベータ乗場扉に用いられた津軽塗

ホワイエの柱飾りに用いられた津軽塗

ブナヴァインアート

地元芸術家の参画

◆筋をとおした"パーティション"

さまざまな情報が行き交う現代、わけてもインターネットの普及で瞬時に多数に情報を伝達できるようにはしたものの、むしろ個人の意志はなかなか他者に伝えづらくなっています。他者と共生しながら、自己を確立するといったことを表現できないか——そういったことを考えていたところに、この仕事が舞い込んできました。

できあがったパーティションは、それぞれのブナ材がお互いにランダムに交錯しながら、まっすぐに伸びて、情報がさまざまな方向から交錯するイメージを表現できたかなと安堵しています。他者と交じりあいながらも、自らの意思を貫き通す姿を読み取っていただければありがたいと思っています。

高さ1m80cm、延長30m弱のパーティションの制作依頼を受けたとき、ブナ材でつくることができるか不安でした。ブナの単材は長くても2m、これをそれぞれ包み込みながら、強度のあるパーティションをつくるにはどうすればいいか。これがまず第一の思案のしどころでした。

ある程度の厚みと強度、かつしなやかさをもたせなければならなかったからです。幸い、単板メーカーの協力で、ブナ＋不織材＋ブナ＋不織材という4層構造の材料を作成してもらうことで、この問題は解決することができました。

足掛け3年の制作期間の中で、この材料の作成を含めて、構想に2年半かかりました。実際の制作では、やり直しのものを合わせて、28枚のパーティションをつくることになりましたが、これが悪夢のような半年でした。起きれば制作、寝るまで制作、最初に仕上げたものと最後にできあがったものとの釣り合い、また、イメージと手の触感を維持するのが大変でした。結局、どういうふうに取り組もうかと悩んだ最初に仕上げた2枚は、出来が気に入らず、つくり直しました。最後になって、ようやくつくる楽しみを感じた次第です。

据え付けて、やっとほっとしました。このパーティションでは、枠の制作に木工屋さん、さらに土台への漆塗りに木地屋さん、あるいは漆の塗師さん、また、ランプシェードの制作では照明器具屋さんらと協働しましたが、みなの成果が実ったものとなりました。

私もそうですが、みなとりたてて「伝統」を意識していません。むしろ邪魔だと思っています。しかし、できあがったものをつぶさに見てみると、この地に育まれた者の証が写されています。それがあるからこそ、特異な素材を使っても、違和感なく受け止められるのだろうと思っています。

地域の素材を、この地に生きる者が使ってできたこれらのもので、なごんでいただいて、心静かなときを楽しんでいただければ幸いです。

武田孝三

レストランのブナパーティション

第 I 部　計画・設計

ブナパーティション（照明内蔵式）　　　　　　　　　　　　　　　　　　　　　　　　　　　　　　　E

ブナのランプシェード　　　　　　　　　E

ディテール　　　　　　　　　E

61

津軽こぎん刺し

地元芸術家の参画

　今からおおよそ200年前、藩政時代の贅沢禁止令により着物まで制約された農民は、綿入れの着物も着ることができませんでした。このため、自然の山野に自生するカラムシを藍で染めた麻布に、保温と補強のために麻の白糸で色々な模様を刺して着ていたそうです。「こぎん」は、まさに北国の厳しい風土から生まれた生活の知恵と技と言えるのです。

　白い麻布で浮き出す美しい幾何学模様は、一、三、五、七、九と布目を奇数で拾って刺すという独特な刺し方によるものです。また、津軽の言葉で表現された「田のくろ」、「そばカドコ」、「ベコざし」、「ねごのマナグ」、「カチャラシ」、「豆コ」、「花コ」といった模様は、農村の生活の中に活きづいているものから生み出されたもので、その模様を見るとなるほどと思える名前が付けられています。

　「こぎん」は、これらの模様をさまざまに組み合わせて刺していきますが、地域によって模様の配置の仕方に違いがあり、岩木川の流れを境にし、西の方で刺されたものを「西こぎん」、東の方で刺されたものを「東こぎん」、川下の方で刺されたものを「三縞こぎん」と呼ばれています。

　これら「こぎん模様」は、津軽弁の余韻を残して母から娘へ、娘から孫へと伝えられ、津軽の人々の心の中に語り伝えられてきました。

　そして、娘たちは、いつの日か夫となる人のために何枚かの「こぎん」をその美しさを競って刺すようになったそうです。

　このように受け継がれて来た「こぎん」も綿布が簡単に手に入るようになった明治25年ころからは、ほとんど刺す人もなくなり、急速に衰えていったのです。

　でも「こぎん」は今、その素朴な美しさに魅せられた人達によって再び見直され、先人たちが残した優れた技術と地域に活きづくものを愛する心は現代に受け継がれています。

　今回のぱ・る・るプラザの作品は、故前田セツが幾何学模様の美しさを山脈模様で表現したデザインを用い、「八甲田山」をイメージするものとして、前田セツこぎん研究会員10名で作成したものです。

前田セツこぎん研究会代表
前田　章子氏

第II部

工事概要

工事工程写真……64

総合仮設計画……68

地下防振工事……72

鉄骨工事の冬期施工……77

ぱ・る・るホールの防振工事……80

ぱ・る・るホールの舞台機構……94

ぱ・る・るホールの内装工事……102

ぱ・る・るホールの椅子……104

工事工程写真

杭地業工事
平成11年4月末

土工事
平成11年6月

鉄骨工事
平成12年1月

第Ⅱ部　工事概要

鉄骨工事
平成12年2月

3階鉄筋型枠工事
平成12年5月

内装工事
平成13年1月末

ホール内装工事
平成12年8月

ホール内装工事
平成12年8月

ホール内装工事
平成12年10月

ホール内装工事
平成12年11月

ホール内装工事
平成13年2月

ホール内装工事
平成13年3月

総合仮設計画

◆地下工事

本工事の敷地は西側がJR東北本線と奥羽本線の合流地点に、東側が市道山の手通り線に隣接している。また、青森市は地盤沈下地域でもあり、市内における地下工事で周囲の地盤沈下を発生させた事例もあることから地下工事の施工計画は慎重に行った。

1）山留め計画

地盤は深さ25m付近までN値10未満の砂質シルトで、地下水位がGL－1mの高さになっている。また、不透水層がGL－25m付近から下になっていることから、止水性があり変形が少ない深さ25mの山留めが必要となった。以上の条件によりソイルセメント柱列壁（SMW）切梁工法を採用し、概要は以下のとおりとした（表1～3参照）。

2）ソイルセメント柱列壁の施工

山留め壁の種類は親杭横矢板壁、鋼矢板（シートパイル）壁、場所打ちRC柱列壁、既製コンクリート柱列壁、ソイルセメント柱列壁、場所打ちRC地中壁等がある。選定の基準として地盤条件（軟弱、地下水の有無）、規模（深い浅い、広い狭い）、公害（騒音・振動、周辺地盤の沈下）、工期、工費等があり、種類の決定には総合的な判断が必要になる。ソイルセメント柱列壁は以上の条件を概ね満足する工法である。

本工事ではベースマシンに650mm径の3軸オーガーを使用して施工した。施工順序は柱列壁が所定の位置に施工できるようにガイドを据付け、深さ25mまでセメント系固化材の混入液をオーガー先端から注入しながら掘削する。混入液を注入、オーガーを回転、攪拌しながら引き抜き、掘削孔に芯材を長短交互に差し込んで完成する。注入材は一軸圧縮強度が$5.0kgf/cm^2$以上になるよう土質を考慮して配合を決定した。

山留め壁の変位と切梁に掛かる軸力の管理は、自動計測装置を設置し、根切りの進捗による変化を管理した。

3）構台計画

敷地南北の隣地が日本鉄道建設公団国鉄清算事業本部（旧国鉄清算事業団）所有で売却予定地であったため、市道側からの出入り口を基本として計画した。幅8mのコの字形とし、作業荷重条件は最大で鉄骨建て方時に使用する120tクレーンが稼働できることとした。120tクレーンのアウトリガー部の根太が強度不足のため、H-400×400×13×21を補強で入れることにした。

4）排水計画

掘削土は砂質シルトで多量の水分を含んでいる。掘削作業の環境を良くし、残土搬出の車両から泥を落とさないため、ドライワークができるように検討した。

中央部に管径400mm、深さ25mの特殊なディープウェルを配置し、掘削面より1m程度水位をさげて作業を行った。このディープウェルは集水孔部分に特殊なフィルタースクリーンを採用し、バキュームポンプで管内を真空状態にして周囲の水を強制的に吸い取っても目詰まりをおこさない仕様になっている。

掘削面積が2,344m²あったが1ヶ所で十分な排水を行うことができた。

山留め壁外部の地下水位低下を防止

表1　山留め壁（主要材料）

ソイルセメント柱列壁（SMW）			
径＝650mm	杭間隔＝450mm	222セット	深さ＝25m
芯材	H-488×300×11×18　L＝15m	杭間隔＝900mm	220本
	H-488×300×11×18　L＝23m	杭間隔＝900mm	220本

表2　支保工（H-400×400×13×21，H-350×350×12×19）

	掘削深さ					
	GL-8.21m			GL-9.99m		
	腹起し	切梁	火打ち	腹起し	切梁	火打ち
1段梁	H-350	H-350 @＝7.0m	H-350	H-350	H-350 @＝7.0m	H-350
2段梁	H-400	H-400 @＝7.0m	H-400	H-400	H-400 @＝7.0m	H-400
3段梁				H-400	H-400 @＝3.0m	

表3　ソイルセメント柱列壁施工で使用した機械

工事内容	名称	機種・規格	台数
SMW造成	ベースマシン	DH608-120M	2台
	減速機	PAS-120VAR	2台
	多軸装置（3軸）	SAT-120	2台
	削孔混練軸	径650×27.75m	2台
セメント系混入液の製造	全自動プラント	SHP-24A	2台
	セメントサイロ	30t	2台
芯材建て込み	クローラークレーン	40t吊り	2台
	バックホー	0.4m³級	2台
泥土、残土処理	ダンプトラック	10t	10台
電力設備	発電機	250kVA	2台
		75kVA	2台

するため、必要以上の排水を行わないこととした。地下水位を観測する井戸を山留め壁の内外に設けて毎日水位の観測を行い、周辺の地盤測量も継続し、地盤沈下がないことを確認した。

掘削によるボイリングの発生を防止するため、深さ21m付近の不透水層から2.1m水位を下げる必要があり、観測井戸を確認しながら揚水量を管理した。

◆地上仮設計画

建物の用途上外周部の開口が少ないため、資材の搬入場所が限られている。敷地に余裕がないため、南北の用地を借地できたことは地上部の仮設計画をする上で助かった。

1）鉄骨工事

鉄骨建て方は構台上に120t吊りのトラッククレーンを乗せて西側（鉄道に面する）より行った。構台の強度により使用できるクレーンの大きさを決定したので、その性能により、建て方はスパン毎に最上部まで建てる屏風建てとなった。安全施工と建て方精度確保のため仮ボルトを所定の数量入れ、手締めを確実に行うことと、各節毎に建て入れを修正してから上部の建て方を行う手順を守った。

2）揚重計画

躯体工事はタワークレーン（30m×2.3t吊り）1台と、50t吊りクローラークレーン1台を使用して行った。内装材は900kg積載のロングスパンエレベータを外部と内部に各1台設置して荷揚げした。2階の多目的ホールはボックスインボックスの構造になっているため、仮設資材、鋼材、内装下地材、仕上げ材と使用する資材が多いので、北面搬入用扉部と南面壁に搬入用仮設開口を設け、荷取りステージを設置して搬入した。

舞台機構工事では、吊物装置や機器類が多目的ホール天井裏の空間に配置されているため、狭い空間での移動が必要になる。仮設用ホイストクレーンを存置して、竣工後のメンテナンスにも利用できるようにした。

3）多目的ホール（ぱ・る・ホール）の仮設計画

建物の大部分を占めるのが多目的ホールである。内部足場、ステージを計画するに当たり、当初、移動足場を念頭に計画したが、ホール形状、工程等を検討した結果、従来の足場にステージを組むこととした。室内の資材移動は台車を使用し、通路を設けた。

室内での資材揚重は、各所に荷取りステージを設けてウィンチを使用するため、防振壁下地鉄骨は部材を細分化し、取付はボルトで簡単に施工できる納まりにした。

◆工程計画

青森市は積雪が多いことで知られている。本工事は積雪が1.5mあった平成11年2月に着手したが、除雪して測量が始まった数日後に1日で90cmの降雪があった。当初より12月から2月の工程が天候に左右されることが懸念されたため、前倒しの工程管理が要求された。

1）土工事

地下工事でも述べたように、掘削面より少し地下水位を下げドライワークすることにより、1日の掘削土量を多くすることができた。当初工程で300m³／日の掘削量を見込んでいたが、平均440m³／日を掘削することができ、土工事の工程を管理工程表より約1ヶ月短縮することができた。

2）多目的ホール

多目的ホールの工程で作業量が多い防振、遮音工事を工期内で施工するため、天井を吊る防振ゴムの施工を鉄骨工事と一緒に行うことにした。2階床上に施工する防振床工事には3ヶ月の工期が必要であり、躯体工事が完了してからの施工では間に合わないため、4階から6階の躯体工事と同時に施工することとした。そのため5階床面の高さに足場を受けるブラケットを取付け、下部の足場を解体し上部に盛り替えて2階床での作業が5～6階躯体工事と同時に施工できるようにした。

上下作業となるので、足場からの落下物がないように上部作業床面に隙間なく床板を敷き、また、安全ネット等で区画し、作業間調整も綿密に行い墜落・落下災害を防止した。

住友建設・三菱建設・阿部重組JV
中森正吾

鉄骨建て方　平成12年1月27日

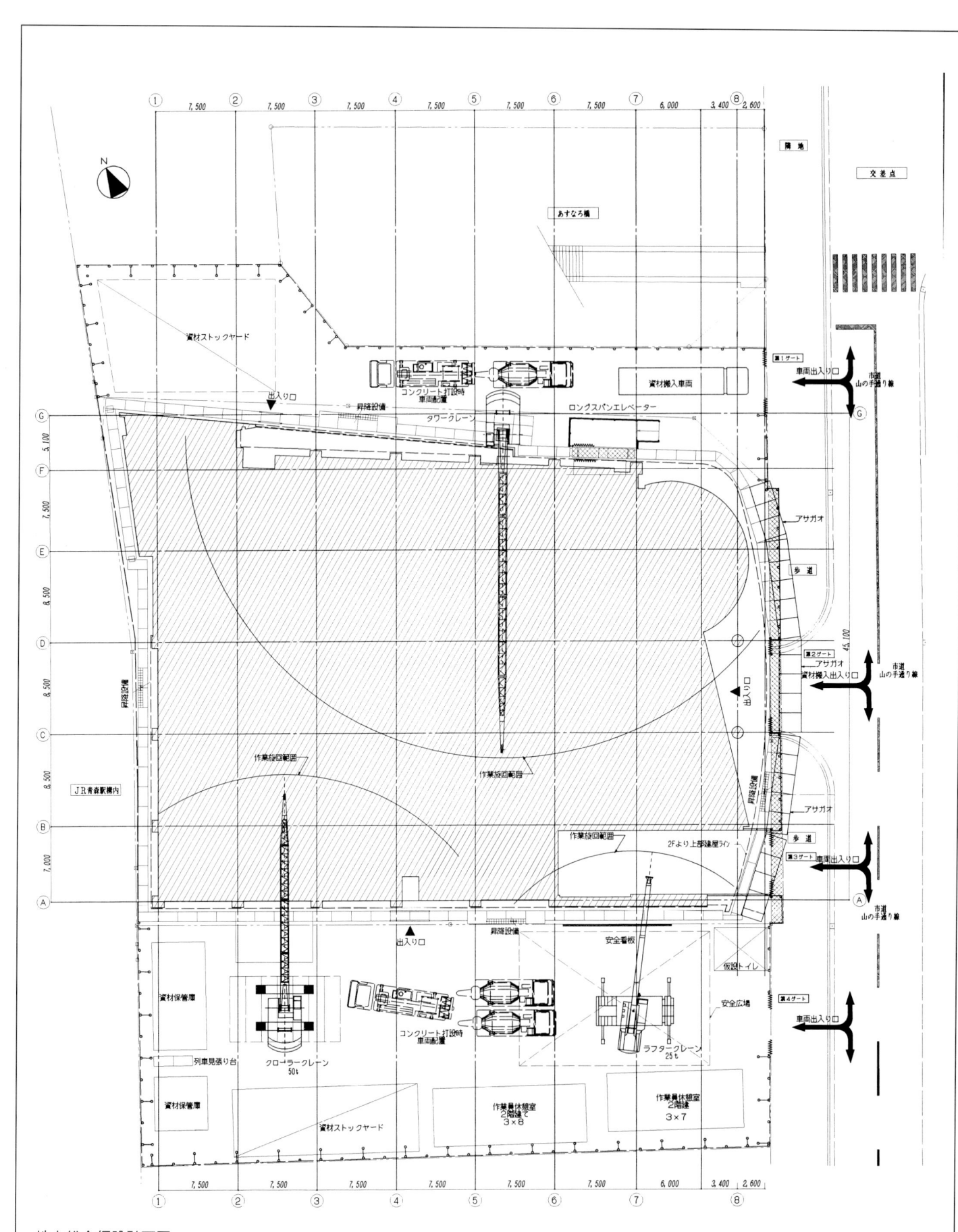

地上総合仮設計画図

地下総合仮設計画図

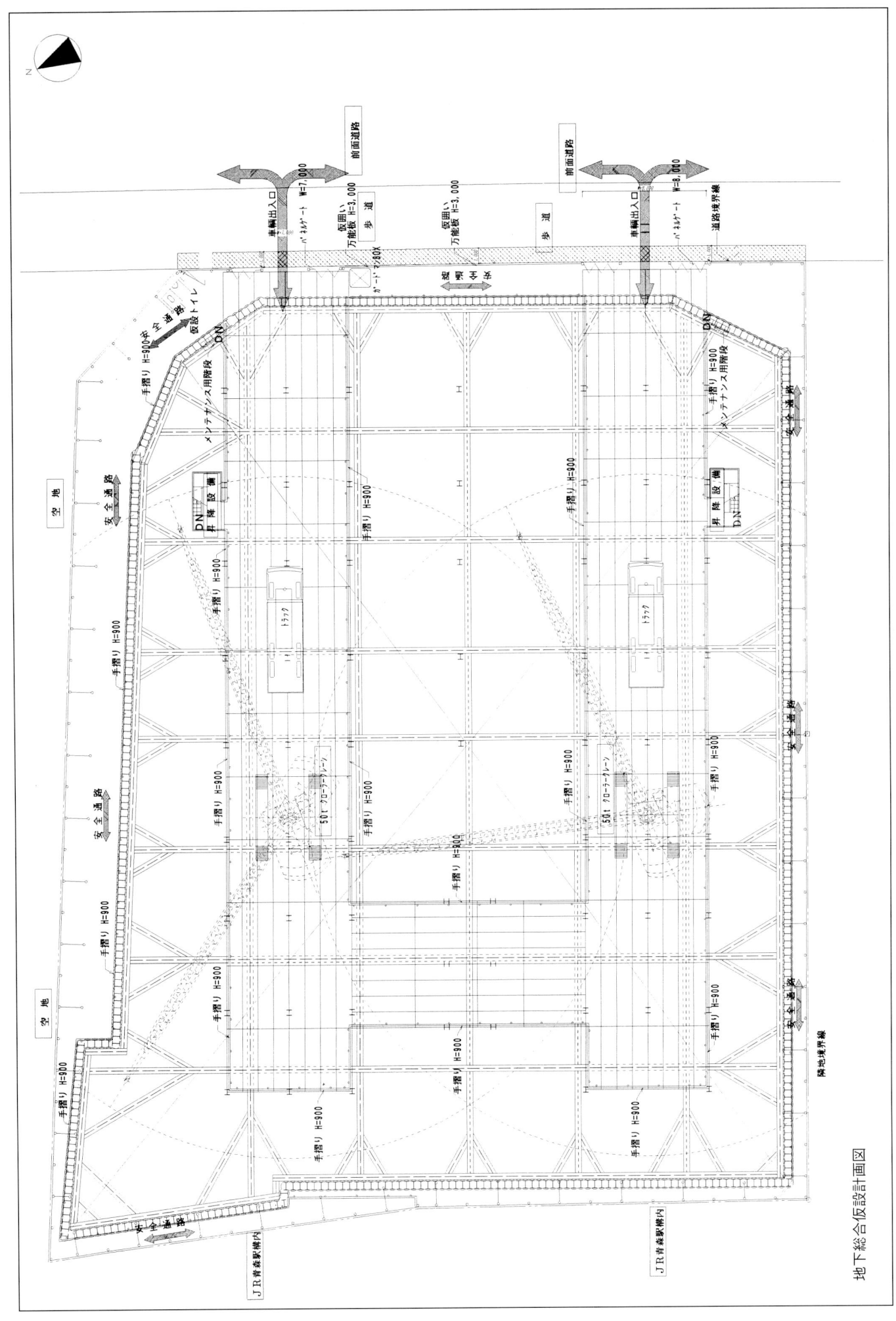

地下防振工事——防振セパレータの開発と実用化

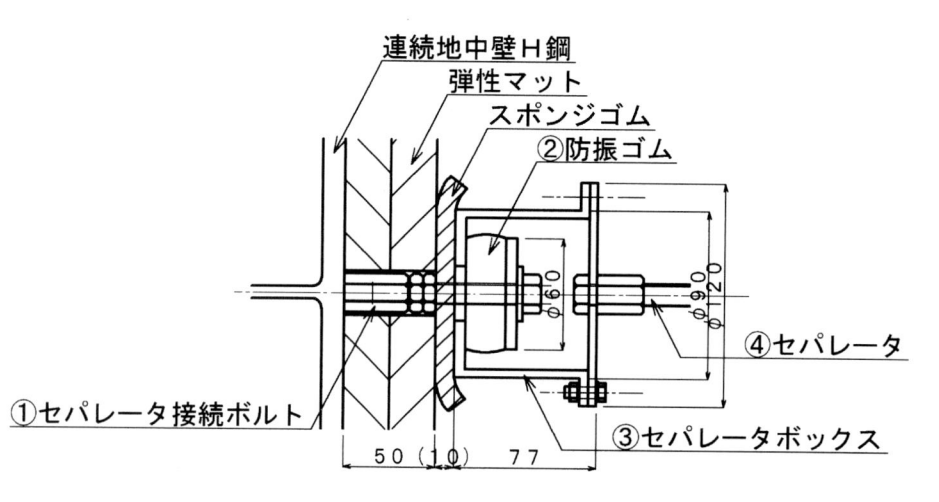

◆改良防振セパレータユニットの概要

一般に、確実に防振性能を発揮する「地中防振壁」（図1）では、「防振ゴムを貫通する建物躯体と連続地中壁（SMW）に固定されるSound Bridge（音の橋）を形成しないこと」が必要条件であり、セパレータ等を一切使用しないことが理想となる。しかしながら、セパレータを使用せずに地下外壁面の躯体を施工する場合、返し壁を独立して組み立てる必要があり、コンクリート側圧に耐えられる反力フレームを設置することや、その作業スペースを確保することは、工期・工費の面から施工上効率的とは言い難い。

このようなことから、設備配管支持に使用される防振吊り金具に改良を加え、「防振セパレータ」として実施物件への適用を図ったが（参考文献）、防振性能として所期の性能を確保することは出来たものの、その止水能力の信頼性や施工性については、さらに改良を加える必要があった。このため開発したのが、今回の改良防振セパレータユニットである（図2）。

本セパレータユニットでは、連続地中壁からセパレータ接続ボルト（①）に伝わった振動は防振ゴム（②）によって吸収される。セパレータボックス（③）に接続されたセパレータ本体（④）は、接続ボルト（①）に直接接触していないため、山止め壁の振動がセパレータを介して地下躯体に伝搬しない構造となっている。

◆セパレータユニットの性能確認試験

今回開発した防振セパレータユニットには、以下の性能が要求される。
①設計張力（コンクリート打設時側圧）に対して十分な剛性と耐力を有していること
②セパレータを用いずに施工した躯体と比べて遜色ない防振性能を有していること
③ボックス部は十分な止水性を有し、

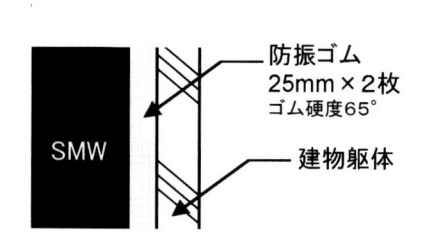

図1　地中防振壁の概念

図2　改良防振セパレータユニットの構造

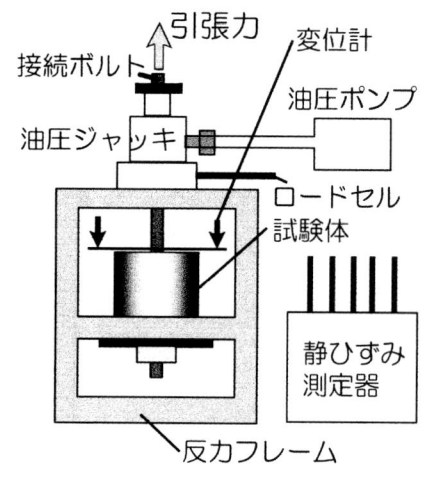

図3　引張試験概要

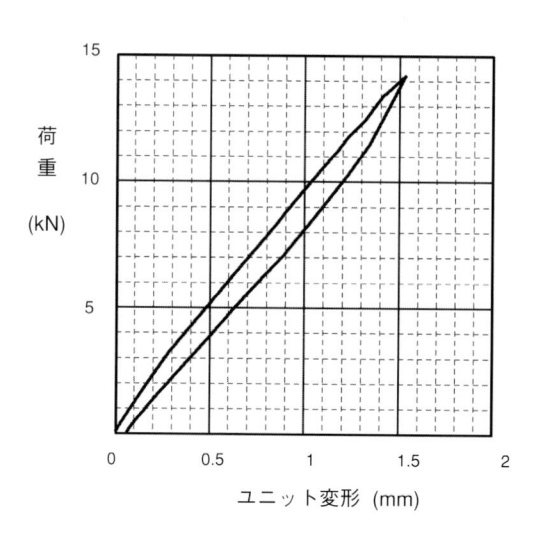

図4　引張試験結果

コンクリートノロの侵入がないこと
④普通のセパレータと同等程度の施工性を有していること

上記性能を満足しているかを確認するため、以下の試験を実施した。
(1) 防振セパレータボックス部の引張試験
(2) 防振ゴムの圧縮試験
(3) 防振セパレータユニットの水密性試験
(4) 防振効果確認試験

以下、試験結果について報告する。

1 セパレータボックス部の引張試験

図3に示す方法でセパレータユニットのボックス部分の単純引張試験を行った。試験結果を図4に示す。同図より、コンクリート打設時の側圧より計算されるセパレータに作用する引張力（12kN/本）が作用した状態におけるボックスの変形は1.2mm程度であり、本ボックス部はセパレータユニットを構成する一部材として、十分な剛性と耐力を有していることを確認した。

2 防振ゴムの圧縮試験

本ユニットに使用する防振ゴムの圧縮試験状況を写真1に、試験結果を図5に示す。同図より、その使用域（セパレータに引張力が作用したときにユニット背面よりコンクリートノロが侵入しないように、防振ゴムを4～5mm圧縮した状態で使用する）における圧縮剛性は約3.3kN/mmであり、前述のセパレータボックス部の引張試験結果とあわせると、コンクリート打設時のセパレータの延びは約5mm程度になると考えられる。これにより、本セパレータユニットを地下外壁に使用しても十分な精度での施工が行えると判断した。

3 防振セパレータユニットの水密性試験

セパレータユニットに所定の引張力（12kN）を与えた状態で、コンクリート打設時の圧力に相当する高さ約6mの水に満たされた塩ビパイプに水没させ、水密性の確認を実施した。

水中に15分間放置した後もユニット内に水の浸入はなく、本セパレータユニットが十分な水密性を有していることを確認した。また、後述する防振効果確認試験体を試験終了後に切断し、ユニット内部へのコンクリートノロ等の浸入がないことを確認した。切断状

写真1　圧縮試験状況

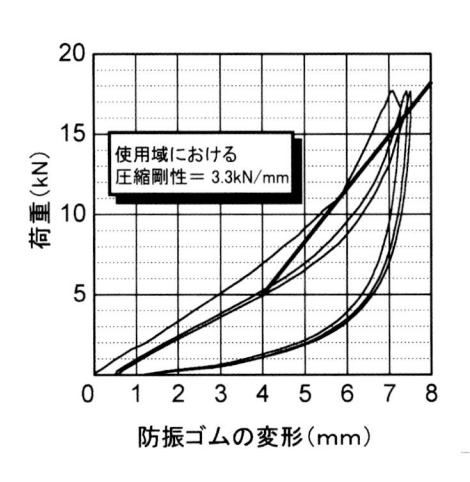

図5　圧縮試験結果

写真2　切断状況

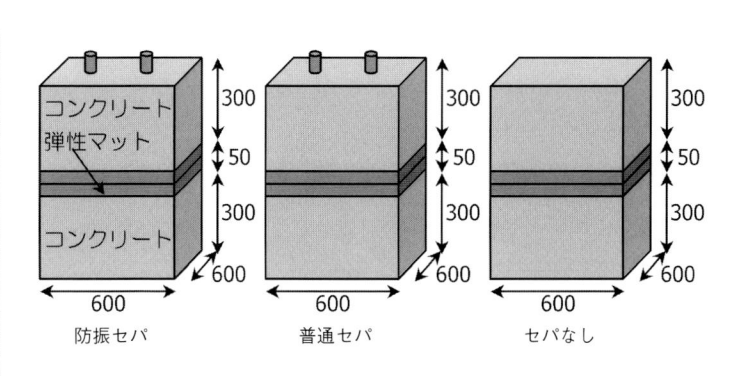

図6　防振性能確認試験体

況を写真2に示す。

4 防振効果確認試験

本ユニットの防振性能を確認するため、図6に示すコンクリートブロックによる試験体を作製した。試験体は、600×600×650mmの直方体3体で、最初にセパレータ接続ボルトを埋め込んだ状態で下部コンクリートを打設し、弾性マット（t=50mm）を敷設後、セパレータを取り付けて上部コンクリートを打設した。この際、防振セパレータについては、コンクリート側圧によって発生する引張力（12kN/本）を強制的に与えた状態で上部コンクリートを打設した。写真3に防振セパレータのセット状況を示す。

振動試験は、インパルスハンマー（PCB 086B20）による衝撃波試験とし、加振側・受振側双方のコンクリートブロックに加速度ピックアップ（RION PV-85 VM-80）を取り付けて、計測加速度を1/3オクターブバンド分析することによって評価した。なお、試験時には実施工で作用している土圧を想定し、約1tの鉄塊を加振側コンクリートブロック上に置くことによって、$34kN/m^2$の面圧を弾性マット面に作用させた。試験概要を図7に示す。

ハンマー加振力に対する受信側応答加速度レベルの低減効果（加振側加速度レベル－受信側加速度レベル）を図8に示す。本試験では、試験体の支持条件等が試験結果に影響を与えていると考えられ、この試験結果がそのままセパレータユニットの防振性能とすることは出来ない。しかしながら「比較性能試験」として評価した場合、普通セパレータを使用した試験体では加振側の振動がほぼそのまま受信側に伝わ

写真3　防振セパレータのセット状況

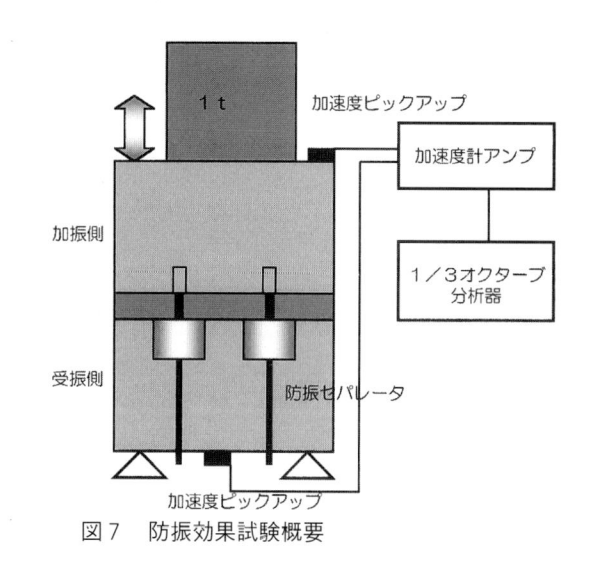

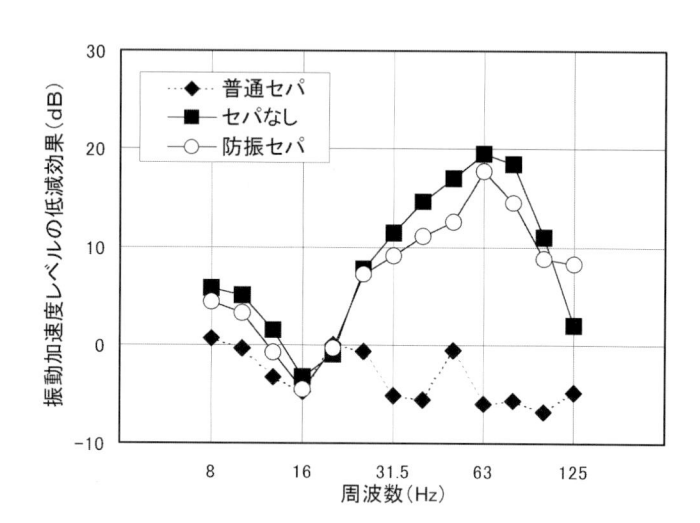

図7　防振効果試験概要

図8　衝撃試験による振動加速度の低減効果

表1　建物概要

主要用途	多目的ホール、会議室、郵便局、レストラン
規模構造	鉄骨鉄筋コンクリート造、地下1階地上6階
建築面積	2,412.53m²
延床面積	11,534.75m²

写真4　防振セパレータの施工状況

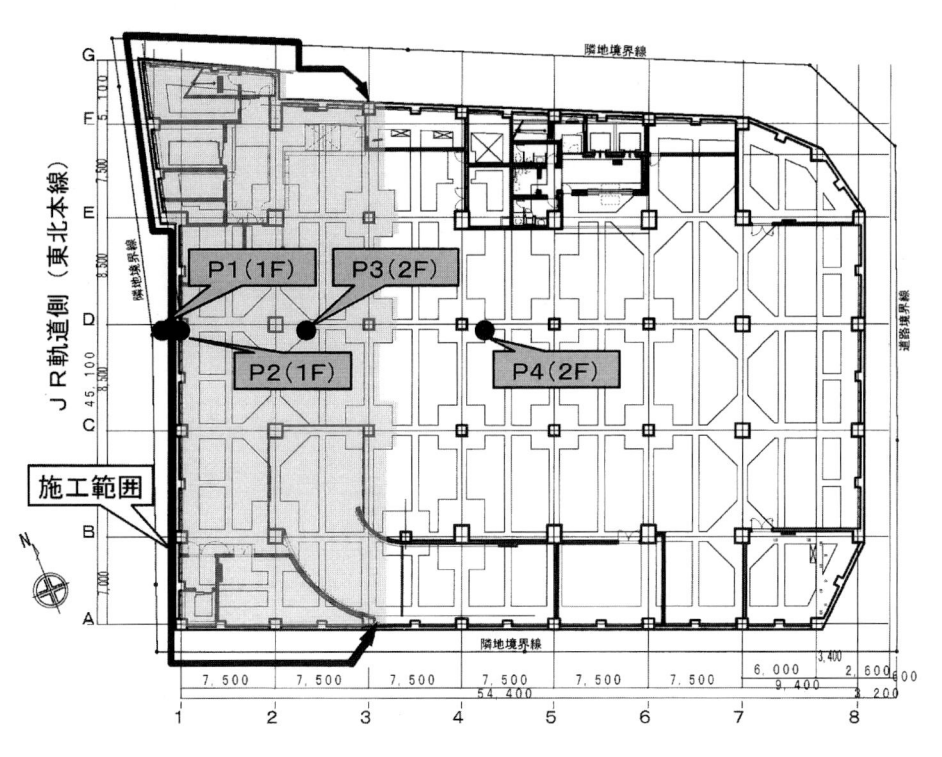

図9　防振セパレータ施工範囲と測定点（地下1階（基礎）平面図）

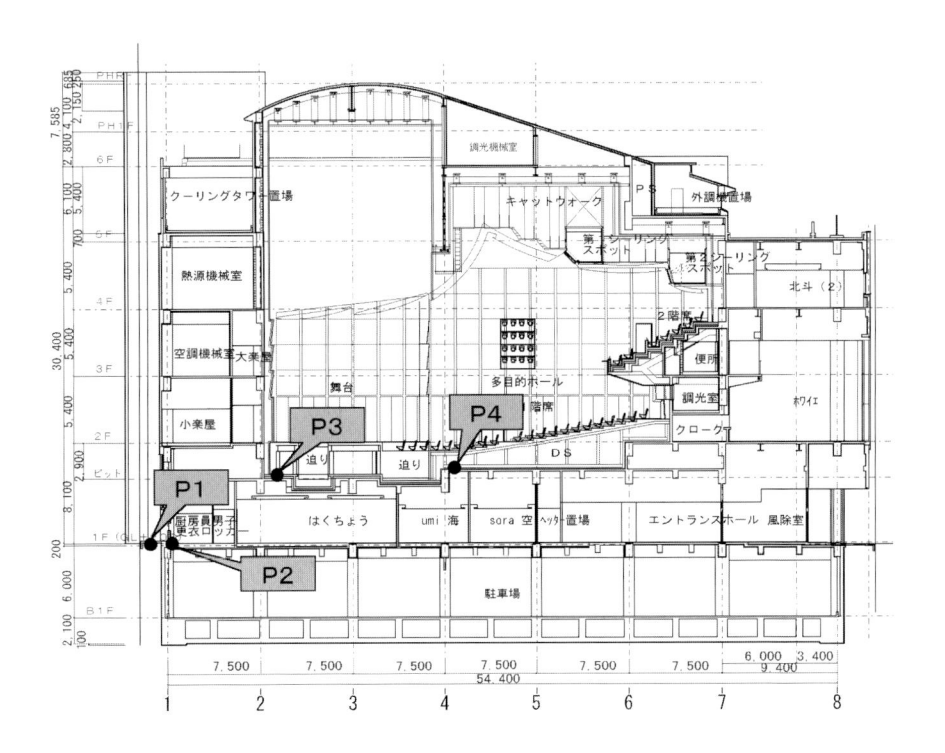

図10　建物断面図と測定点

っているのに対し、防振セパレータを使用した試験体では、その伝達関数がセパレータなしの試験体と同様の性能を示している。以上により、本防振セパレータユニットは十分な防振性能を有すると評価できる。

◆防振セパレータの施工

　本防振セパレータを使用した建築物の概要を表1に示す。本建物はJR軌道に隣接した公共多目的ホールであり、その計画時から列車通過に伴う固体伝搬音のホール内音響特性に及ぼす影響が懸念され、地中防振壁をはじめとした種々の防振・遮音対策が検討・実施された。

　本防振セパレータの施工状況を写真4に示す。

　施工範囲は、図9に示す①～③通り（JR軌道側）の全外周壁（コ字型、地中梁を含む）で、その施工面積は743.3m²である。使用した防振セパレータの本数は1,998本である。セパレータユニットの設置にあたっては、その締め付け量を先の防振ゴム圧縮試験結果（2　防振ゴムの圧縮試験）により決定した。

　コンクリート打設時に、型枠はらみ量はほとんどなく所定の精度で躯体施工を行うことができた。また、同施工範囲のスラブ下には防振ゴム（厚さ25mm×2=50mm）を敷き詰めて（総面積=678.3m²）、杭頭以外のすべての部分で躯体が外部地盤から絶縁された状態とした。

◆防振効果の確認

　本建物の地上4階躯体工事が完了した時点で、実際の防振効果を確認するために鉄道振動の計測を行った（東京測振㈱製振動計SPC-35Fを使用）。振動測定位置を図9、図10に示す。図中、P1は地中防振壁の外側（JR軌道側）の捨てコン上であり、P2は1階梁躯体上である。測定はJR通過列車計10本を対象に行い、測定結果ごとに1/3オクターブバンド分析を行った。

各1/3オクターブバンドにおける最大値を図11に、地中防振壁をはさんだP1、P2について、その差を振動低減効果として図12に示す。また、参考文献における舗装前の振動低減効果を参考として図13に示す。

振動加速度低減の要因としては、地中防振壁のほかスラブ下面防振ゴムの効果や躯体の距離減衰等が含まれているが、全周波数帯域において平均で15～25dBの振動低減効果が得られていることが確認できた。

◆まとめ

地下外壁型枠用の防振セパレータユニットを開発し適用した。本セパレータユニットを使用することによって、施工性を損なうことなく、鉄道振動に対する「伝搬経路における防振対策」としての地中防振壁を構築することができた。

なお、最終的なホールの音響性能は、地中防振壁のみならず、ホールの防振遮音構造等の総合的な対策によって決まるものである。

本防振セパレータユニットは、今後、コンサートホール等の文化施設の他、都市部の地下鉄等に隣接する建物の防振（遮音）対策として、幅広い範囲での適用が可能と考えられる。

参考文献
南 一誠、石渡智秋、稲留康一
「鉄道に隣接した複合文化施設における地中防振壁による固体音対策事例」
日本建築学会技術報告集第14号、pp.247-250, 2001.12

南 一誠（郵政事業庁施設情報部）
鈴木 亨（住友建設㈱技術研究所）

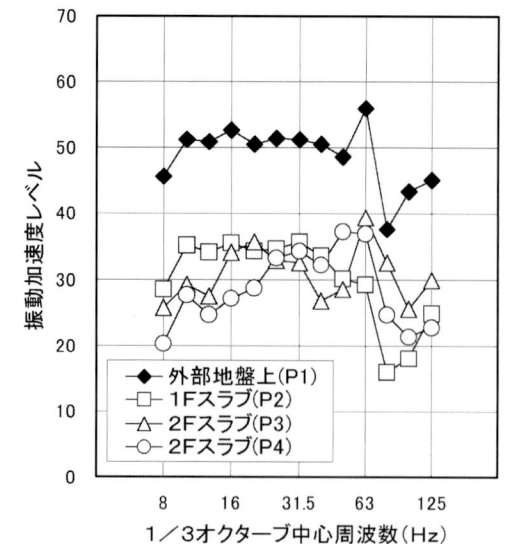

図11 振動測定結果

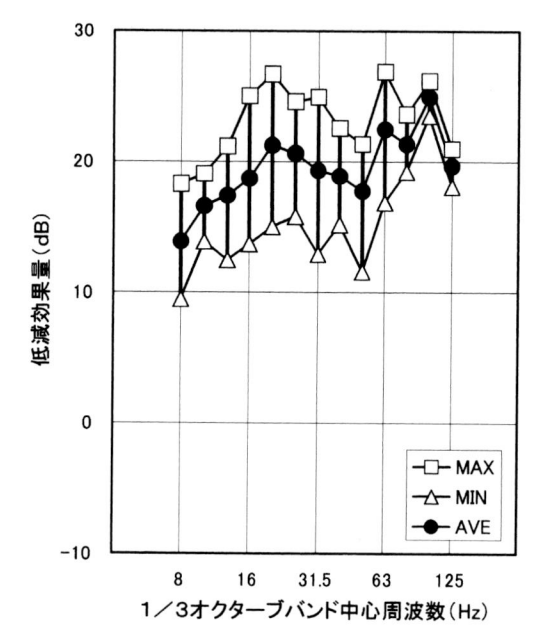

図12 振動低減効果

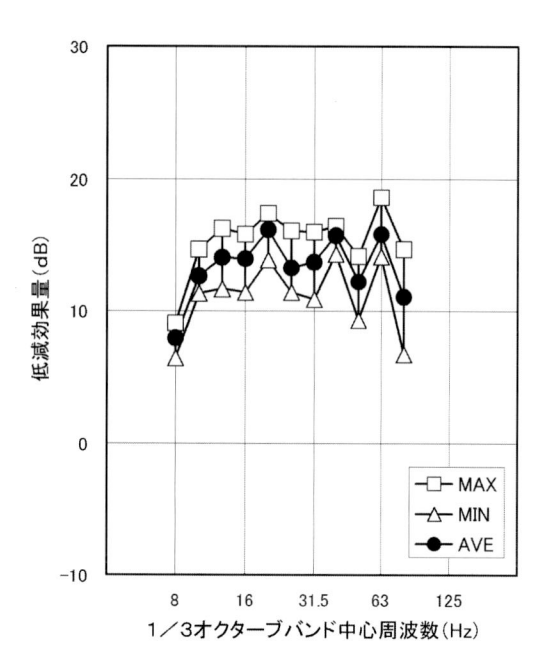

図13 参考文献における振動低減効果

鉄骨工事の冬期施工

寒冷地とりわけ多雪地域における鉄骨工事が冬季作業で行われた例は非常に少なく、特に高力ボルトの施工管理については困難との報告が数例ある程度である。

当工事では工程計画時点から鉄骨工事が冬季作業となることが避けられず、鉄骨工事の施工計画で検討、実施した内容を報告する。

◆鉄骨工事の冬季施工と問題点
1）作業環境
青森市内の冬季における過去の気象状況を平均すると、以下の通りである。

日中に雨または雪の降らない日と平均気温（雨または雪の降らない日は過去3年の平均）

1月　約3日　－1.8℃
2月　約4日　－1.7℃
3月　約13日　＋1.5℃

以上のことから鉄骨の建方、高力ボルト本締め作業を冬季間作業で行う場合、作業場所の降雪と気温について対策が必要とわかる。

2）トルシア形高力ボルトの温度依存性
高力ボルト接合には、摩擦接合、引張接合、支圧接合の3種類があり、高力ボルトで継手部材を締め付け、部材間に生じる摩擦力によって応力を伝達する摩擦接合が多く用いられる。使用される高力ボルトには、JIS形高力ボルトとトルシア形高力ボルトがある。JIS形高力ボルトはトルクコントロール法とナット回転法による締付方法があるが、比較的施工管理が容易なトルシア形高力ボルトを使用することが多い。

本工事で使用するトルシア形高力ボルトは、ナットを回転させるトルクをボルト先端のピンテールが破断することで一定のボルト軸力が得られるもので、締付けトルクの制御はボルトセット自体が行う。本締め用のシャーレンチはピンテールをインナーソケットでつかみ、アウターソケットでナットをまわして、ボルトおよび座金が回転しないようにして締付ける。締付けトルク係数値の変化を小さくするためにナットに特殊な潤滑剤が使用されているが、ボルトの温度が低温になるにしたがって締付け軸力が低下することが試

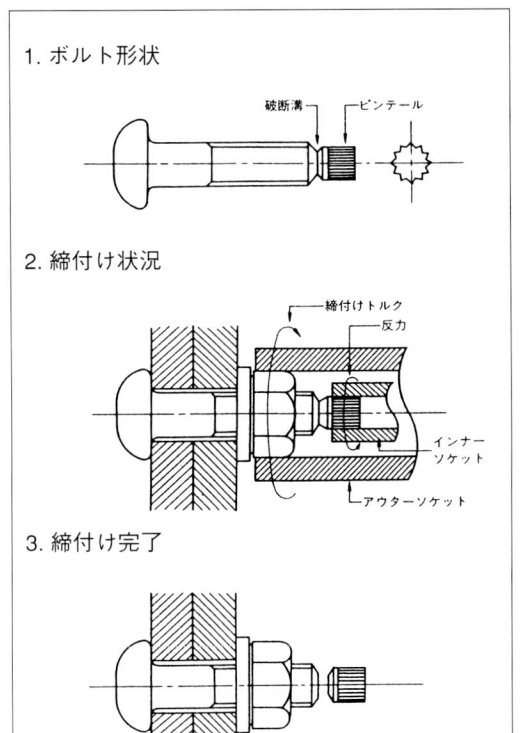

図1　トルシア形高力ボルトの締付機構

表1　トルシア形高力ボルト締付軸力

ねじの呼び	常温時（10～30℃）	常温外（0～60℃）
M22	212～256	205～268

単位：kN
（本工事で使用する大部分がM22なのでM22を対象とした）
常温時、常温外とも1製造ロットのセットの締付軸力の平均値

表2　ボルト温度依存性試験結果（試験体は各5セット）

ねじの呼び	18℃	0℃	－5℃	－10℃
M22×75	226	225	221	220
M22×105	232	227	222	221

単位：kN

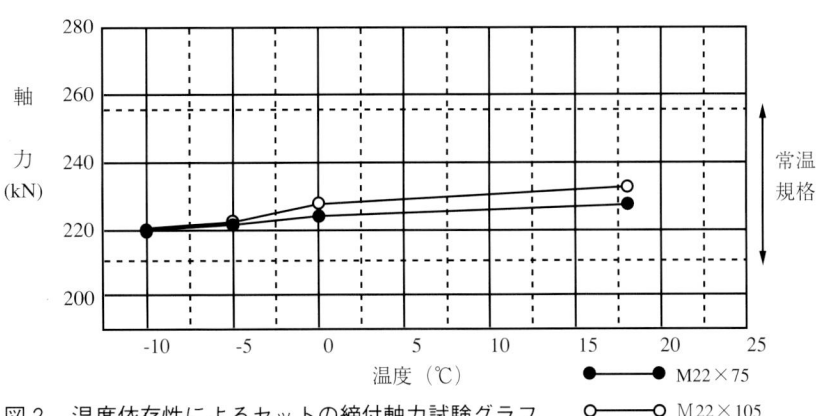

図2　温度依存性によるセットの締付軸力試験グラフ
●―● M22×75
○―○ M22×105

験報告書に示されている。この現象は、潤滑剤が温度の低下に従い変化し、ナットと座金の滑りを悪くしているのが原因と思われる。雨に濡れた状態やボルト表面に変化が生じた製品は締付けトルク係数値に変化がみられるので、雨天時は作業を中止し、保管状態の悪い高力ボルトは使用しないことになっている（図1）。

◆ボルト温度依存性試験

トルシア形高力ボルトの締付軸力についてJSS（日本鋼構造協会規格）では表1のように規定している。

JSSではボルトが受ける温度変化の幅等を考慮して適用範囲を常温（10～30℃）、常温外（0～60℃）と定めている。温度を0～60℃と規定したのは月平均気温の1年間温度変化の幅を25℃、現場作業時間内の気温日変化幅を10℃、日照部と日影部の温度差を15℃、これらに不確定要素10℃をプラスしてボルトが受ける温度変化の幅とした。本工事の鉄骨工事が行われる1～3月は規定の常温外からも外れる温度での作業となるため、事前に温度依存性の試験を行った。

青森市における過去3年間の最低気温が−10℃を下まわらないので、試験は室温（常温）、0℃、−5℃、−10℃の各温度で行った。試験結果は温度により締付軸力の低下する傾向が認められたものの、常温時における規定値の範囲内であった（表2、図2）。

◆高力ボルト締付作業

1）作業場所の養生と安全管理

降雪時においても高力ボルトの締付作業ができるように、以下のような作業場所周囲の養生と作業の安全管理を行った。

① 4階梁上に単管パイプで骨組みを組み、ベニヤ板を敷いた。外部足場面には養生シートを張り、作業場所を覆った（図3）。
② 作業階への昇降は降雪により仮設タラップが滑りやすいので昇降階段を設けた。
③ 昇降階段、吊り足場等の除雪を徹底した。
④ 長時間連続での作業は身体が冷え、動作が鈍くなるので、休憩時間を設け、適度の暖をとった。
⑤ 強風時または風雪時に作業を中止した。

2）ボルト締付作業

① ボルトの受入れ検査

通常の受入れ検査は、現場にボルトが搬入され使用される前にメーカーおよび呼び径ごとに行うことになっている。本工事では作業日の気温が0℃を下まわる日が多いことから、通常の受

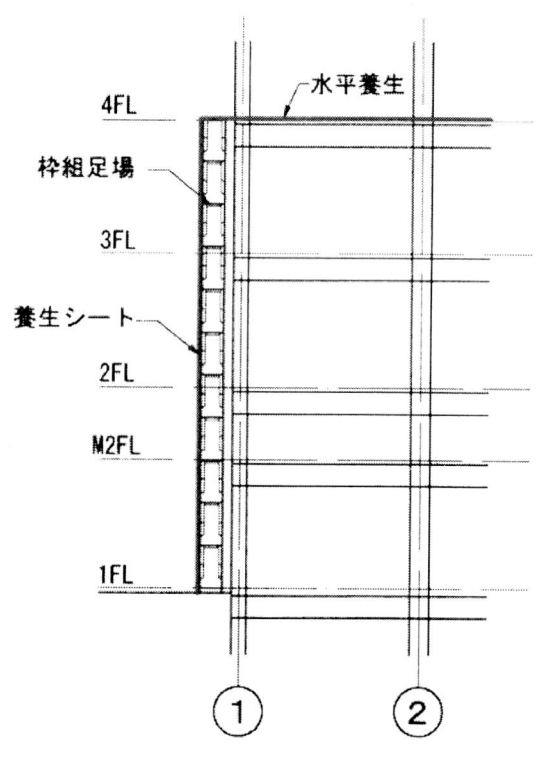

図3 上屋養生計画図
4階床面水平養生
　鉄骨梁上に単管パイプ、木製足場板を格子状に組み、その上にベニヤ板を隙間なく敷いた
外部枠組み足場面の養生
　足場外面に養生シートを張った

鉄骨建て方　平成12年2月4日

表3　本工事で使用した締め付け機器

	型　式	能　力	用　途
シャーレンチ	M201RA	M20	本締め用
シャーレンチ	M201R	M22	本締め用
トルクレンチ	KS221	0～1,500 kgf・cm	1次締め用
キャリブレータ	TMC-500	5～500KN	検査

入れ検査に加えて、ボルト本締め作業日の気温が0℃以下の日は、作業着手前に気温と鉄骨本体の温度測定、ボルトの締め付け軸力と締め付けトルクの試験を行った。

2月、3月に高力ボルトの本締め作業を行った日で、気温が0℃を下まわったのは延べ19日であった。作業着手前の気温で最も低いのが－3℃、鉄骨本体の温度が－3.8℃で、締付け軸力（M22）は217.6kNから231.2kN、トルク値が6,320kgf・cmから6,520kgf・cmで、いずれも常温における規定値の範囲内であった。

②ボルト本締め作業

ボルト接合部摩擦面の結氷は、摩擦面の摩擦抵抗を著しく低下させるため必ず防止しなければならない。そのため摩擦面の結氷、水分の有無を確認しながらの作業となった。作業手順は概ね以下のとおりである（表3）。

・仮ボルトを本ボルト（高力ボルト）に交換するときにスプライスプレートを外し、摩擦面を確認する。黒皮、浮錆、塵埃等が付着していれば除去する。結氷、水分の付着についても入念に確認する。
・摩擦面が結氷または水分が付着している場合、プロパンバーナーで解氷・除湿を行う。
・高力ボルトを挿入し、手締めを行ってから1次締付けをする。このときM20およびM22でトルク値が約1,500kgf・cmに設定する。
・ボルト、ナット、座金および部材にかけてマーキングする。これは、本締めの時に正常にナットがまわっていたか、あるいはボルトまわりのような異常な締付けにならなかったかを締付け後、目視により確認するためである。
・シャーレンチでピンテールが破断するまで本締めを行う。
・締付け後の検査を全数行う。

青森市のように、年間の降雪量が10mを超える地域での冬季における鉄骨工事は、作業環境の整備や安全対策、品質管理において大きな労力が必要になる。降雪対策の養生も、建物全体を覆う他に作業場所ごとにも覆う必要があり、作業効率は悪かった。

本工事の施工をとおして、高力ボルト自体の温度依存性については問題なかった。また継ぎ手部分の摩擦面管理が重要であったが、対策と管理は十分に行えた。幸い鉄骨工事の年は天候に恵まれ、1月、2月の降雪量が少なかったので工程を守ることができた。

住友建設・三菱建設・阿部重組JV
中森正吾

梁接合部の摩擦面確認状況（摩擦面の解氷、乾燥）

柱接合部の摩擦面確認状況（結氷の有無確認）

梁接合部の摩擦面確認状況（摩擦面の解氷、乾燥）

ぱ・る・るホールの防振工事

◆はじめに

本ホールは鉄骨鉄筋コンクリート造6階建ての建物のほぼ中央に位置し、完全浮き室構造（BOX in BOX）になっている。完全浮き室構造とは、床・壁・天井を、建物躯体から緩衝材（防振ゴム等）で浮かせた構造であり、建物外部からの振動絶縁、および周辺諸室との遮音性能の確保を目的として採用された。工事においては、遮音性能を確保しかつ室内音場（室内音響）も確保するというたいへん難しい工事と管理が要求された。

当社はホールおよびリハーサル室の完全浮き室の施工図作成と施工（防音防振工事）を担当した。以下にホールの施工図作成から施工までを紹介する。

◆全体の流れ

まず設計図および音響指示書を参考に施工図を作成し、毎月1回開催される「総合定例会議分科会」で調整する。本打ち合わせにて調整できなかった内容、および問題点等は次回総合定例にて回答を提示、承認をもらえるように、1ヶ月の間に各業者間で検討、調整を行った。

施工では毎月の「総合定例会議」開始前に永田音響設計による音響パトロールを受け、指摘事項があった場合には手直しを行い、是正後、写真を提出して、工事を進めていった。

◆施工図作成

1）遮音構造

本ホールはJR線路敷に隣接しているため高い水準の遮音性能が要求された。そのため、鉄骨鉄筋コンクリート造の中に完全浮き室構造による浮き遮音層を形成する2重の遮音構造となっている。浮遮音層の壁は仕上げ反射壁の下地も兼ねているので、繊維強化石膏板（石膏ボードの約2倍の面密度を有する）を積層する構造が採用されている。

浮き遮音層の仕様を次に示す。

床　：湿式浮き床
　　　　（コンクリート厚145～215t）
壁　：繊維強化石膏板 10t×3
天井：石膏ボード 15t×2

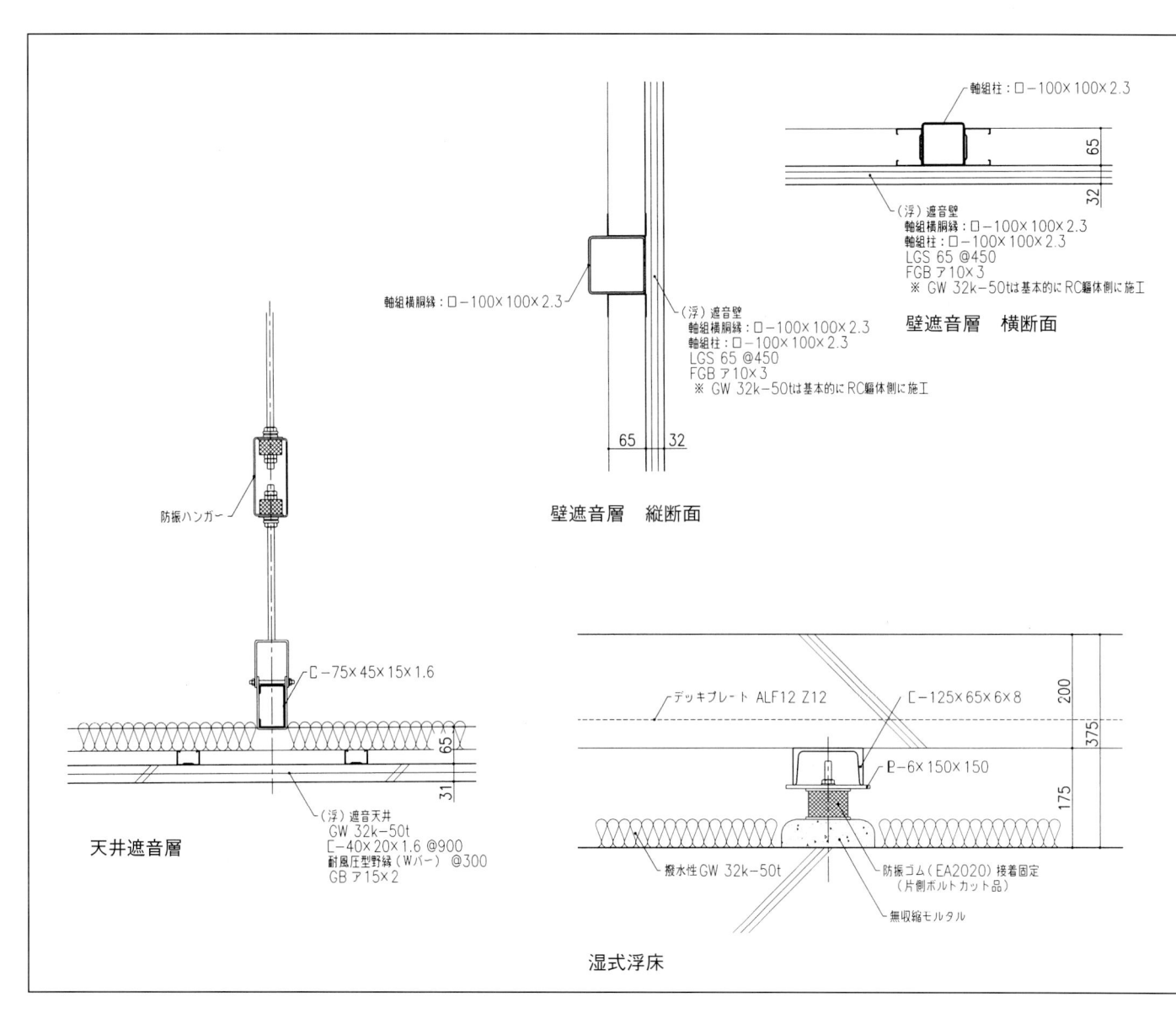

2）防振構造

本ホールは完全浮き室構造のため、各部位ごとに防振支持されている。その詳細を以下に記す。またこの防振系の防振性能を左右する固有振動数は、低い値ほど振動絶縁性能が高くなる。この値は下記の式で計算でき、防振ゴムの動的バネ定数と支持質量によって変わるものである。本ホールでは、音の領域で有効な防振系となるように、この固有振動数を原則として10Hz以下にすることを目標とした。

$$f_0 = \frac{1}{2\pi}\sqrt{\frac{K \times 1000}{m}} \text{（Hz）}$$

f：防振系の固有振動数（Hz）
K：防振ゴムの動的バネ定数
　　　　　　　　　　（N/mm）
m：防振ゴムが支持する質量

<壁>

本ホールでは、遮音性能の確保と室内音場（室内音響）をともに確保するという目的から、躯体とは振動絶縁された浮遮音層を必要とし、かつ反射面ではその遮音壁に直接仕上げ材を貼ることが要求された。

この壁の形状は、ホールの音響拡散の目的で約2m角のパネルにより凹凸が形成されている。浮遮音壁の支持方法および凹凸形状の下地の組み方について、現場での検討・管理にかなりの時間を要した。

浮遮音壁は、垂直方向に約2mピッチで躯体に固定した支持金物により防振ゴムを設置し、その防振ゴムに軽量鉄骨下地の水平部材を支持させ、その水平部材間を軽量鉄骨下地の縦材で接合して格子状の下地を構成した。その格子下地より凹凸形状の下地を持ち出した。

壁下地に浮遮音層の繊維強化石膏板10t×3を張り、重量のある壁面を形成した。

防振ゴムには、壁の鉛直荷重を受けるとともに、地震時の水平方向の荷重も受けることが可能な3方向タイプの防振ゴムを採用した（下図参照）。

従来の一般のゴムは水平力に対する耐荷重性を有していなかったため、地震時等を考慮すると水平方向の振れ止めとして別の防振ゴムかストッパー金物が必要であった。しかし3方向タイプの防振ゴムを使用することで、それらの振れ止め対策が不要となり、施工性が大幅に向上し、防振構造としてもより単純化されたため、防振性能も向上することができた。

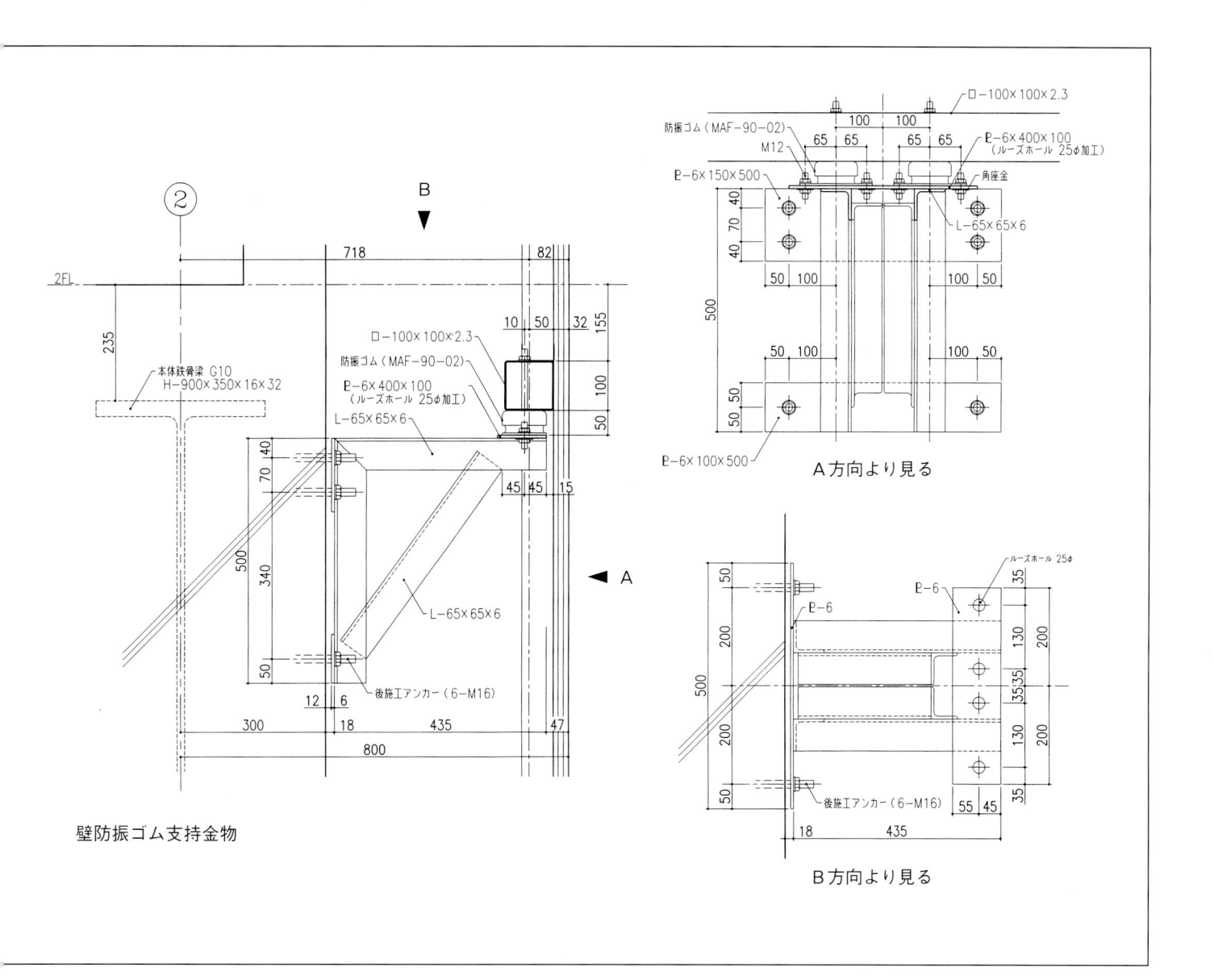

壁防振ゴム支持金物

A方向より見る

B方向より見る

舞台正面 壁鉄骨下地 軸組み図

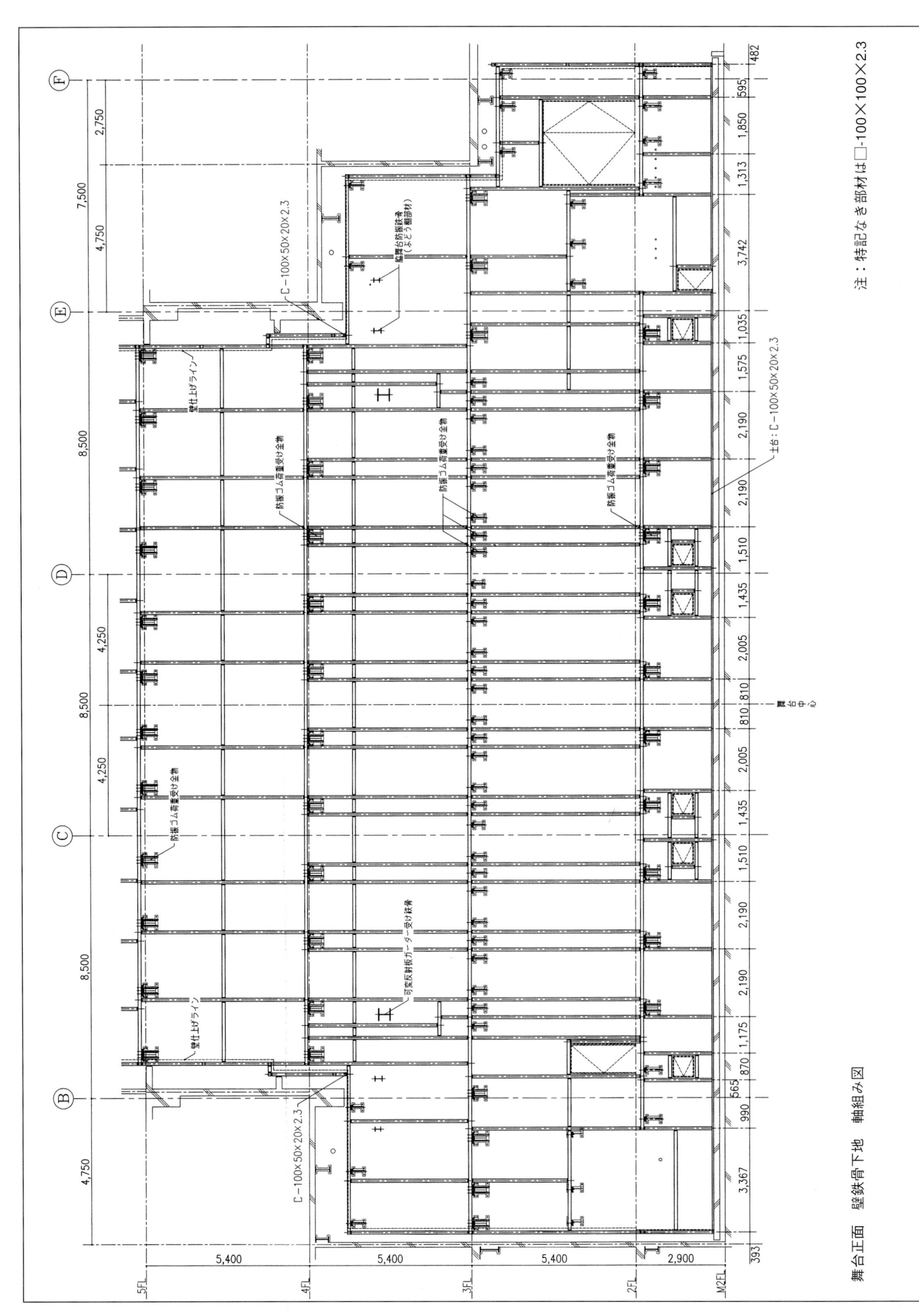

客席側壁 壁鉄骨下地 軸組み図

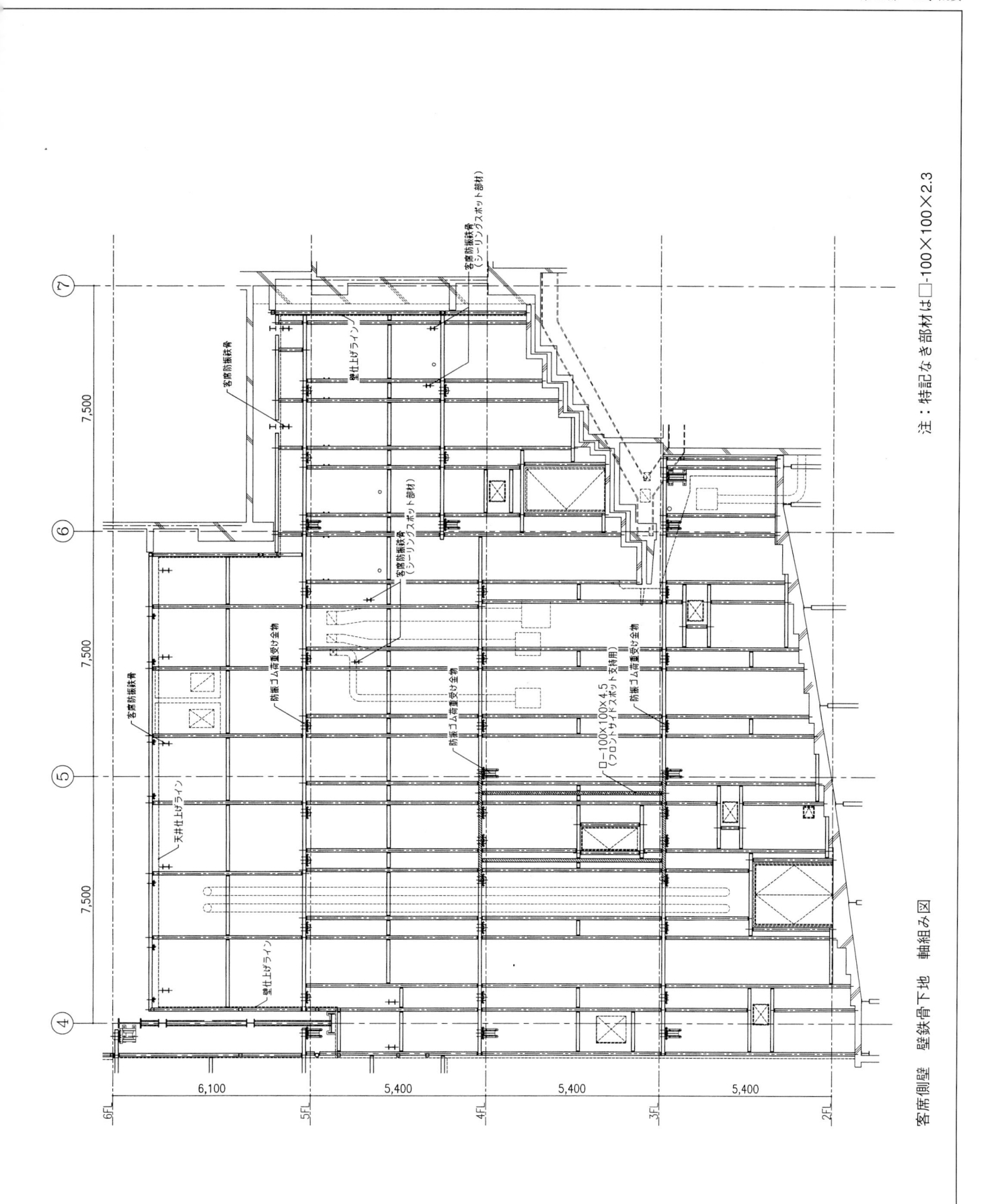

注：特記なき部材は□-100×100×2.3

<床>

床に関しては舞台、客席、バルコニー客席でそれぞれ違う構造になっている。

舞台部では仕上げ木床を支持するための鉄骨束柱および梁部材からなる鉄骨軸組が、浮床上に組まれる形状となっている。束柱下部に集中的に床荷重がかかるため、防振ゴムをその下部に集中的に配置し、鉄骨軸組の土台と湿式浮床を一体とした構造となっている。

客席部も鉄骨束柱および梁部材からなる鉄骨軸組により構成されている。この部分の浮床は鉄骨軸組の梁上に浮床コンクリートを打設する構造で、舞台部と同様に、鉄骨軸組の柱下部に集中的に防振ゴムを配置する構造となっている。

バルコニー客席部は段床のため、振れ止めも兼ねて3方向タイプの防振ゴムを約1mの間隔で均等に配置し、その上に鋼製下地を組み浮床を構成している。

舞台および客席部の浮き床にはかなりの荷重がかかるため、地震時にストッパーとして働くように、躯体とは非接触の防振ストッパーを設置した。

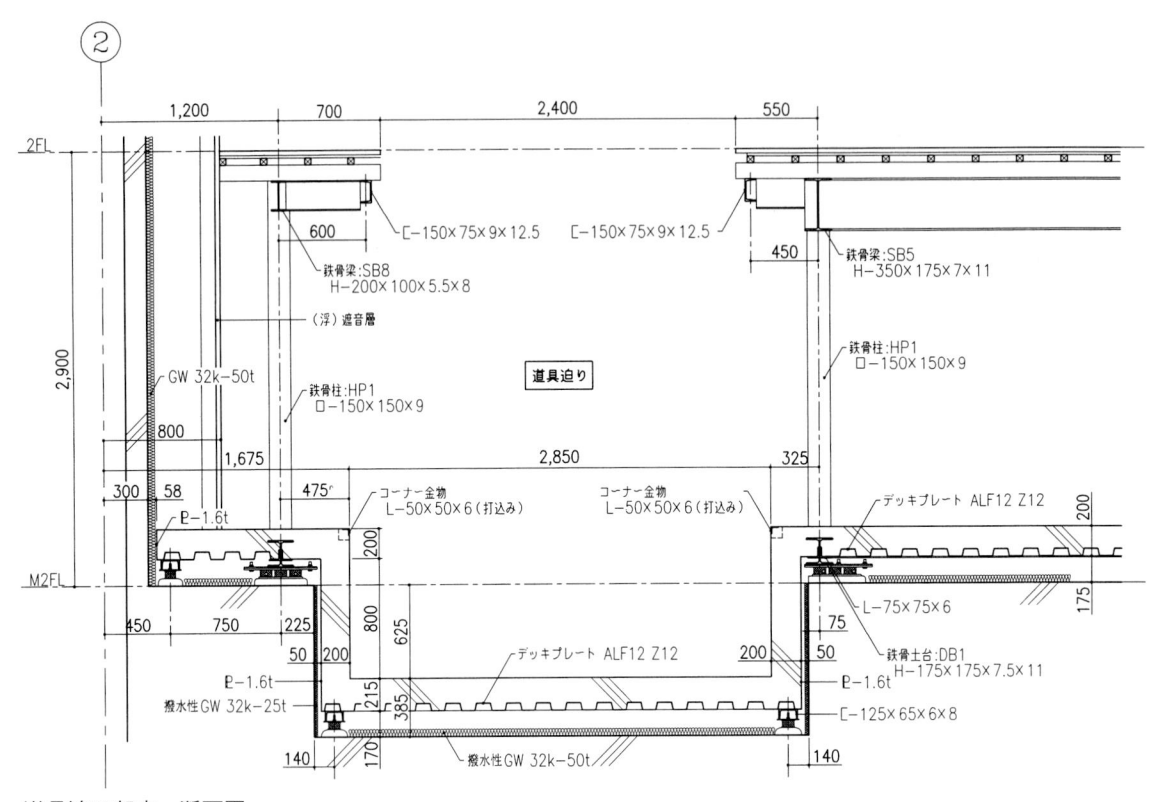

道具迫り部床　断面図

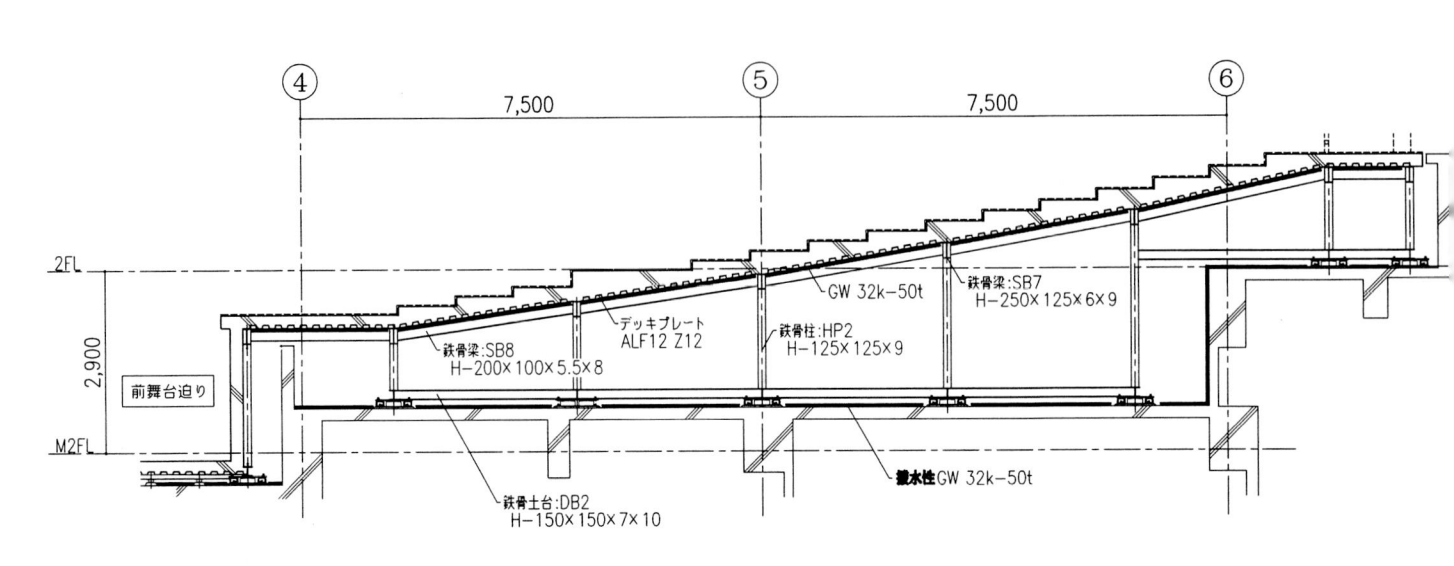

客席床鉄骨軸組　断面図

第 II 部　工事概要

バルコニー客席床　断面詳細図

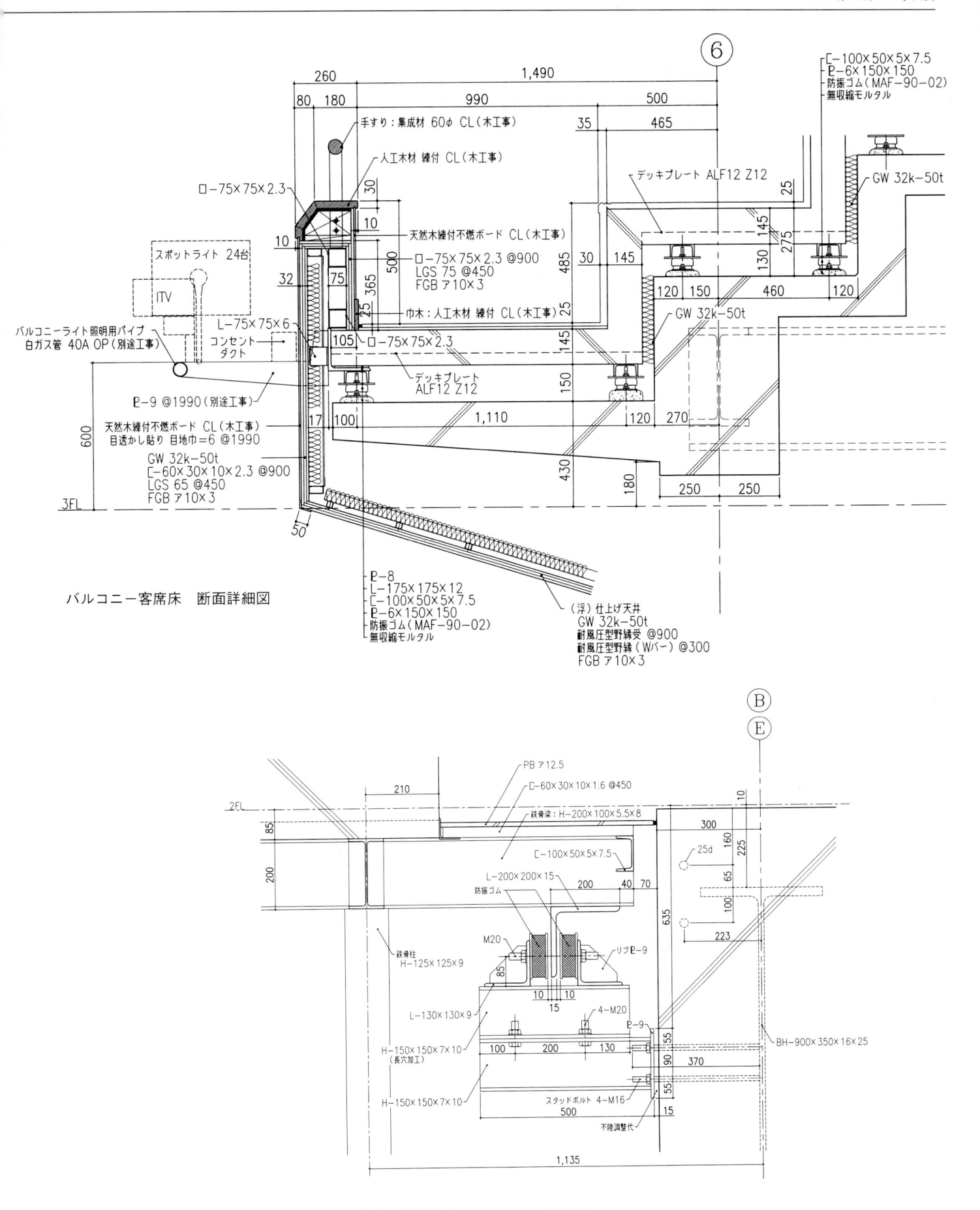

客席浮床端部防振ストッパー　詳細図

85

<天井>

　天井に関しては吊り型防振ハンガーで支持する構造とした。ただし、客席仕上げR天井に関しては、次に述べる防振鉄骨からの支持としている。

<防振鉄骨>

　本ホールでは壁、床、天井の他にも防振支持されているものがいくつかある。舞台においては上部のすのこ、舞台機構を、客席においては仕上げ天井裏のキャットウォークおよびシーリングスポット等を支持するため、浮遮音天井とは別に、本体鉄骨から防振吊りしている鉄骨がある（以下、防振鉄骨と表記）。この鉄骨は吊り点にかなりの荷重がかかるため、吊り型防振ハンガーではなく、浮床で使用しているのと同じ丸型防振ゴムで支持する構造としている。

　支持方法は、本体鉄骨に支持した防振ゴム取り付け金物の上に丸型防振ゴムを2個設置し、その防振ゴムに支持された金物により防振鉄骨を吊る形となっている。また、防振鉄骨端部と躯体との間には、躯体とは非接触の防振ストッパーを設置している。

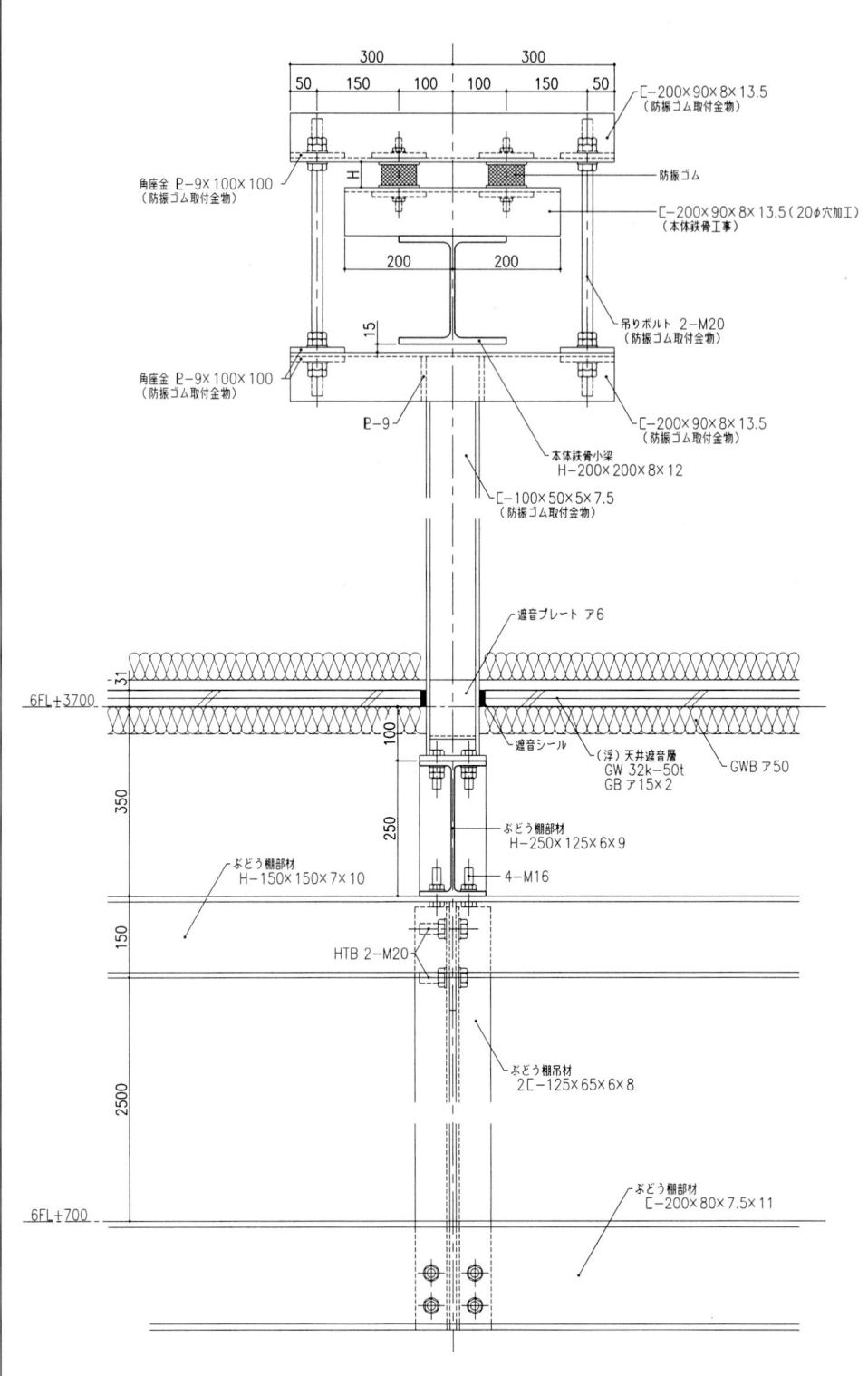

防振鉄骨　防振支持部　詳細図

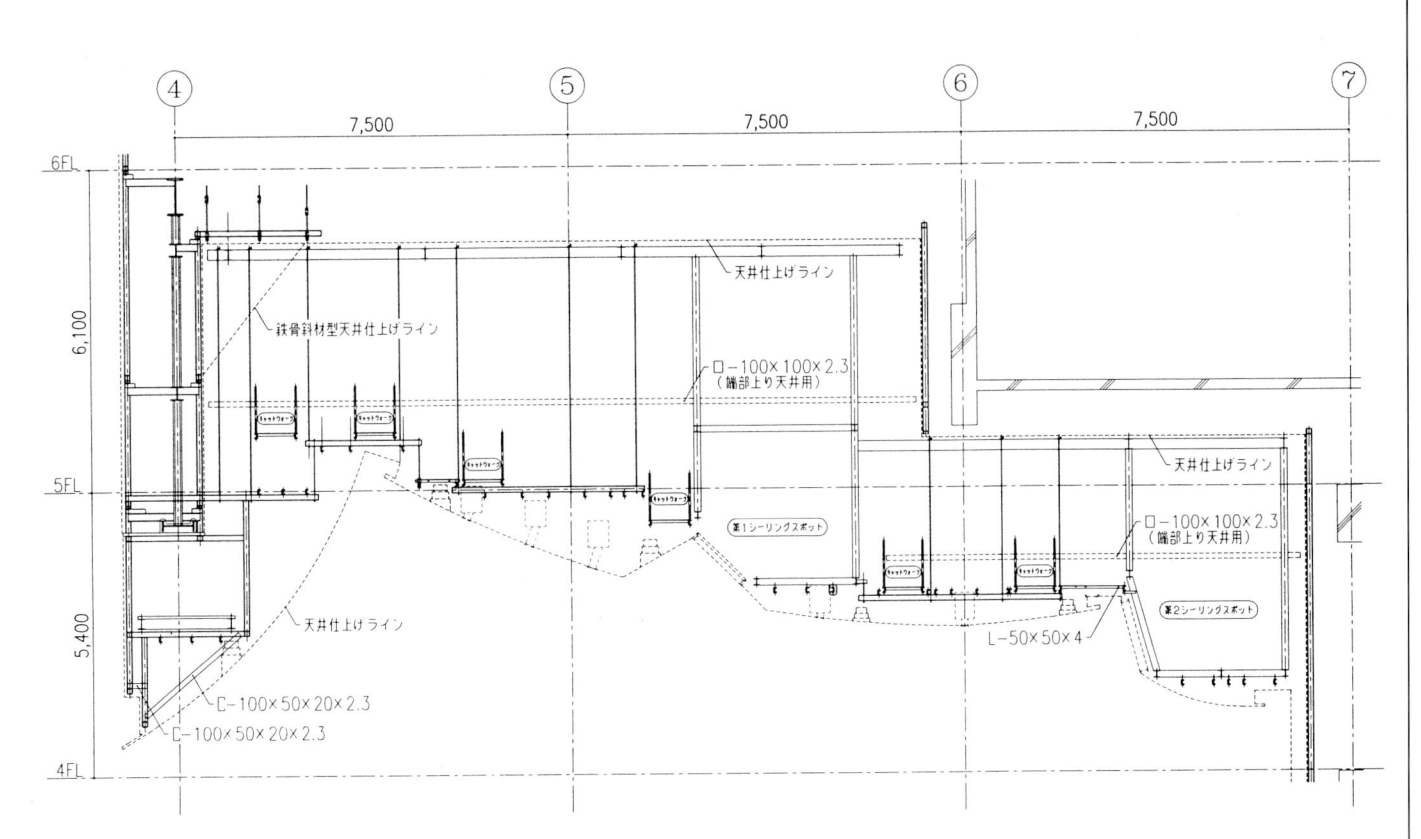

客席仕上げ天井下地　断面図

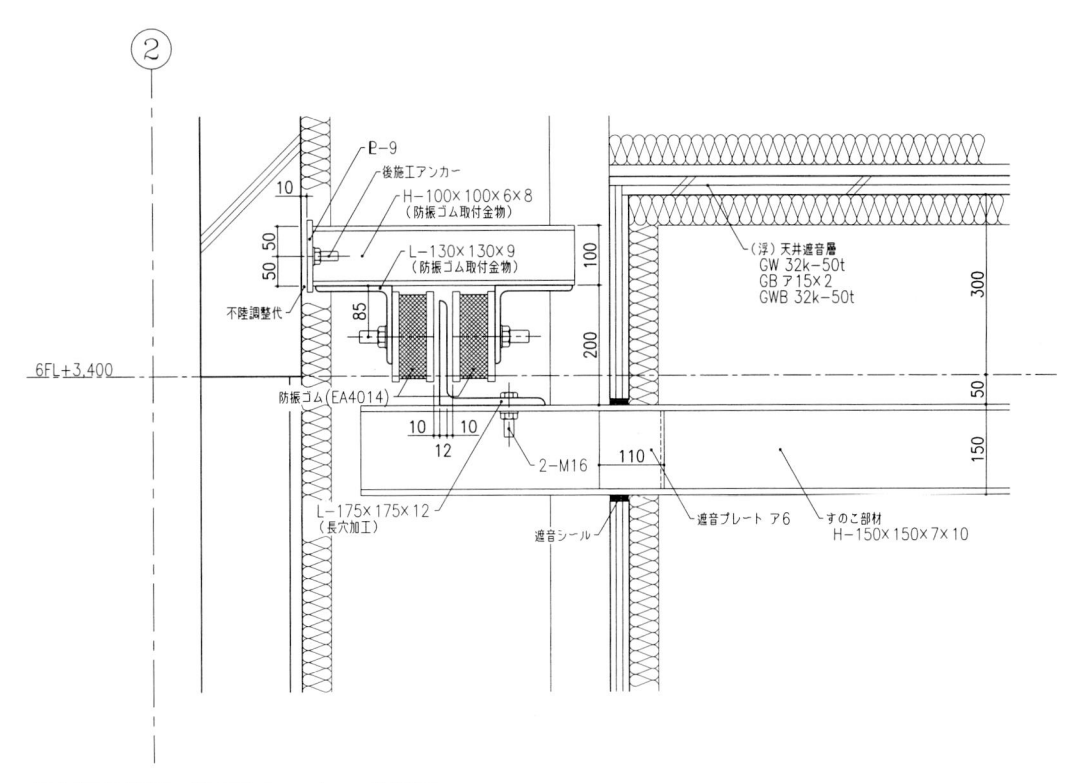

防振鉄骨端部　防振ストッパー　詳細図

脇舞台上部のすのこも同様に防振支持されていて、舞台機構の側面反射板等を吊っている。側面反射板の重量は大きく、使用状況に応じて各防振支持点での荷重は大きく変化してしまうが、どの使用状態においても防振ゴムの固有振動数を低く抑えることが求められた。

　変動荷重が大きい条件下でこの要件を満足させるため、本ホールでは防振鉄骨部の一部のすのこ内部にコンクリートを打設し、固定荷重を大きくすることで対応している。

　舞台前面両手にある可動プロセニアムを支持する防振鉄骨柱（中2階～6階）も本体鉄骨から独自に防振支持されている。ただし、柱下部は舞台浮床に固定されており、その部分は集中的に防振ゴムが配置されている。この鉄骨柱は可動プロセニアムの回転軸になるため、水平方向の荷重にも耐えるように、3方向タイプの防振ゴムを使用した。

3）防振ゴムの選定

　上記のような防振構造を実現するため、それぞれの部位に求められる防振ゴムを選定する必要がある。防振ゴムの選定における支持質量としては、支持面積がほぼ同一とみられる範囲で分割し、その部分ごとに全体質量を求め、各部分に配置されるゴムで均等に負担させることを前提にした。

　この支持質量から、固有振動数が目標値以下となるように、防振ゴムの個数および種類を決定した。施工上も性能上も、壁，床，天井とも同一面内では、防振ゴム1個が支持する質量をできる限り均等にすることが望ましく、配置に配慮した。

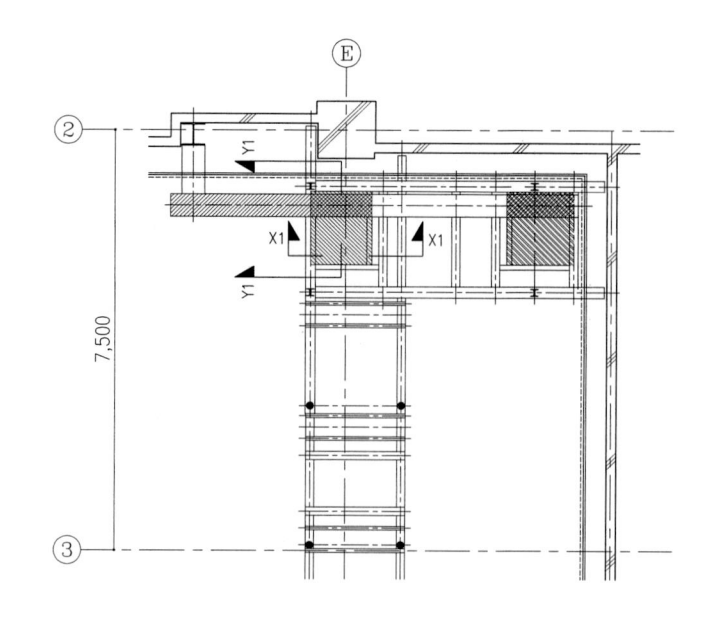

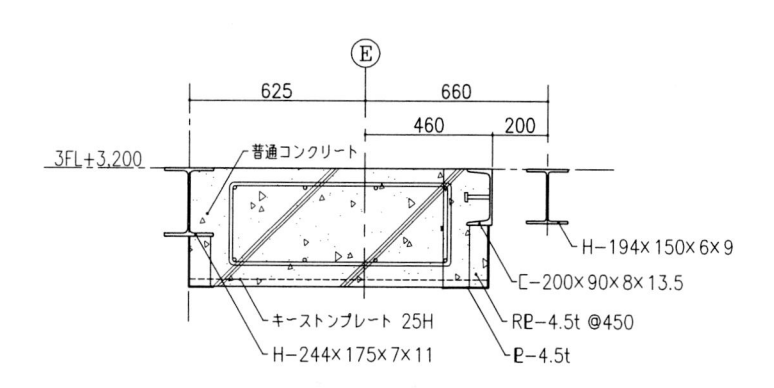

X1-X1 断面詳細図

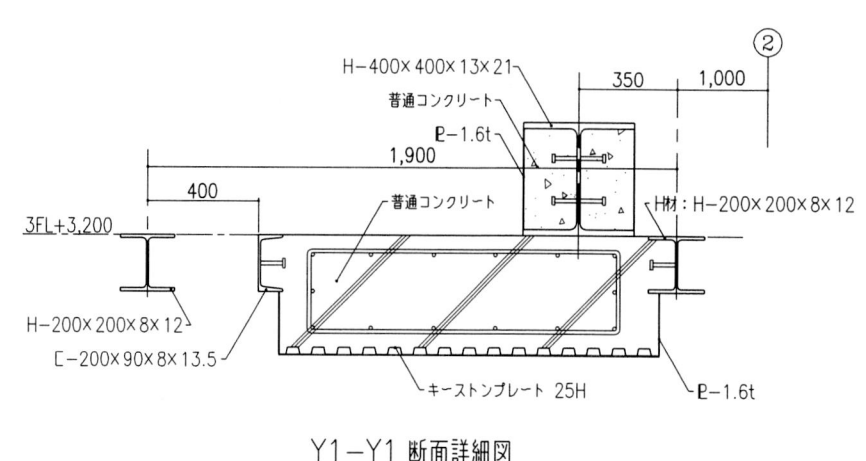

Y1-Y1 断面詳細図

脇舞台すのこ　コンクリート打設部

第Ⅱ部　工事概要

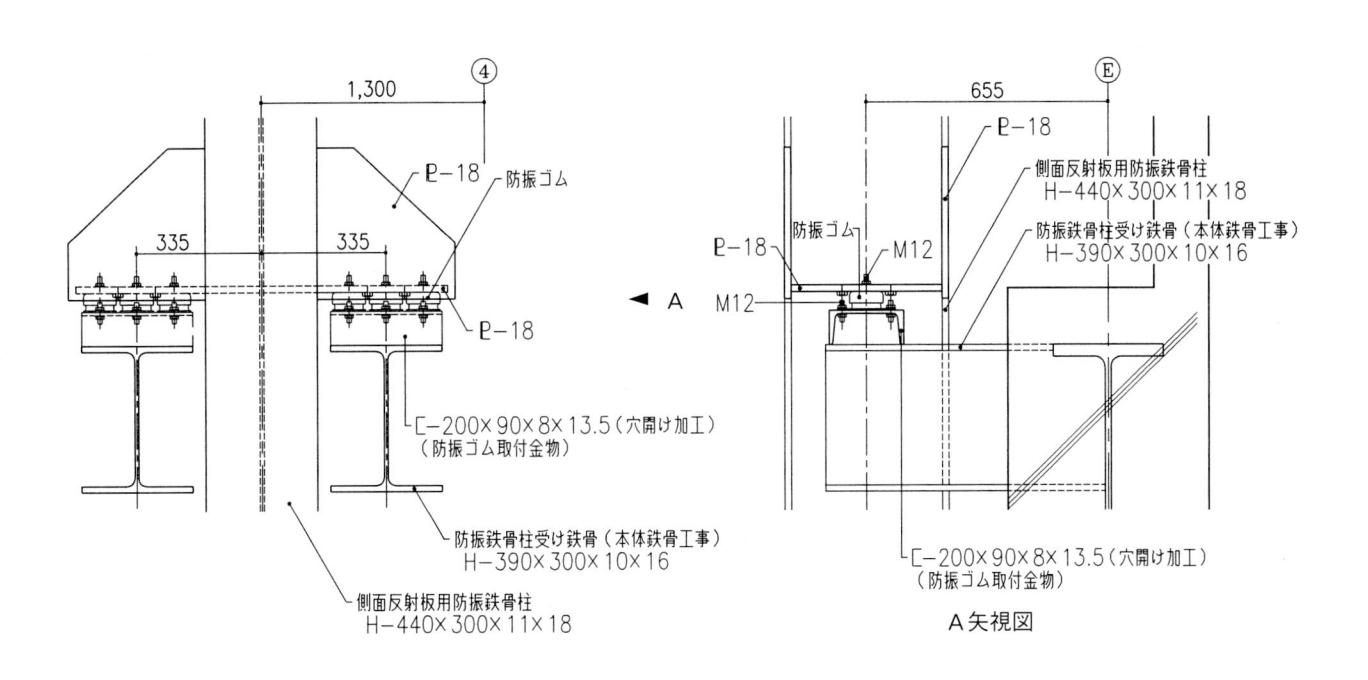

防振鉄骨柱　防振支持部　詳細図

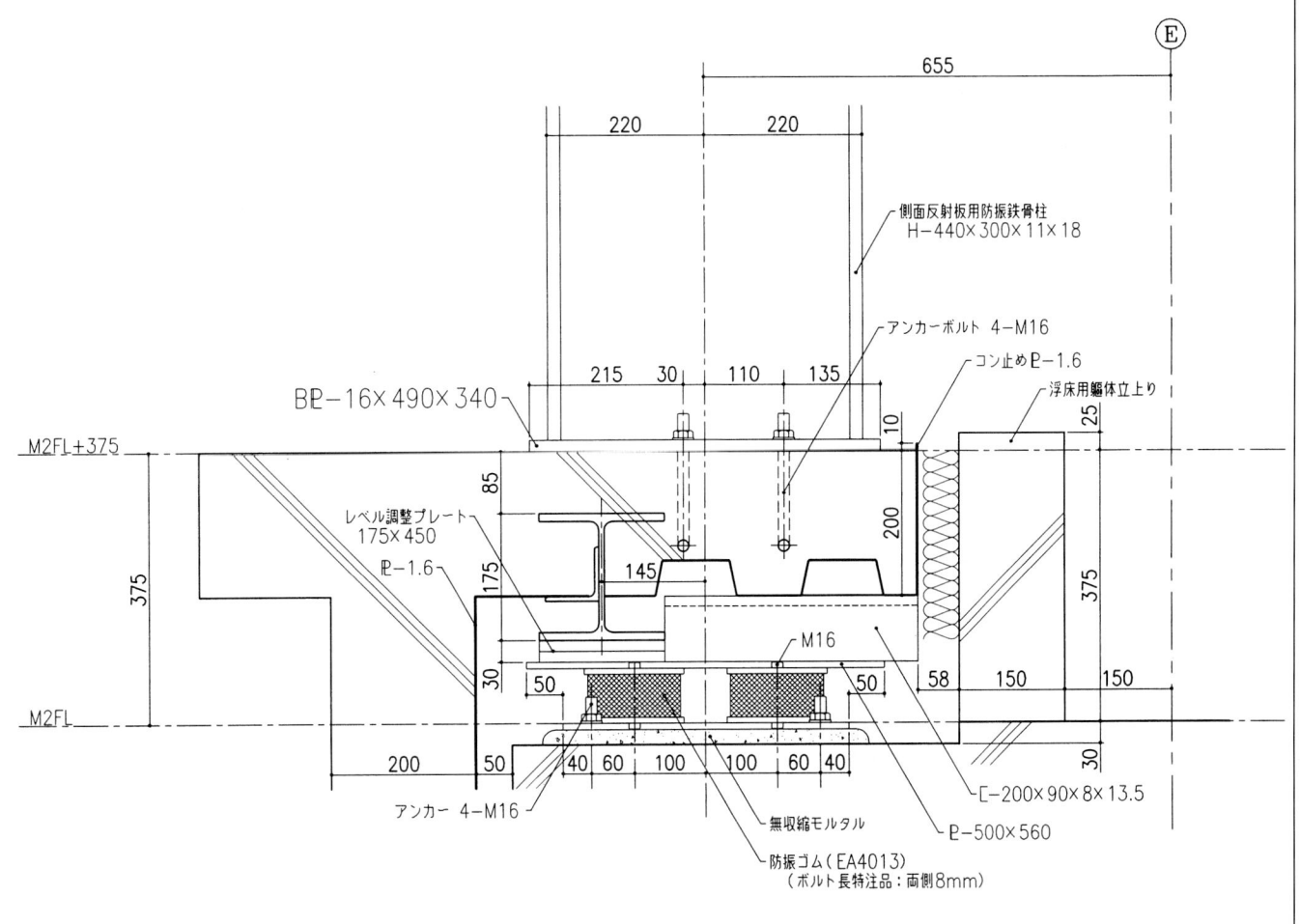

防振鉄骨柱　下部詳細図

◆施工

1）防振遮音工事

防振遮音工事の施工管理において、要求された性能を達成するために、最も基本的で重要な品質管理項目は以下の3点に集約される。

1．床・壁・天井とも、各防振ゴムに均等かつ適正に荷重を分担させる。
2．コンクリート躯体あるいはドライウォール工法による間仕切り壁によって形成される固定遮音層と浮遮音層の双方に欠損を生じさせない。
3．固定遮音層、浮遮音層相互の絶縁を確認し、固体伝搬による性能低下を生じさせない。

今回施工を行った多目的ホールの特徴として、
①舞台上部・客席上部のメンテナンスエリア（すのこ、キャットウォーク等）の鉄骨構造を本体構造鉄骨から防振吊して本体との振動絶縁を図り、
②舞台床・客席床は防振ゴム上に配置した鉄骨によって嵩上げし、
③床下空間を空気調和設備のチャンバーと舞台機構のメンテナンスエリアとして計画されていたことが挙げられる。

舞台の側面反射板、側面プロセニアムは各々可動式、開閉式となっており、それらの取り付け下地は建築工事として防振支持されている。

2）防振吊鉄骨

施工手順の簡素化、簡略化の観点から本体鉄骨に取り付く防振吊鉄骨の支持ピースおよび一部の防振鉄骨をコンクリート躯体に先行して、本体鉄骨吊り上げ前に地上にて取り付け施工する工程計画が立てられた。しかし工程上、施工時期は冬期間中になった。

防振ゴムの組成は天然ゴムである。施工後約3ヶ月間外部で風雪に曝されるため、防振ゴムの劣化が生じないよう、防振ゴムメーカーに確認をとり施工計画を進めた。防振ゴムが長期間雪に覆われることが懸念されたため、防振ゴムの周囲に粘着テープを巻き表面の品質劣化を予防することにした。音響設計監理者の指示により施工後、テープを除去した。そのため施工性を考慮して、粘着力の弱いテープを選定した。施工場所が海沿いの地上約25mでありつねに強風の恐れがあり、JRの線路敷地に隣接しているため、テープが剥離、飛散して架線事故等を引き起こすことが無いよう粘着力の弱いテープでゴムを養生した後、そのテープのジョイント部分を粘着力の強いテープで貼り合わせる方法を採用した。

吊り下げる鉄骨に関しては、長尺資

防振吊鉄骨　防振支持部

防振吊鉄骨上部

防振吊鉄骨　第2シーリングスポット施工状況

材を中心として、搬入経路、方法が容易な屋上スラブコンクリート打設前に、先行して施工した。

ただし、屋上スラブコンクリートを打設した後、本体鉄骨梁自体がコンクリートの荷重でたわむことが予想されたので、防振鉄骨のレベル調整は躯体工事完了後に行った。

レベル調整を考慮して、施工範囲はすべての防振吊鉄骨とせず、吊材の負担する荷重がレベル調整作業を行うに当たって障害にならない程度に留め、以降の作業は躯体工事完了後に行うことにした。

3）防振床鉄骨

多目的ホール内の防振床の仕様は3種存在する。

・舞台部：防振ゴム上に鉄骨柱を建て込んで木工事仕上げ下地用の梁をかけ、根がらみに渡した梁を利用してコンクリートスラブを設置。
・客席部：舞台と同様に柱を建て込み、梁上にコンクリートスラブを設置。
・バルコニー席部：本体床スラブ上に配置した防振ゴムの上に鋼製の根太材を流し、その上にコンクリートスラブを設置。

客席・舞台の鉄骨建て方に際しては、当初ミニクレーンを使用する施工方法も検討されたが、客席～舞台間でスラブに段差があり、防振床の耐震ストッパー受けを兼ねた立ち上がり躯体壁があったため見送られ、基本的には人力に頼る建て方作業となった。特に客席部分に関しては横持ち搬入経路が確保できなかったため、屋上スラブ施工前に当該施工個所に搬入する方法を採用することになった。

鉄骨支柱の支持方法は、本体床スラブ上にレベル調整と防振ゴムの固定とを兼ねた鋼板を後施工アンカーにて固定、無収縮モルタルを注入し隙間を埋めた上で土台プレートを取り付けた支柱を配置するようになっていたので、下部鋼板の固定用ボルト（固定側）と上部鋼板（浮側）のクリアランス確保の厳守が品質管理の主内容になった。

バルコニー席部は段床になっている本体スラブなりに防振スラブを段床形状に施工した。特にクリアランスが小さくなる可能性があった蹴上げ部分のクリアランスを確保すること、および蹴上げ～踏み面の取り合い部分でコンクリートが流出し本体スラブと浮床スラブが接触しないように下地の目張り状況を確認することが重要であった。

客席上部キャットウォーク施工状況

客席床鉄骨軸組下部　防振ゴム受け

バルコニー席　防振床下地

4）防振壁

　壁面および張り出しスラブに割り付けられたブラケットピースに防振ゴムを設置し、壁面の荷重がそれらの防振ゴムに均等に伝達されるようにした。また鋼製軽量壁下地材ではまかない切れない高さを施工するため、水平に荷重受け鋼材を設置し、鋼材に間柱を配置して鋼製軽量壁下地を施工した。

　今回の施工に当たっては遮音層がそのまま仕上げ層の下地にもなるため、施工精度が要求された。壁面がほぼ全面にわたって連続した大きな凹凸形状になっているため、下地の施工および最終的なボード貼りにはかなりの管理時間を必要とした。

壁防振ゴム支持金物

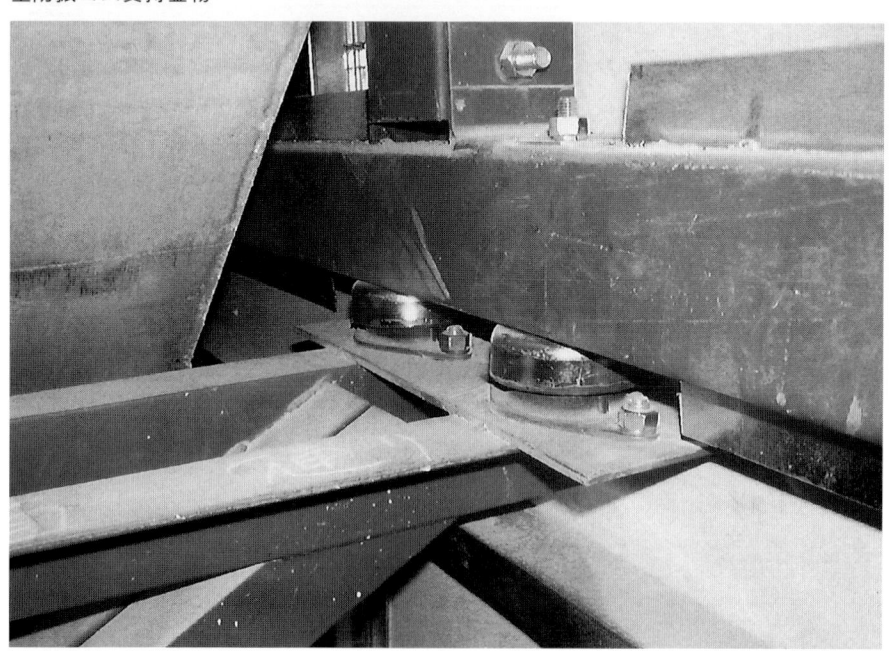

壁防振ゴム支持金物

壁防振ゴム支持金物

舞台上部　遮音天井下地　施工状況

浮遮音天井　施工状況

5）舞台機構下地鉄骨

　舞台側面開閉プロセニアム支持鉄骨と舞台側面反射板レール受け鉄骨が主な工事内容である。工事に使用した鉄骨は内装工事としてはかなり大きな部材であり（前者：H-440×300×10×16、後者：H-400×400×13×21）、特に前者は中2階～6階の通し材で、高さは約25mであるため、搬入・施工とも、建築工事共同企業体と十分な協議を行った。

　前者に関しては中2階の防振スラブおよび各階に配置された鉄骨片持ち梁の上に設置された防振ゴムで荷重を分担するようになっている。資材を3節に分割した上で屋上スラブの施工前に搬入した。工程的には中2階の防振スラブの施工と前後してしまうため、宙に浮かせた状態で仮配置し中2階スラブ打設後に建て入り調整、仮固定材の撤去を行った。

　後者に関しては可動反射板のレール自体が移動するため、レールの位置によって防振ゴムに対する荷重の不均衡が大きくなりすぎ、レールが動くたびに鉄骨のレベルが変動して、レールが円滑に移動できないことが予想された。そのため、H型鋼のフランジ間にコンクリートを打設して、カウンターウェイトの役割を持たせた。

　位置的には天井ふところが小さい脇舞台上部であるため、まずウインチを使用して取り付けレベルに近い仮設ステージに吊り上げた後、レバーブロック、チェーンブロックにより水平に引き込むことにした。ステージの耐荷重の問題もあったため全重量を預けることは避け、水平に移動しつつウインチのワイヤーを徐々に伸ばす方法を採用して施工した。

　　　　　　　日本板硝子環境アメニティ㈱
　　　　　　　木元肖吾、斎藤秀和、
　　　　　　　若狭一洋

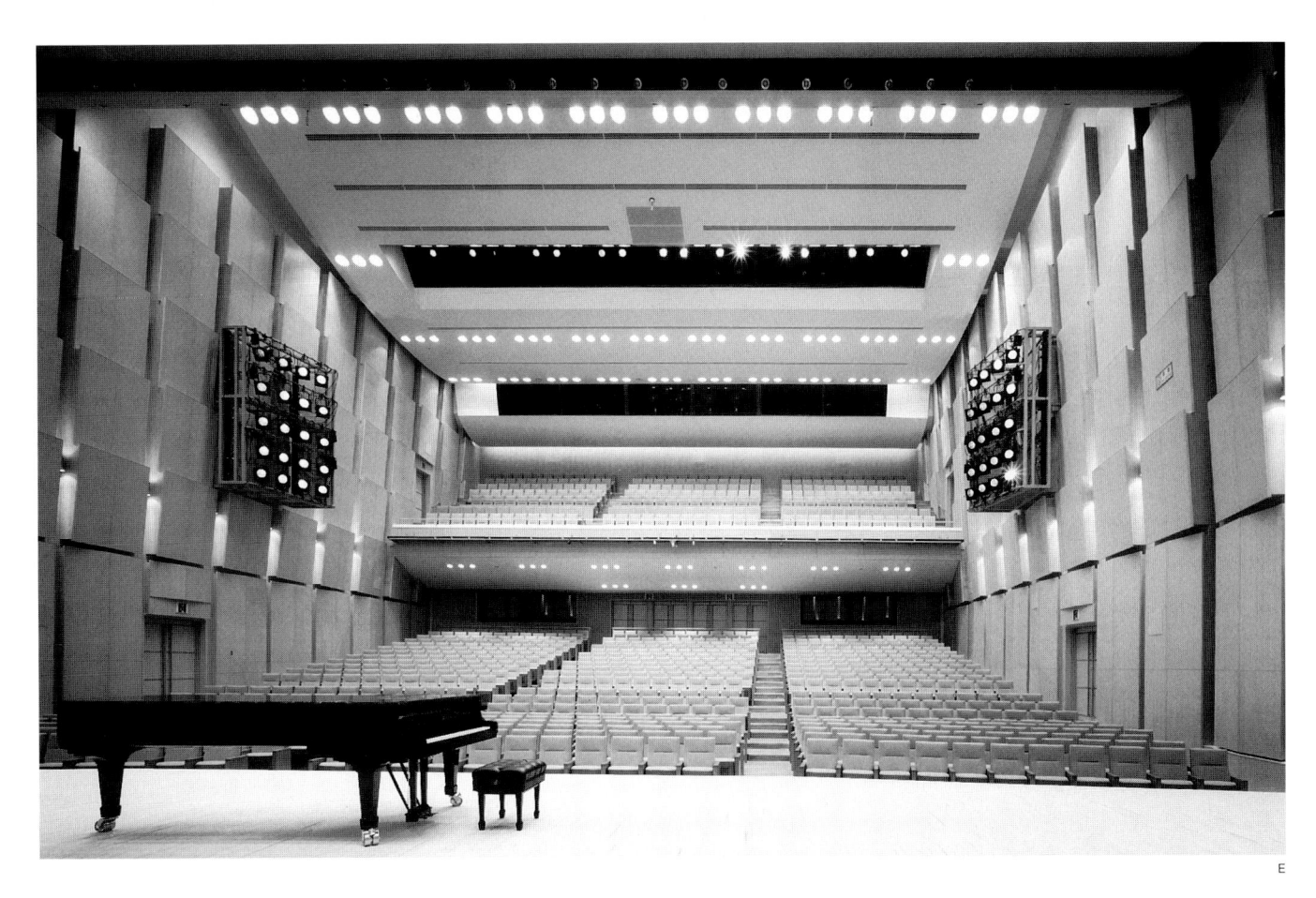

ぱ・る・るホールの舞台機構

◆設備概要

コンサート型ホールからプロセニアム型ホールへと、さまざまな演目にあわせて舞台を可変させ、ホールの性能を最大限に発揮するための支援装置が、舞台機構である。

本施設は次に紹介するホールの舞台可変機構を備えた、従来の多目的ホールの概念を超えた新しい形の多機能ホールである。

また、このホールの持つ舞台可変機構は、多様な舞台演出を可能とし、ホールの稼働率を向上させる。さらに、ホールの運営に携わるスタッフなどの省力化に貢献する。

観客の視点からも、コンサート型ホールの臨場感とプロセニアム型ホールの雰囲気の相違が明確にわかり、観る側の目を楽しませる。

設計・施工にあたっては、最新のコンピュータ技術と施工技術を駆使し、使い勝手のよい、21世紀にふさわしい、舞台機構を有するホールをめざしている。その上、安全性と信頼性は最大のテーマであり、要求でもある。

突然のトラブルは、すべての関係者をパニックに陥れる。その結果、ホールの信頼性に疑問を残す。

また、舞台機構は、モーターやその他機械装置を動かすため、騒音対策が重要である。たとえば、開演中の吊物バトンなどの昇降機械騒音は、演出の妨げになり、夢の世界を壊してしまう。

そのため、機械の騒音対策と舞台の静寂性の確保には、さまざまの手法で解決している。たとえば、吊物機械を遮音した部屋に配置し、機械騒音を外部に漏らさない工夫をしている。

1）コンサート型ホール

コンサート型ホールは、舞台内部に音響反射板を組み立て、クラシックコンサート等の音楽鑑賞にふさわしいホール空間を構成する。

ブドウ棚から吊り下げられた2台の天井反射板により、天井面を覆い、可動プロセニアム（開閉）と移動式側面反射板を組み合わせて、側面反射板を構成する。

2）プロセニアム型ホール

プロセニアム型ホールは、舞台の上手・下手に配置した回転移動する可動プロセニアム（開閉）と、舞台天井内に収納してあるプロセニアム（昇降）枠により、一般的な舞台形式のプロセニアム（額縁）を構成する。

これらの組み合わせにより、演劇・舞踊・講演会・式典などのさまざまな催しに適した、舞台形式を完成させる。

◆床機構

床機構として、前舞台迫りと道具迫りの2台を設置している。

コンサート型ホールでは、前舞台迫りを奈落面に下げ、手押し式椅子席付きワゴンを奈落収納庫より前舞台迫りに移動し、客席面まで昇降させ、客席の一部とする。また、プロセニアム型ホールにおいて、前舞台迫りは主舞台としての目的を果たす。

道具迫りは、幅4m奥行き2.4mの大きさで配置している。安全装置として、落下防止ネットと機械ピット内転落防止のための昇降手すりを設備している。落下防止装置の駆動方式は、チェイン式とした。落下防止のパイプフレームを特殊チェイン（リジチェイン）

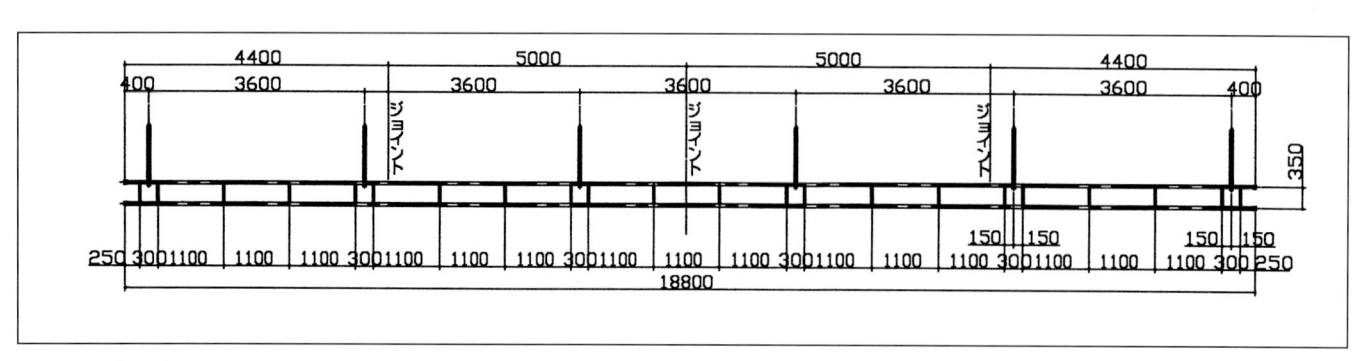

ラダーバトン

従来のバトンは1本のパイプをバトンとしていたが、最近は吊荷重が大きいため、パイプを2本使用し、間隔を300cm程度あけ、パイプ間をサイズの小さいパイプでつなぎ、縦方向に剛性を持たせたバトンパイプが普及している。形が梯子（ラダー）に似ているためラダーバトンと言う。

で収納スペースより引き上げ、水平移動し、舞台の開口面をふさぐ機構となっている。

昇降手摺は、迫りフレームの上昇とともに機械ピットより立ち上がり、ピット内への転落を防止している。機械ピットが1mと浅いため、ガスシリンダーを補助装置として、2段式昇降手摺を採用した。

各迫り装置の昇降駆動装置は、スパイラリフト式を使用している。スパイラリフトは、カナダPACO社製で、約20年前より欧米の舞台機構装置に広く使われ、近年、日本でも使われ始めている。

その特徴は、
・機械ピットが浅い
・機械の設計・構成がシンプル
・荷重設定が大きい
・速度の遅い範囲では機械駆動音が小さい
・メンテナンスがしやすい

以上の点から、本施設のような床機構としては、最適の装置である。

工事にあたり、施工精度が非常に大切になる。たとえば、ガイドレールの精度は、0.5mm以内に納めている。そのため、迫り装置の振動・揺れ・がたつきなどを最小限に抑えることが可能になる。

また、昇降フレームの上には、木床が貼られ迫り機構として完成される。

床面の仕上がり精度は、直接出演者の演技に影響をもたらす。たとえば、床に凹凸があれば、役者のつまずき転倒の危険性が生ずる。その上、大道具の出し入れにも大きく影響する。

◆吊物装置

舞台演出機構として、舞台吊物装置がある。舞台吊物装置は、緞帳・照明器具・背景幕などを昇降するための機械装置である。

昇降する照明器具・背景幕の装置は、バトンパイプに吊られ、それぞれの目的により、荷重・速度等が異なる装置となっている。たとえば、吊物バトンは最大60m／minの速度で運転が可能で、演出効果は大きい。

これらの背景幕などの装置は、プロセニアム上部のフライスペースに収納し、観客席から見えなくなる。必要に応じてプロセニアム内に現れ、演出効果を高める。

本舞台の昇降システムは、舞台機構で一般的に使用する荷重バランスのためのカウンターウエイトを使用せず、直接バトンパイプなどをワイヤーロープで巻き上げる巻取式とした。これらの機械は、フライスペース上のブドウ棚レベルの上手・下手側の吊物機械室に配置している。

また、巻取式吊物機械とあわせて、2段式ブドウ棚を設置している。このブドウ棚では、荷重の小さい吊物バトンなどの滑車は上段の天井ビームに取り付け、天井反射板等重たい機械はブドウ棚下段床に配置する。そのため安全な作業空間が確保でき、メンテナンスがしやすく、また、大道具などの仮設が容易なブドウ棚となる。

滑車は騒音防止の目的でMCナイロンを使用した。従来は鋳物製の滑車のためワイヤーロープと接触し、耳障りな騒音を発生していた。

バトンはラダーバトンを使用し、大道具の集中荷重にも十分耐える設計としている。

客席には3台の吊物バトンがある。使用目的として、中央バトンには演出用看板や照明器具などを吊り、上手・下手のバトンには持ち込みスピーカなどを吊る。バトン本体は、取り外し式のため、コンサート型ホールの使用では、取り外して他の場所に収納しておく。

吊物機械室とブドウ棚間の壁をワイ

ローデンボーデン式

従来のすのこ（ブドウ棚）は、鉄骨のブドウ棚床に滑車・巻上げ機等を取付けていた。そのため、大道具の仮設吊りや、メンテナンスが非常にやりにくい場合があった。それらを改善するため、滑車を天井の鉄骨材に取付け、ブドウ棚床面には荷重の大きな機械を配置し、作業性の良い2段式のブドウ棚が最近普及している。このダブルデッキタイプ（2段式）のブドウ棚を、ローデンボーデン式と言う。

ローデンボーデン式ブドウ棚

ヤーロープが貫通するため、吸音装置付き貫通金物を建築工事で設置した。

◆音響反射板

　天井反射板は2台に分割され、舞台上部に吊り下げて収納する。収納時はフライ内に垂直な状態であるが、使用時は自動的に傾斜し、音響的に効果の出る角度にセットされる。

　側面反射板は、可動プロセニアム（開閉）と2台の移動式側面反射板により成り立つ。可動プロセニアム（開閉）は、舞台内側に角度を持たせてセットする。

　2台の移動式側面反射板は、移動ガターに吊り下げられ、移動ガターの回転移動により、音響的に効果のある角度に設置できる。また、移動ガターには走行レールが吊り下げられ、移動式側面反射板の上手・下手後部壁面への収納を可能にしている。

　正面反射板は、建築的にデザインされた後部壁面を構成している。

◆制御システム

＜デジタル化された舞台機構の操作と可変速運転可能な吊物昇降装置＞

　舞台機構操作卓にはコンピュータが組み込まれ、吊物バトンの位置決め操作として、タッチ機能による「データ入力」「設定データ一覧」「状態監視」表示などを行っている。

　この操作卓を使用して、インバータ制御による吊物装置の可変速運転を行う。

　コンピュータコントロールは、基本的にマニュアル操作の補助機能であり、従来は目視によって行ってきた停止操作などを、コンピュータの画面を使用して、メモリー機能として再現させる。

　また、マニュアル操作系は、コンピュータとはまったく別な系統として、非常に速い応答性・操作性を実現している。

　操作面としては、すべての吊物バトンに対して一対一で、速度選択スイッチと4種類のプリセットグループおよび装置選択スイッチと上昇・停止・下降運転釦を組み合わせている。

　さらに設定されているデータを使用する・使用しないの個別の選択釦を、組み合わせている。

　吊物バトン26本と照明バトン6本の合計32本に対して、この機能を組み合わせることから、多くのスイッチ類となっている。この手法は完全にマニュアル操作優先の考え方であり、どの状況からでも瞬時に必要な装置の運転、または停止が可能なシステムである。

　さらに、大きな特徴として、舞台機構運転操作のリモートメンテナンスシステムを組み込んだ。このシステムは、トラブル発生時など遠隔であっても操作により、内容を予め把握し、人や機材を準備することが可能となる。

　これまで述べたように、コンピュータ化された舞台機構制御のメリットは、すべての速度・位置などの情報をデジタルデータとして処理し、メモリー運転を行うことで確実なシーンの再現が可能になることにあり、これは大きな変革である。

森平舞台機構㈱　設計部　青山一生

吊物機械室

第Ⅱ部　工事概要

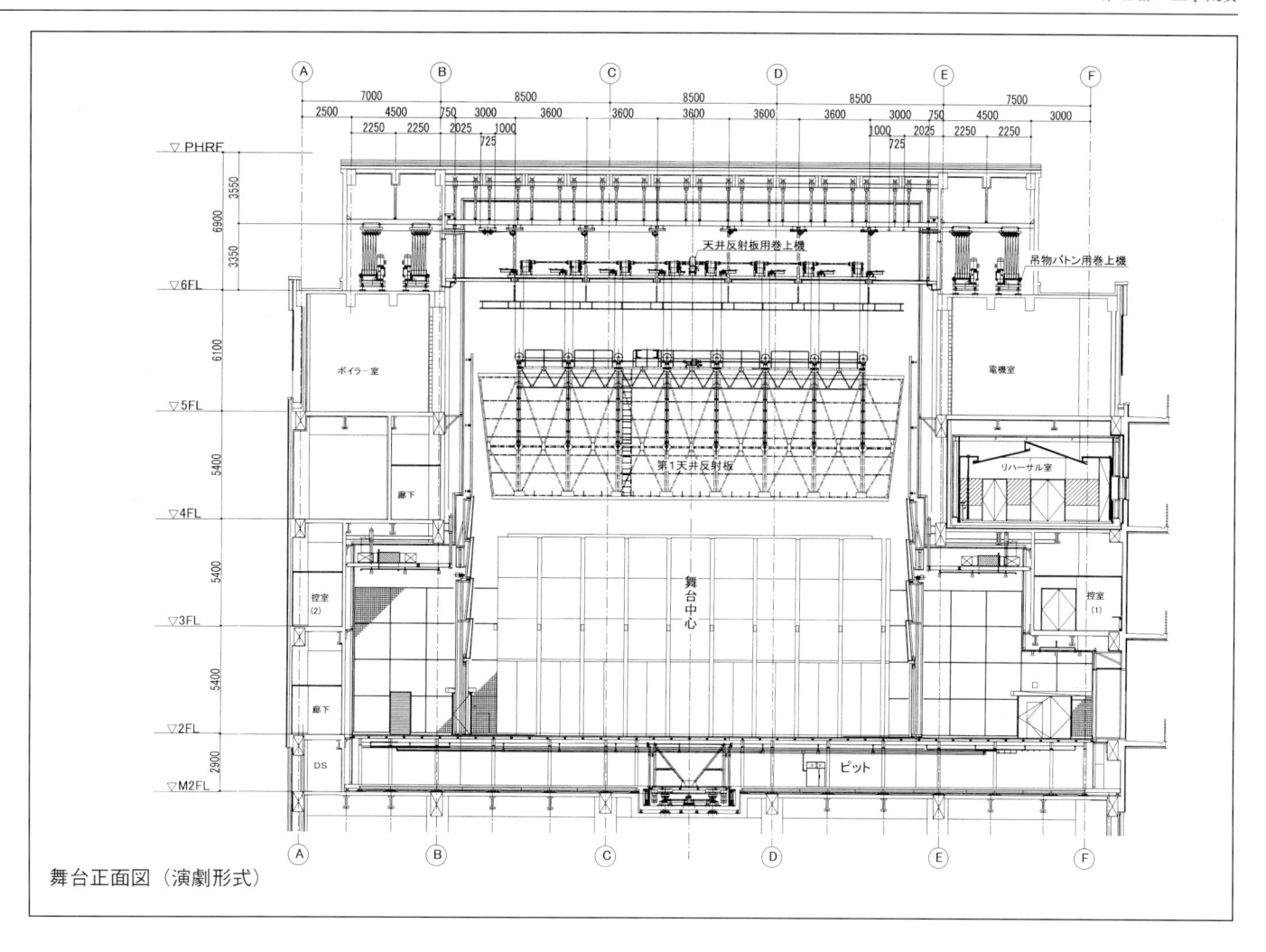

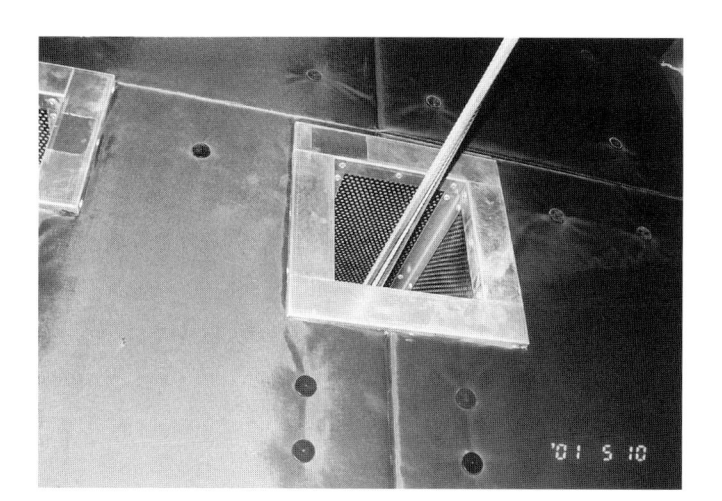

舞台正面図（演劇形式）

ワイヤロープ貫通部

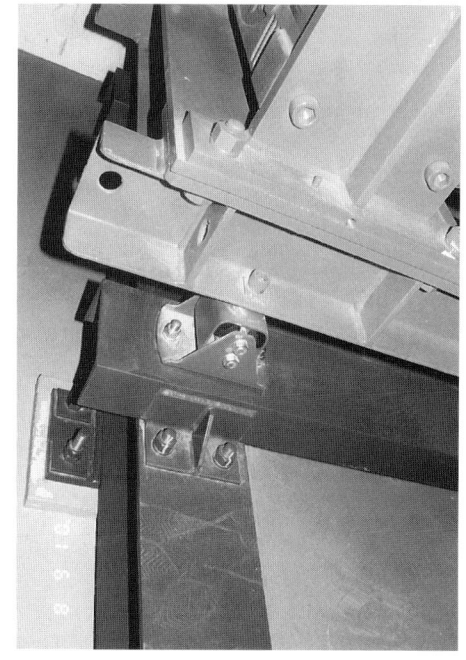

吊物機械防振ゴム

97

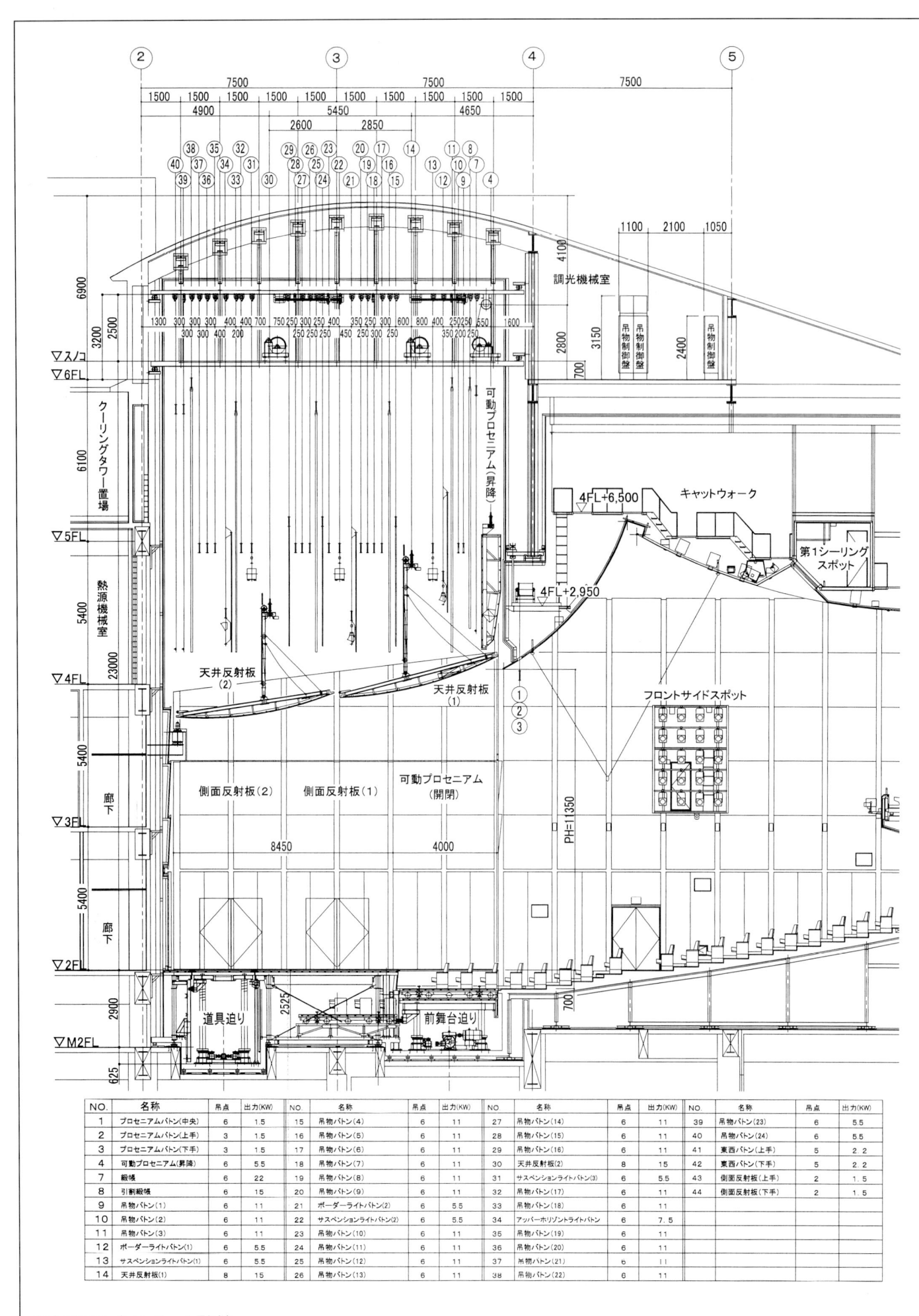

舞台断面図（コンサート形式）

NO.	名称	吊点	出力(KW)	NO.	名称	吊点	出力(KW)	NO.	名称	吊点	出力(KW)	NO.	名称	吊点	出力(KW)
1	プロセニアムバトン(中央)	6	1.5	15	吊物バトン(4)	6	11	27	吊物バトン(14)	6	11	39	吊物バトン(23)	6	5.5
2	プロセニアムバトン(上手)	3	1.5	16	吊物バトン(5)	6	11	28	吊物バトン(15)	6	11	40	吊物バトン(24)	6	5.5
3	プロセニアムバトン(下手)	3	1.5	17	吊物バトン(6)	6	11	29	吊物バトン(16)	6	11	41	東西バトン(上手)	5	2.2
4	可動プロセニアム(昇降)	6	5.5	18	吊物バトン(7)	6	11	30	天井反射板(2)	8	15	42	東西バトン(下手)	5	2.2
7	緞帳	6	22	19	吊物バトン(8)	6	11	31	サスペンションライトバトン(3)	6	5.5	43	側面反射板(上手)	2	1.5
8	引割緞帳	6	15	20	吊物バトン(9)	6	11	32	吊物バトン(17)	6	11	44	側面反射板(下手)	2	1.5
9	吊物バトン(1)	6	11	21	ボーダーライトバトン(2)	6	5.5	33	吊物バトン(18)	6	11				
10	吊物バトン(2)	6	11	22	サスペンションライトバトン(2)	6	5.5	34	アッパーホリゾントライトバトン	6	7.5				
11	吊物バトン(3)	6	11	23	吊物バトン(10)	6	11	35	吊物バトン(19)	6	11				
12	ボーダーライトバトン(1)	6	5.5	24	吊物バトン(11)	6	11	36	吊物バトン(20)	6	11				
13	サスペンションライトバトン(1)	6	5.5	25	吊物バトン(12)	6	11	37	吊物バトン(21)	6	11				
14	天井反射板(1)	8	15	26	吊物バトン(13)	6	11	38	吊物バトン(22)	6	11				

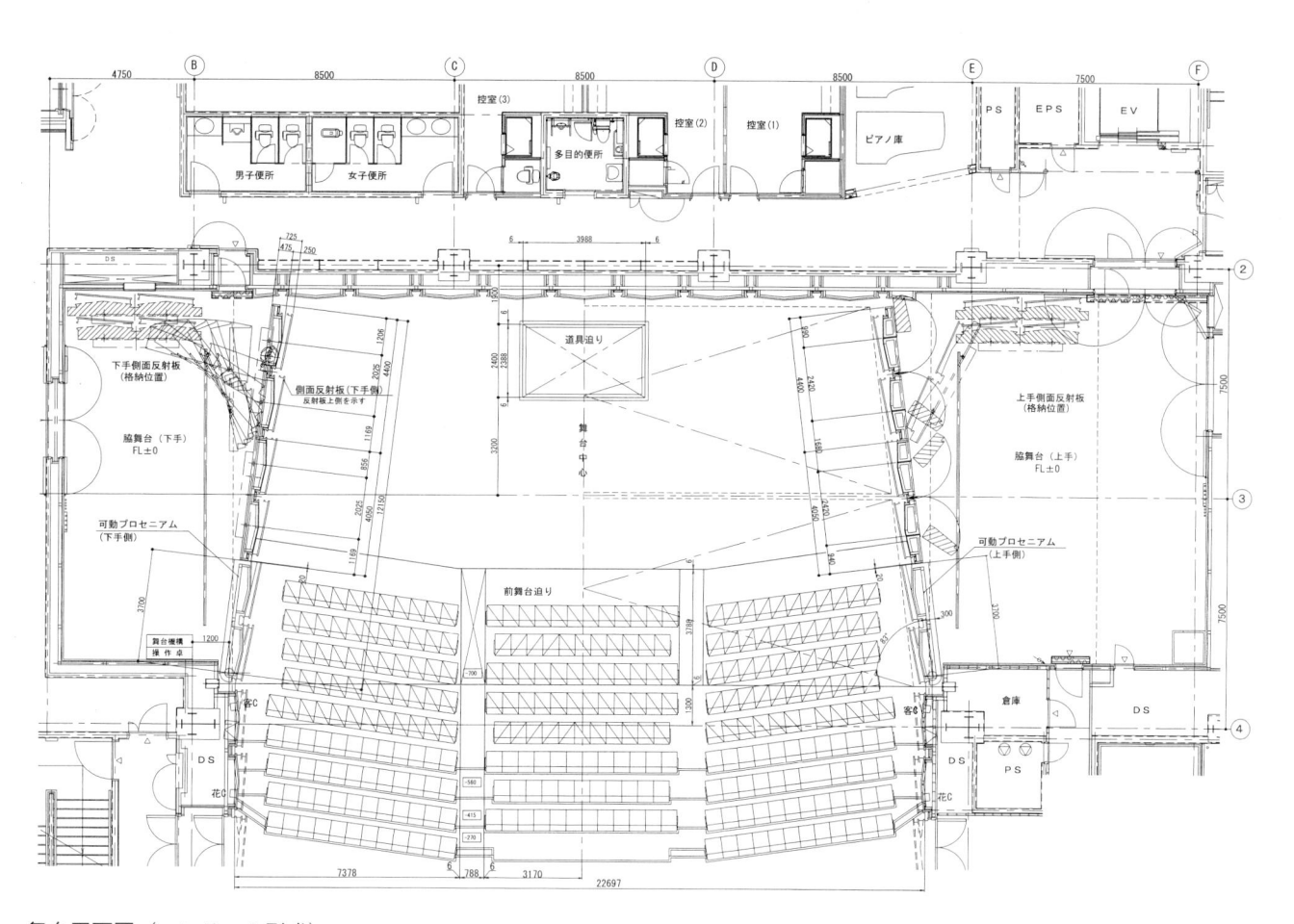

第Ⅱ部　工事概要

舞台平面図（コンサート形式）

側面反射板

99

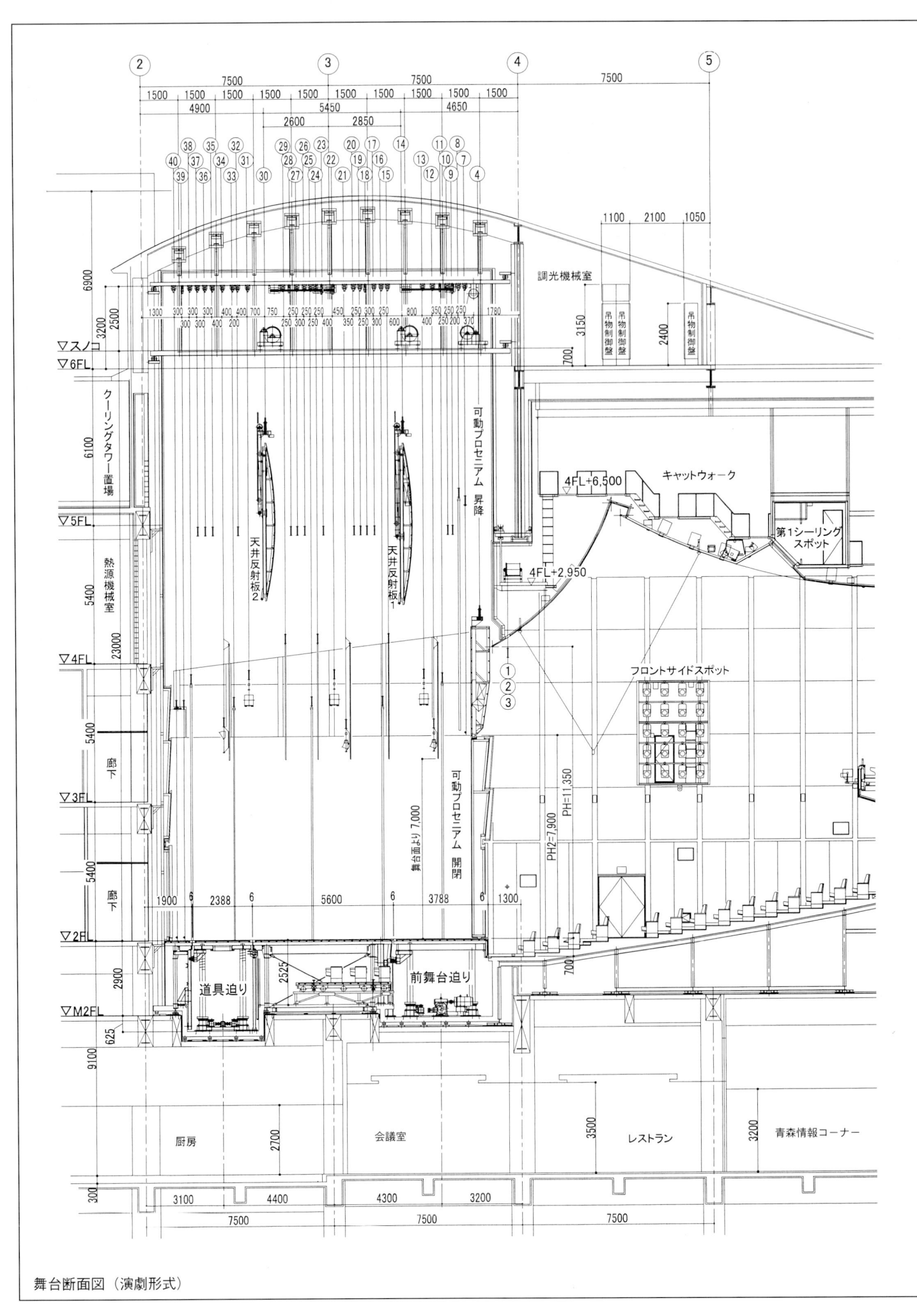

舞台断面図（演劇形式）

第Ⅱ部　工事概要

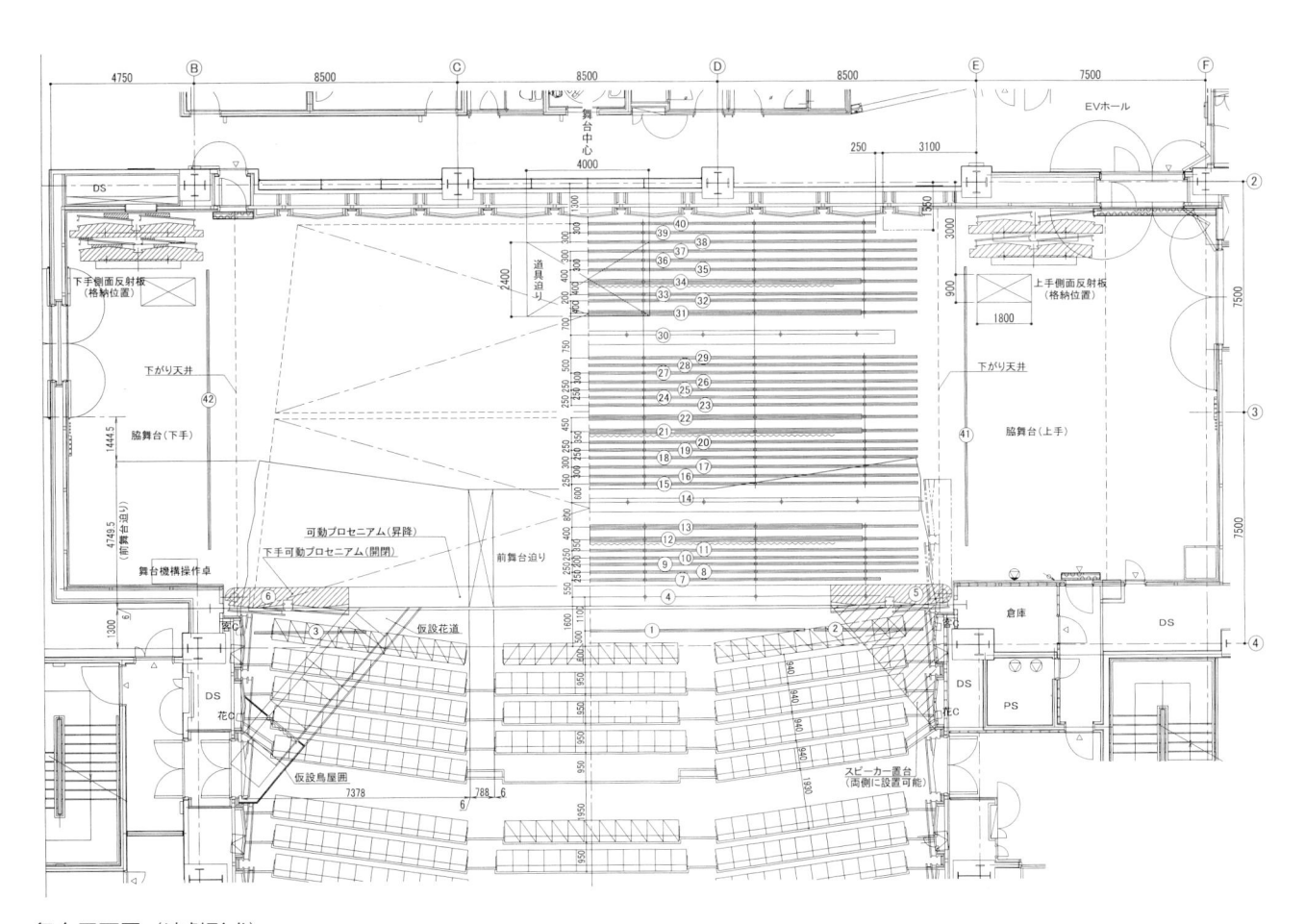

舞台平面図（演劇形式）

舞台機構操作卓

ぱ・る・るホールの内装工事

青森での本格的なホールを持った施設に、「青森らしさ」を演出するため、地元特産の青森ヒバを主体として、木の地肌を生かした、見た目がやさしい仕上げとしている。

防火面でも注意を払い、木であっても燃えないという相反する材料を使用し、高度な品質に仕上げなければならない。

1階レストランは床にオークのフローリング、壁は青森ヒバの練り付け羽目板とした。ブナ材の薄い板で編みこんだパーティションとマッチした暖かい雰囲気をかもし出している。

2～3階多目的ホールの壁は音響効果を考慮した、青森ヒバ練り付けパネルとなっている。青森ヒバは同一材で取れる数量が限定されるため早くから材料確保を行い、それに見合う単板を取れる丸太があるかどうか歩止りを計算して材料の確保を始めた。津軽半島先端の三厩村増川地区山中の大木から取材したヒバ材を使用することにした。単板を練りつけた段階では良材と見えたが、塗装仕上後、光の当たる方向によって木目のちじみ、流れ等、木の癖が目立ち、再製作の必要に迫られた。丸太の北側になる部分は木目筋が強いため、パネルの影部分になるボックス等に使用し、素性の良いものを前面へ出す割り付けを行い材を貼り付けたが取替えもいくらかあった。

施工は12月～2月の工程となり場内の作業場の室温が低い時期であるため、接着剤の使用には細心の注意をし、仕上げ材のねじれや浮き上がりや接着不良の防止に気を配った。またパネルは、寸法が1,850×2,050と非常に大きく、角度がついて前方に傾いている。パネル自体も正方形ではなく、CADで原寸大の型を出し5分の1、および原寸大の模型を制作して工場、現場で細かい取り合い、収まりを検討した。現在はパソコンによる作図が容易になってきたが、原寸図、詳細図には経験と高い技術が必要であり、工場の技術力が問われた。

その他、工事中の水銀灯による木目の焼けにも気を配った。床は耐久性があるオークフローリング仕上げで、階段部は溝付のノンスリップ加工を施し滑り止めとした。舞台床は30mmのヒノキ積層材を使用しており、迫りを備えた本格的な舞台となっている。

多目的ホールに入る前室は壁に有孔練り付け板を使用し、裏面にグラスウールを充填して、吸音性能の向上を図っている。

高島屋スペースクリエイツ㈱

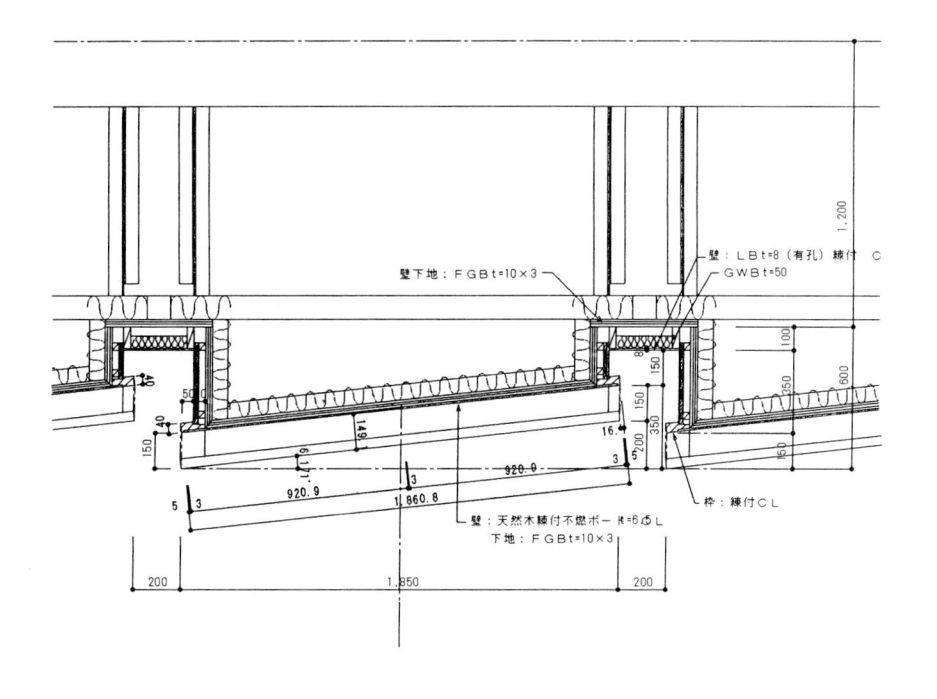

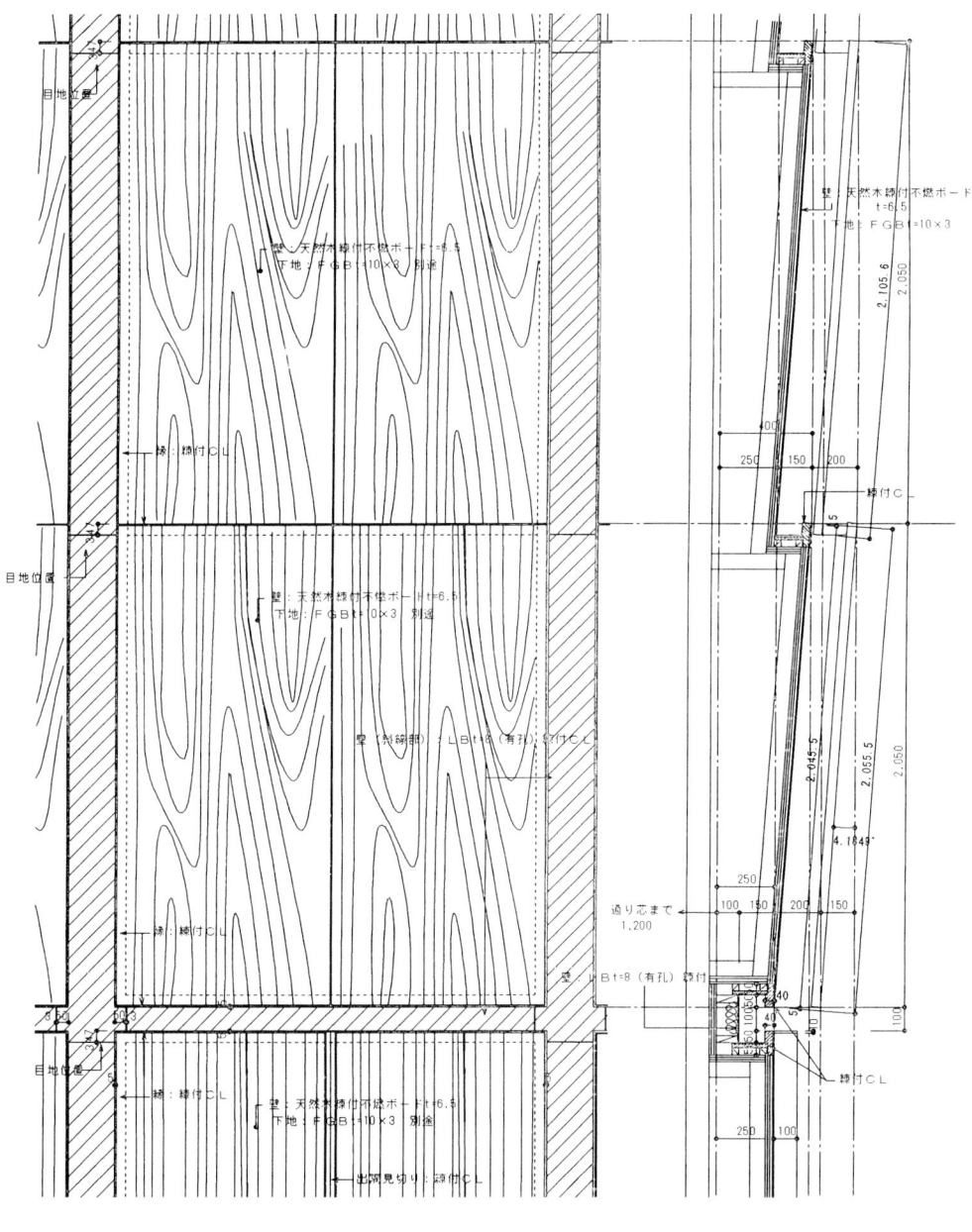

壁不燃パネル詳細図

ぱ・る・るホールの椅子

◆ホール椅子のデザイン

専門ホールを視野に入れた多目的ホールへ主流が変わりつつある現在、椅子も画一的なデザインから、自由に形が変えられる塑性のある木を基調としたオリジナリティのあるものに移行してきている。ぱ・る・るホールではスクエアなイメージを保ちつつ、天然木の気品と風格を重視したデザインが採用された。背裏化粧合板は約3mm彫り込むことで陰影効果を出している。張り地は単色ではなく複数の色糸で織られており、ラインが横方向に入っているため背両サイドの縦方向のマチ（巾布）をやめ、さらに背上部両サイドのRを小さくして布地のデザイン統一を図った。

◆配置計画と吸音効果

一般的な配置の他に花道を設置する場合とスピーカー置台をセットする場合の3つのパターンについて検討し、固定席、移動席、背倒れ席、背倒れ移動席の配置と席数を決定した。前3列はイスをワゴンに取付けてリフトにて舞台下に収納するため、背倒れ式となっている。イスの吸音効果は小林理化学研究所にて計測し、確認を行った。木を多用しており、クッション材も厚めのため、全体的に吸音力が高く、空席時と着席時の差が少なく、低音域から高音域までほぼ平均的に吸音する望ましい結果が得られた（図）。

◆足下灯とナンバープレート

ホール椅子に不可欠な誘導灯は肘枠の中に納め、極力薄く目立たないようにし、表面の器具金属部は肘枠と同色塗装とした。光が分散して舞台方向へ向かわなくするため、脚に近い床面を照らすように木部をカットして照度を落し、部屋全体としては照度を確保したディテールとなっている。

ナンバープレートは、頭に触れることを考慮して、背裏合板を20mmと厚くして、木部を彫り込み、落し込みにした。

㈱コトブキ　企画部広報企画課

表　椅子1脚あたりの吸音力（㎡/席）

周波数	吸音力（空席時）	吸音力（着席時）
100	0.31	0.49
125	0.41	0.58
160	0.45	0.58
200	0.57	0.66
250	0.6	0.61
315	0.55	0.63
400	0.58	0.7
500	0.57	0.7
630	0.59	0.72
800	0.54	0.64
1000	0.56	0.64
1250	0.53	0.62
1600	0.52	0.63
2000	0.52	0.62
2500	0.51	0.62
3150	0.53	0.63
4000	0.51	0.64
5000	0.51	0.64

椅子の吸音特性試験

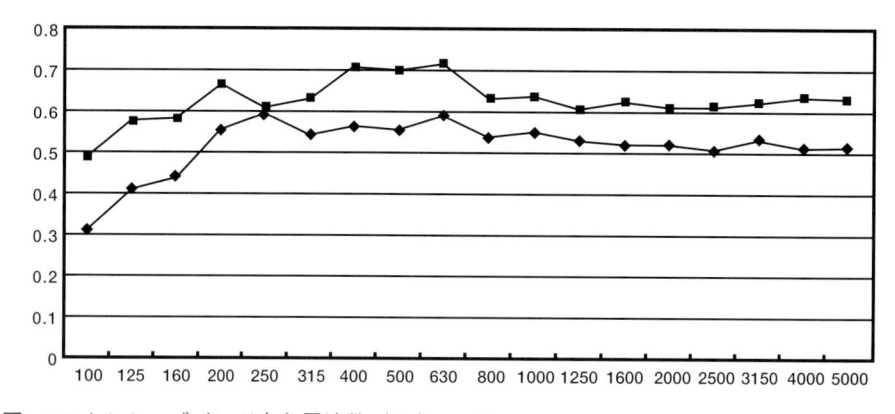

図　1/3オクターブバンド中心周波数（Hz）

第III部

設備計画

電灯その他設備……………106

受変電設備……………111

空気調和設備……………112

給排水衛生設備……………114

舞台音響設備……………116

舞台照明設備……………119

昇降設備……………120

電灯その他設備

◆電灯設備

　1階は郵便局、青森情報コーナー、レストラン、会議室等の市民生活に密着した施設である。これらの場所は、ツイン蛍光灯ダウンライト、ハロゲンランプおよび蛍光灯を主体とした照明としている。

　2～3階はホールを中心とした施設である。このホールは多目的な用途に使用されることを考慮して、客席照明には、ハロゲンランプを使用し、調光装置で照明制御を行っている。

　4階は会議室、リハーサル室がある。これらの施設はツイン蛍光灯ダウンライト、蛍光灯を主体にし、調光装置によって照明制御を行っている。

　非常照明は建築基準法に定められた配置、仕様の器具を取り付け、5階電気室直流電源盤AC-GCまたはDC回路から配電された各フロアーの非常電灯盤から電源を供給している。

　1階総務事務室、5階電気室、各階EPSは防災上の拠点であるため、一般停電でも非常時停電でも点灯できるように電源を供給している。

　誘導灯は、消防法にもとづき設置され、5階電気室AC-GC回路から配電された各フロアーの電灯分電盤から電源を供給している。また、全館系、客席系と2つの信号装置がある。全館系は夜間機械警備監視信号により消灯。客席系は夜間機械警備監視信号および調光室調光操作卓からの信号により消灯できるようになっている。

　1）調光装置
　＜1階会議室＞
　1階会議室の調光装置は、
　①　調光装置本体（個室（1）（2）、廊下（2）と一体型）×1面
　②　会議室調光操作部（音響ワゴン組込み型）×1台
　③　作業灯スイッチ（壁付型）×1台
で構成されている。会議室のダウンライト（IL）および間接蛍光灯（FL。R、G、B、W）は調光・点滅操作が行える。

　操作はワゴン卓をワゴン接続盤に接続し、会議室調光操作部の操作ON／OFFスイッチを「ON」にすることで、調光操作部から会議室各照明の調光操作が行え、操作ON／OFFスイッチが「OFF」の時、作業灯スイッチ（壁面）で各照明の点滅操作が行える。

　操作部は、
　①　操作チャンネル：8チャンネル
　②　記憶シーン：8シーン
　③　制御信号：リモートバス方式
で構成されている。チャンネルレベルスイッチ1～6で、各チャンネルの個別・手動調光操作が行える。

　チャンネルレベルスイッチでセットした各チャンネルの明かりは、最大8シーンまで記憶でき、シーン選択スイッチで再生できる。
＜1階レストラン個室（1）（2）、廊下＞
　1階レストラン個室、廊下の調光装置は、
　①　調光装置本体（会議室と一体型）×1面
　②　個室調光操作部（壁付型）×各個室に1台
　③　廊下作業灯スイッチ（壁付型）×1台
で構成されており、各個室の調光操作部で各個室のダウンライト（IL）および間接蛍光灯（FL。R、G、B、W）の調光操作が行え、また廊下作業灯スイッチで廊下のダウンライトの点滅操作が行える。

　操作は調光操作部の操作ON／OFFスイッチを「ON」にすることで、各個室の調光操作部から各個室照明の調光操作が行え、廊下は作業灯スイッチ（レストラン壁面）で、廊下のダウンライト2系統の点滅操作が他の調光操作部の状態に関わらず、常時、単独で操作が可能である。

　操作部は、会議室と同じ機能としている。
＜1階レストラン＞
　1階レストランの調光装置は、
　①　調光装置本体×1面
　②　レストラン調光操作部（壁付型：通常時使用）×1台
　③　調光操作卓（音響ワゴン組込み型：レストランウェディング時使用）×1台
で構成されており、通常時はレストラン調光操作部でレストランの一般照明を、また、レストランウェディングなど、イベント時は調光操作卓で一般照明および演出照明器具のより高度な調光操作が行える。

　演出照明器具としては、着脱可能な高砂スポットライト、高砂ベース照明用ダウンスポットライト、移動可能なフォローピンスポットライトを備えている。

　操作は通常のレストラン営業時はレジカウンター壁面のレストラン調光操作部の操作ON／OFFスイッチを「ON」にすることで、調光操作部から一般照明（ダウンライト、蛍光灯など）の調光操作が行える。この時、演出照明器具（高砂スポット等）は操作できない。

　また、音響ワゴン卓をワゴン接続盤に接続し、調光操作卓のスイッチを「ON」にすることで、音響ワゴン上の調光操作卓から一般照明および演出照明器具のより高度な調光操作による演出が行える。

　音響ワゴン上の調光操作卓が「ON」のときは、レジカウンター壁面のレストラン調光操作部は使用不可となる。（優先順位）。

　高砂スポットライトおよびフォローピンスポットライトは移動器具で、必要なときに専用コンセントに差し込んで使用できる。

　音響ワゴン卓組込操作部は、
　①　操作チャンネル：16チャンネル
　②　記憶シーン：30シーン
　③　制御信号：DMX512-1990
で構成されている。

　プリセットフェーダ1～12で各チャンネルの個別・手動調光操作が行える。プリセットフェーダでセットした各チャンネルの明かりは最大30シーンまで記憶でき、シーン選択スイッチで再生できる。
＜4階会議室（1）（2）＞
　4階会議室の調光装置は、
　①　調光装置本体×1面
　②　調光操作部（音響ワゴン組込み

型）×各会議室に 1 台
③ 作業灯スイッチ（壁付型）×
各会議室に 1 台

で構成されており、各会議室のダウンライト（PC）および間接蛍光灯（FL）R、G、B、Wの調光・点滅操作が行える。

操作は、会議室（1）（2）は部屋間仕切があるので、調光装置本体の扉面にある「間仕切選択押釦」で、部屋の使用方法にあわせ、あらかじめ「個別」か「一斉」を選択し、個別の場合は各々の操作部で各々の部屋の調光・点滅操作ができる。一斉の場合は「会議室（1）」の操作部で、会議室（1）（2）両方の一斉調光・点滅操作ができる。

上記以外の操作および操作部は、1階会議室と同じ仕様となっている。

＜4階和会議室＞

4階和会議室の調光装置は、
① 調光装置（分電盤内組み込み）×1 台
② 調光操作部（壁付型）×1 台

で構成されており、和会議室の蛍光灯（HF）の調光操作が行える。

操作は、調光操作部の 4 組の調光スイッチで和会議室照明の調光操作が行える（操作 ON／OFF スイッチはない）。

操作部は、
① 操作チャンネル：4 チャンネル
② 記憶シーン：4 シーン
③ 制御信号：ライトコントロール信号（100V）

で構成され、各チャンネルと調光器の組合せは一対一で固定となっている。調光スイッチで、各チャンネルの個別・手動調光操作が行える。調光スイッチでセットした各チャンネルの明かりは、最大 4 シーンまで記憶でき、シーン選択スイッチで再生できる。

2）照明制御

1階総務事務室に照明制御盤を設置し、共用部および舞台廻りの照明設備等の総合管理を行うとともに、柔軟な運用を可能にしている。信号授受は、ローカル側（電灯盤）に端末器を設置し、照明制御盤と多重伝送［無極性 2 線式時分割多重伝送方式（エヌマスト伝送）］により行う方式をとっている。

共用部の照明は、各箇所に付いている壁スイッチにより監視・制御することができる。また照明制御盤よりアナンシェータやグラフィック画面からも監視・制御することができる。

舞台廻り（脇舞台、フロントサイドスポット、シーリング室、キャットウォーク、すのこ入口、中 2 階通路）の照明は、各箇所に付いている壁スイッチにより監視・制御することができる。白熱灯は各箇所に付いている調光スイッチを操作することにより、連続調光を行うことができる。

調光スイッチの機能使用としては、
　　矢印部分　　→　明るさ調整
　　　（△明るさUp　▽明るさDown）
　　スイッチ部分　→　照明ON／
　　　OFF＋調光信号ON／OFF
となっている。

また、照明制御盤よりアナンシェータやグラフィック画面からも監視・制御することができる。

◆機能仕様

1）制御機能

＜個別制御＞

個別回路に対してON／OFF制御を行うことができる。最大256回路まで制御可能であり、操作はLCD画面、アナンシェータおよび壁スイッチなどにより、行うことが可能である。

＜グループ制御＞

使用目的に合わせて、予め登録した個別回路をグループとして一括でON／OFF制御を行うことができる。操作はLCD画面、アナンシェータおよび壁スイッチ等により行うことが可能である。

＜パターン制御＞

使用目的に合わせた点灯状態を予め設定しておき、必要に応じて状態を再現することができる。操作はLCD画面、アナンシェータおよび壁スイッチなどにより行うことが可能である。

＜スケジュール制御＞

任意に設定した運転スケジュールに従って、自動的に負荷のON／OFF制御を行うことができる。
・年間カレンダー制御が可能
・回数：グループ　ON／OFFを
　　　　1組として4回／1日
　　　パターン　4回／1日
・各地域の日の出、日の入時刻に合わせての制御が可能

＜連動制御＞

任意に設定した個別、グループ、パターンの状態変化に連動して、任意の個別、グループ、パターンなどに対応した自動制御を行う。
・入出力条件：最大8点のAND
　　　　　　またはOR
・出力遅延タイマー：0～250分

2）監視機能

＜グループ監視＞

使用目的に合わせて、予め登録した個別回路をグループとして一括で状態を監視することができる。状態の内容は、
　ON状態　　→　登録している回路
　　　　　　　　が1回路でもON
　OFF状態　→　登録している回路
　　　　　　　　がすべてOFF

＜パターン監視＞

使用目的に合わせた点灯状態を予め設定しておき、そのパターンの現在状態を監視することができる。状態の内容は、
　ON状態　　→　設定している内容
　　　　　　　　と負荷が同じ状態
　OFF状態　→　設定している内容
　　　　　　　　と負荷の状態が異なる時

＜システム異常＞

照明制御システム本体に、異常や故障がないかを監視する監視機能である。監視の対象は、
・端末器異常
・伝送線異常
・プリンタ異常
・伝送ボード異常
・アナンシェータ異常
・バックアップ電池電圧低下異常
・CPU異常

3）表示機能

＜アナンシェータ表示＞

アナンシェータには個別、グループ、パターンの割り付け制限はなく、自由に設定することができる。LEDの表示色による状態の内容は、
　赤色点灯→ON状態
　赤色消灯→OFF状態または不定

＜壁スイッチ表示＞

壁スイッチには個別、グループ、パターンの割り付け制限はなく、自由に

設定することができる。ＬＥＤの表示色による状態の内容は、
　　赤色点灯→ＯＮ状態
　　緑色点灯→ＯＦＦ状態
＜グラフィック表示＞
　平面図などをカラーＬＣＤにグラフィックパターンとして簡易的に表示し、その点滅状態を監視することが可能である。

◆構内テレビジョン設備
　構内テレビジョン設備は、全館監視系、ホール系、会議室系の３系統に分割されている。
１）全館監視系
　ＥＶホールなどの出入口および地下駐車場などの防災・保安監視などを目的として設置した。システムの概要は、次のとおりである。
　地下駐車場に防塵ハウジングに収納したカラーＣＣＤカメラ（広角レンズ）を設置し、駐車状況や車の流れなどを監視する。
　各階ＥＶホールには監視を意識させないドーム型カラーＣＣＤカメラ（超広角レンズ）を設置。また、２階ホワイエには回転台とズームレンズ付カメラをドーム型に一体化させたコンビネーションカメラを設置し、くまなく監視している。
　ＩＴＶ架は、１階総務事務室内に設置し、各モニターおよびシーケンシャルスイッチャー・システムコントローラー、タイムラプスＶＴＲなどの周辺機器を収納し、各カメラのモニターおよび制御、録画監視が可能。
　また、火災信号受信時に連動して警戒区域内のカメラ映像を、29インチ大型モニターに優先表示している。

２）ホール系
　ホール内のプログラム進行状況確認および舞台運営安全監視を目的として計画された。システムの概要は次のとおりである。
　ホール内には３ＣＣＤデジタルプロセス式カラーカメラ（電動10倍ズームレンズ・電動回転台付）を設置し、高画質の映像でズームアップでもクリアに監視が可能。
　また、舞台の内容を録画機器を設置することにより、高画質にて録画することも可能。
　２階客席にはドーム型コンビネーションカメラを設置して、広い客席状況をくまなく監視している。
　中２階舞台ピットにはスタンド式カラーＣＣＤカメラ（バリフォーカルレンズ）を設置し、必要に応じてカメラを移動させて監視が可能。
　舞台袖にはドーム型カラーＣＣＤカメラ（広角レンズ）を設置し、舞台袖の状況を監視している。
　ＩＴＶ架は中３階音響操作盤室に設置され、モニター、４画面分割ユニットやカメラコントローラー、ワイヤレス補聴機器などの周辺機器を収納、各カメラのモニターおよび制御、関連部署への映像送出が可能である。
　各控室、リハーサル室、主催者事務室、ホワイエ、脇舞台など、運営上必要な箇所に14／29型モニターおよび画面選択用スイッチャーが設置されており、舞台の進行状況をモニターできる。
　音響架とワイヤレス送信機を接続し、ホール内の音声を教育・福祉専用電波（75.2～75.6Hz帯）を使用して、補聴器を使用している人や軽度の難聴者にワイヤレス補聴レシーバーを貸出し、明瞭な聞こえを提供することができる。

３）会議室系
　１階会議室およびレストラン、レストラン個室、４階会議室、和会議室の進行状況確認および安全確保を目的として設備された。システムの概要は次のとおり。
　各会議室内に監視を意識させないドーム型カラーＣＣＤカメラ（広角／変倍レンズ）を設置している。
　ＩＴＶ架は１階厨房事務室に設置し、モニターおよびシーケンシャルスイッチャー・４画面分割ユニットなどの周辺機器を収納して、各カメラのモニターおよび関連部署への映像送出が可能。
　モニター設備として、１階厨房・レストランレジ、４階パントリーに14型モニターを天吊ハンガーで設置しており、会議室内のプログラム進行状況をモニターすることができる。

◆拡声設備
１）１階会議室ＡＶシステム
　映像（パソコン画面など）を含めた会議や講演、式典などの各用途に対応した音声および映像情報の提供を目的として設置した。システムの概要は次のとおりである。
　ＡＶワゴン卓は移動型とし、使用時にワゴン卓接続盤に接続して使用する。各音響・映像機器、調光制御部などを収納したワゴン卓で、音声ミキサーや映像スイッチャーなどの各機器を操作して総合調整・モニターを行うことが可能。ＣＤ、カセット、ＭＤ、ワイヤレスマイク（800MHz帯）、有線マイクなどの音声機器、ビデオやＤＶＤ、資料提示装置、パソコン映像などの映像機器を提供できるシステムである。
　映像は別途ビデオプロジェクターを経由して投射可能なものである。
　ＡＶ機器架は１階分電盤置場に設置し、音響・映像周辺機器（ＡＭＰ・デジタルマルチイコライザー（ハウリング抑制機能内蔵）／プロセッサー・入出力制御部・２chワイヤレス受信機・電源制御部など）を収納している。
　メインスピーカ（300Ｗ、２ウェイバスレフ式、トレポゾイド型）を２台、シーリングスピーカ（フルレンジ密閉型、ディフューザー付）を４台設置し、会議などで多数のマイクを使うことで起きがちなハウリングのないクリアで明瞭な音場を提供する。
　マイクコンセントは壁面用×２、フロア用×１を設置し、必要に応じて有線マイクを接続して拡声が可能。また、フロアＶＰコンセントを設置し、プロジェクターを接続して各種映像を投射することができる。

２）４階会議室(1)、(2) ＡＶシステム
　１階会議室と同様の目的で設置され、ワゴン卓機器構成となっている。
　ＡＶ機器架を４階調光盤置場に設置し、音響・映像周辺機器（ＡＭＰ・デジタルマルチイコライザー（ハウリング抑制機能内蔵）／プロセッサー・分割対応入出力制御部・２chワイヤレス受信機・電源制御部など）を収納。
　メインスピーカ（160Ｗ、２ウェイバスレフ式、トレポゾイド型）を各２台、シーリングスピーカ（同軸２ウェ

イ密閉式、ディフューザー付）を各4台設置し、会議室（1）、（2）内に、会議などで多数のマイクを使うことで起きがちなハウリングのないクリアで明瞭な音場を提供。

マイクコンセントは壁面用各2台を設置し、必要に応じて有線マイクを接続して拡声することが可能。また、フロアVPコンセントを設置している。

3）4階和会議室音響システム

簡単な拡声を必要とする宴会などの各用途に対応した音声情報の提供を目的として設計されている。システムの概要は以下のとおりである。

サテライトミキサーは壁面埋込型とし、会議室内の壁面に収納されており、有線マイクや別途カラオケ機器などをサテライトミキサーに接続して使用し、各機器の音量調整なども行うことも可能。

また、ワイヤレスマイク（800MHz帯）は必要に応じて2本同時に使用することが可能である。

音響機器架は4階調光盤置場に設置され、音響周辺機器（AMP・デジタルマルチイコライザー（ハウリング抑制機能内蔵）、ワイヤレス受信機、電源制御部など）を収納。

メインスピーカ（140W、2ウェイバスレフ式、広指向性）を4台設置し、和会議室内にハウリングのないクリアで明瞭な音場を提供している。

4）1階レストラン音響システム

レストラン通常営業時のBGM放送やレストランウェディングなど、簡単な拡声（カラオケなど）を必要とする宴会などの各用途に対応した、音声情報の提供を目的として計画された。システムの概要は以下のとおり。

BGMアンプはレジ収納部に設置され、店内のシーリングスピーカよりCD、カセット、MDなどのBGMや、呼出マイクを使用しての呼出放送に対応が可能。

レストランウェディングや小宴会を行う時は、BGM切替器を操作し移動型音響ワゴンを接続盤に接続して使用するものとし、卓内には各音響機器（ミキサー、CD、MD、カセット、AMP、デジタルイコライザー（ハウリング抑制機能内蔵）、2chワイヤレス受信機・電源制御部など）や調光制御部を収納し、ワゴン卓で音声ミキサーなどを操作して総合調整が可能。

移動型メインスピーカ（160W、2ウェイバスレフ式、移動スタンド付）を2台ワゴン卓に接続して設置し、BGM兼用のシーリングスピーカ（フルレンジ密閉型、ディフューザー付）を10台設置し、レストラン内にハウリングのないクリアで明瞭な音場を提供できる。

マイクコンセントは、壁面用×2を設置し、必要に応じて有線マイクを接続して拡声が可能。また、ワイヤレスマイク（800MHz帯）も必要に応じて2本同時に使用することが可能である。

◆避雷設備

建築基準法およびJISに準拠して設置しており、受雷部は屋上アルミ笠木を棟上げ導体としている。中央屋根部分は屋根形状に合せてアルミ棒12φを使用し、折り曲げ部分に挟み込み金具で0.6mピッチにて固定した。庇部分のアルミアングルと接続し、雪止めとならないように設置している。

避雷導線は、建物鉄骨・鉄筋を利用し、5ヶ所で接地している。

◆テレビジョン共同受信設備

一般テレビ放送の地上波受信は、青森ケーブルテレビのCATV施設に加入して受信する。BS放送のみ独自でアンテナ設置し、CATVラインとミックスして各端末で受信できるようにしている。

CS放送は、アンテナ設置スペースに架台までを取付け、空配管のみ対応している。

配線ケーブルは、幹線系がS-7C-FB、端末系がS-5C-FBと減衰が少ない同軸ケーブルを使用している。

◆電気時計設備

本装置の親時計は、総合盤内に組み込んである。5回線の親時計で、1回線30台の子時計が接続でき、最大150台まで接続可能である。子時計は、壁掛型が30台、全埋込型20台、防水壁掛型3台、両面サイド型1台取付けている。

親時計は、ラックマウント型で年間プログラムタイマー内臓カード式で、週間プログラム、年間プログラムの種類で、1週間または1年間を1分単位で設定できる。出力回路も独立8回路で、最大500動作が可能である。本体は、ラジオコントロール装置を内蔵しており、1日2回時刻修正を行っている。また、サマータイム機能を持っており、修正は自動である。

停電時の電源として、密閉型ニッケルカドミウム蓄電池を内蔵して、約30時間の停電時保証を行っている。子時計の修正も回線ごとに自動早送り方式で容易に対応できる。

◆信号設備

1）身障者受付インターホン

正面玄関入口に、身障者受付用インターホン子機（点字プレート付）があり、1階総務事務室と通話できる。自動4点打電子チャイム音（ピンポーンピンポーン）で呼出し、送受器を取り上げてそのまま通話することが可能。インターホン親機は、総合盤内に組み込まれてある。

2）カメラ付インターホン

1階職員玄関と地下1階厨房搬入口の前に、カメラ付インターホン子機がある。職員玄関は総務事務室だけを呼出し、モニターで画像確認しながら通話および電気錠の解錠ができる。

職員玄関のみはカードリーダーで操作し、解錠することができる。厨房搬入口のカメラ付インターホン子機は、総務事務室と厨房事務室を選択できる押しボタンが別々に付いており、選択押しボタンを操作して通話、画像確認の上、電気錠を解錠する。

3）トイレ呼出表示設備

トイレなどで気分が悪くなり、助けが必要な状態になったときなどに、速やかに連絡が行える呼出表示装置である。1階総務事務室総合盤内に5窓のトイレ呼出表示装置を組込み、呼び出し場所を表示している。

多目的トイレ5ヶ所に、押しボタンとブザー付廊下灯を設置しており、トイレ呼出押ボタンを押すと、押ボタンの呼出確認灯が点灯を始める。廊下灯

が点滅してブザーが鳴る。同時に総務事務室で表示窓が点灯し呼出音（断続電子和音）が鳴る。窓確認の上、表示器本体の「呼出音停止ボタン」を押すと呼出音だけが停止し、表示器・廊下灯および呼出音停止表示灯は点灯し続ける。

呼出音停止中に、他の箇所から呼出されると呼出音が鳴り始める。復旧ボタンを押すとブザーなどが止まる。必ず現地確認後、復旧を行う。

◆電話設備

設置したＣＴＩＯＸデジタル電子交換機は、「ＣＴＩ機能の拡充」「インターネットテレホニー」に注力した、今後、多様化する新情報メディア通信に対応できるマルチメディア交換機である。

1）特徴

将来性としては、ＣＴＩ連動、ＵＭＳ（ユニファイドメッセージ）連動などの情報通信に対応可能、また、通信コストを低減する「公―専―公」や「ＶＯＩＰ」に対応可能である。

拡張性としては、ビルディングブロック方式を採用しており、システム全体で回線系パッケージ92枚の実装が可能である（今回は33枚）。

2）ＰＢＸ内容

回線構成としては、本体が、

局　　　線	実装16回線
多機能内線	実装16回線

容量はあわせて

一般内線	実装40回線／264回線
基地局接続	実装24回線／（実装可能パッケージ数33枚）
専　用　線	実装4回線
ドアホン	実装2回線

今回、実装パッケージ数は18枚で、今後、増設可能パッケージ枚数は15枚となる。15枚以上は、増設キャビネットが必要になる。

停電対応は、次のとおりである。

　　停電時間対応　　3時間対応
（本体にバッテリー内蔵）

機能としては、デジタルコードレスシステムに対応し、現在、設計されている範囲内（基地局設置場所）で、いつでもどこでも電話を発着信可能である。

基地局台数	24台
多機能電話機	11台
コードレス端末台数	2台
一般電話機（卓上）	7台
ドアホン子機	1台
一般電話機（壁掛）	26台

3）携帯電話通話抑止装置設備

安らぎのある静かな雰囲気を大切にしたい公共性の高い空間（劇場、コンサートホール、講演会場）では、携帯電話の突然の着信音や話し声は周りの人々にとって、迷惑なものである。携帯電話の通話を確実に防止し、安らぎのある静かな環境を守るために開発されたのが、携帯電話抑止システムである。

本システムはそれぞれ独立した5つの発信器により、微弱な干渉電波を発生させて、基地局からの信号を局部的に着信不能にし、携帯電話、ＰＨＳ、ポケベルを通話「圏外」状態にし、送受信機能を抑止しようとするものである。

携帯電話の通話の仕組みは、基地局と移動局（携帯電話機）から構成されている。基地局からは移動局に対して、通話可能な状態か通話不可の状態か（圏外状態）の問い合わせを行っている。このときに携帯電話と基地局との間で通信が成立すれば、その携帯電話機は「通話圏内」にあることになる。ところが、この通信ができない状態が発生したときは、その携帯電話機は「圏外」状態であると判断される。つまり、基地局から移動局に回線接続の要求があったときに、携帯電話機が「通話圏内」にあると判断されると、通話が成立するが、「圏外」状態と判断されたときは通話開始は不可能となる。

本装置は微弱な抑止電波を発信し、基地局から携帯電話への電波（ダウンリンクシグナルという）を受けにくくさせ、基地局と携帯電話機との間の通信を抑止する。したがって、このような状態では、電話機は「圏外」と表示され、通話ができなくなる。ただし、いったん通話が始まった後では、たとえ本装置の抑止範囲であっても、携帯電話の通話時の電波は非常に強力なため、微弱な電波でこれを抑止し通話を切ることはできない。

システムの構成は、5つの発振器により構成されている。

① ポケベル用発振器
② 800MHz帯デジタル携帯電話用発振器
③ 800MHz帯アナログ携帯電話用発振器
④ 1.5GHz帯デジタル携帯電話用発振器
⑤ 1.9GHz帯ＰＨＳ用発振器

携帯電話の使用する周波数帯のみに抑止波を発生させ、ワイヤレスシステムなど他の無線システムにまったく影響を与えない設計になっている。非常に微弱な出力で電波を発信しているので、人体に影響を与えない。また、ペースメーカー、精密電子機器、ワイヤレスシステム、無線システムへの影響もない。ただし、実験用無線局として無線従事者の資格者が必要である。

栗原工業㈱　石井正人

受変電設備

◆受変電設備
受電方式は、三相3線式6.6kV（50Hz）1回線を架空引込で引込柱を経由し、5階電気室で受電している。
　最大電力：750kW
　契約種別：業務用電力
　機器仕様：
　・受配電盤　　閉鎖型キュービクル式配電盤
　・遮断器ＶＣＢ 7.2kV　12.5kA
　・コンデンサ　放電コイル内蔵
　・リアクトル（6％）

◆高圧受変電設備
5階電気室に設置された高低圧配電盤より送電し、電灯、動力負荷に供給している。
　機器仕様：
　・高低圧配電盤
　　　閉鎖型キュービクル式配電盤
　・遮断器　7.2kV　12.5kA
　・変圧器　モールド型
　　変圧器容量
　　　3相　　8台　　2,250kVA
　　　単相　　6台　　625kVA
　　　スコット　1台　150kVA
　　　計　　15台　　3,025kVA

◆非常用電源設備
1）非常用発電機設備
　建築基準法および消防法に準拠し、非常電源を確保すると同時に、一般停電時保安負荷運転を行う設備とした。また、保安負荷は非常時（スプリンクラー、排煙機起動時）にはカットするものとした。
　機器仕様：
　・ラジエータ式ディーゼル発電機
　・三相3線　6.6kV　50Hz　500kVA

2）蓄電池設備
　建築基準法および消防法に準拠し、非常用照明、電気室操作表示用電源として、電気の供給を確保するため、5階電気室に設置している。
　機器仕様：
　・陰極吸収式シール形据置鉛蓄電池
　・MSE－150形　150AH　54セル

◆幹線設備
1）防災幹線設備
　5階電気室および発電機の直流電源装置および発電機より、防災負荷への低圧配電を行っている。
　電気方式：
　・防災設備動力
　　　AC 3φ3W210V　AC／GC
　　　AC 3φ3W420V　AC／GC
　・非常照明
　　　AC 1φ3W210/105V　AC／GC
　　　DC 1φ2W105V
　・配線耐火ケーブル

2）一般幹線設備
　・一般動力　　3φ3W210V
　・舞台照明　　3φ4W182/105V
　・一般電灯コンセント　1φ3W
　　　　　　　　　　　　210V／105V
　・配線　CV、CVT、CVQケーブル
　　　　　バスダクト　Aℓ　2,000A

◆防災設備
　・火災報知設備
　　受信機、1,510アドレス　伝送2系統　感知器各種
　・拡声設備（非常放送）
　　ラックマウント型　840W　ＣＤ、MDWカセット、ＢＧＭユニット付スピーカ各種

◆信号設備
　フラップ式パークロック　34台
　発券機　　2台
　精算機　　1台
　各種信号灯、ループコイル

◆接地設備
　A種　3ヶ所
　B種　2ヶ所
　　　　　＋音響専用B種1ヶ所
　C種　1ヶ所
　D種　6ヶ所
　測定用　2ヶ所

　　　　　　　　　　太平電気㈱　中谷義久

1階総務事務室　中央監視装置

5階電気室

空気調和設備

◆**熱源設備**

空調・給湯用熱源エネルギーとして、電力、都市ガスを利用している。

冷房熱源としては、ガスだき吸収式冷温水発生機（150RT）2台および空冷チラーユニット（60RT）1台、その他に冬期間融雪に使用する空冷ヒートポンプチラーを夏期に冷房熱源として利用している。

暖房熱源は、冷房熱源と同じく吸収式冷温水発生機2台である。給湯・加湿の熱源として利用している蒸気ボイラー2台より供給される蒸気を熱交換器で暖房熱源としても利用している。

給湯用の熱源としては、上記と同様の蒸気ボイラー2台で貯湯槽へ供給している。

その他の郵便局、シーリングスポット室、リハーサル室等については、それぞれ単独でパッケージ型空気調和機により冷暖房を行っている。

熱源設備の特長としては、冬期融雪で利用している空冷ヒートポンプチラーを、夏期の冷熱源のバックアップで利用していること、冬期のホール使用時を考え、冷熱源として単独で空冷ヒートポンプチラーを設置していることがあげられる。

◆**空調方式**

多目的ホール、レストラン、エントランスホール等は、それぞれ単独の空気調和機により、冷暖房および換気を行っている。

会議室、控室、廊下等は、空気調和機を外調機として換気を行い、冷暖房については、それぞれのゾーンごとにファンコイルで行っている。

負荷傾向や運転時間が異なる郵便局、リハーサル室、総務事務室等はそれぞれマルチエアコン、パッケージ型エアコンを配置している。

空調方式の特長としては、冷水、温水の各空気調和機、ファンコイルへの供給に単独配管の4管方式を採用して、年間にわたってゾーンごとに、冷房、暖房ができるシステムになっていることがあげられる。

◆**換気設備**

建物のほとんどの部分は空気調和機や給排気ファンおよび全熱交換型換気扇による第一種換気を行っている。洗面所および湯沸室等のみ単独の排気ファン、天井扇等による第三種換気を行っている。

換気設備の特長としては、地下1階駐車場の換気設備に給排気ファンのほか、デリベントファンを設置して、排気ガスの滞留を防いでいることと、厨房の換気設備として、排気フードの中に一般的なグリスフィルターではなく水フィルターを設けて、油の除去率を上げていることがあげられる。

◆**機械排煙設備**

当建物には3台の排煙ファンが設置されており、駐車場系統、ホール系統、一般系統の3系統で排煙を行うシステムになっている。

排煙口は各室の電気式手動開放装置または1階総務事務室（防災センター）の防災監視操作卓により開放できる。排煙口の開放信号により、全館の空気調和機を停止させるシステムとなっている。

その他一般系統の排煙設備については、ダクトにより避難経路部分と一般室部分とを系統分けしており、同一フロアのどこかの部屋で火災が発生しても、避難経路だけは有効に排煙できるシステムになっている。

◆**制御設備**

空調設備の運転管理を行うシステムとして、動力盤を地下1階〜ＰＨのそれぞれの空調機械室、熱源機械室等に配置し、1階総務事務室（防災センター）に中央監視装置を設けて、空調設

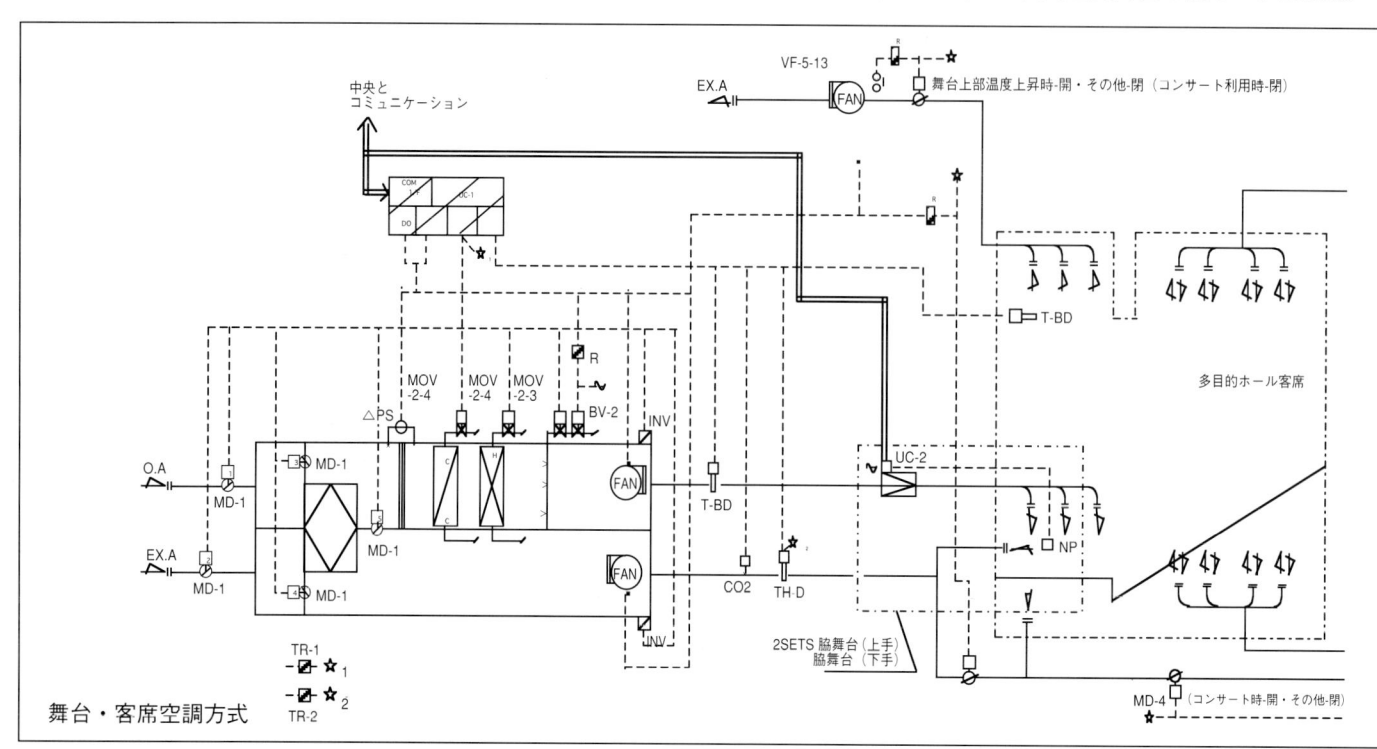

舞台・客席空調方式

備、衛生設備、受変電設備、発電設備等の監視、操作、制御、記録の管理を行うシステムになっている。その他各空調機等の運転時間、積算、日月報管理等を行っており、総管理ポイント数は、約800点となっている。

◆ホールの空調計画

ホールの空調は、静寂性を考慮して許容騒音目標値をＮＣ－25に設定し、観客の人数等による負荷変動への追従性および垂直温度分布の均一化を図ることを目標として計画されている。

1）空調方式

客席部分の空調については、客席用として、空気調和機を4階および5階の空調機械室にそれぞれ3台設置している。そのうち2台については、夏、冬によるダンパー切替を行っており、夏は天井より吹出し、床面のマッシルームで吸い込む床下レターン方式を採用している。冬は床面のマッシルームより吹出し、天井スロットノズルより吸込む。（下図参照）

このことにより、夏・冬ともに垂直温度分布の均一化を図っている。工事完成時の測定において床面から1.5mの位置で、風速については0.2m/s～0.5m/sの範囲、温度差については約1度以内の範囲に納まっていることが確認できた。

舞台部分の空調については、専用の空気調和機を4階の空調機械室に1台設置している。舞台については、演劇時とコンサート時で、使い勝手が変わるため、コンサート時にはダンパー切替により客席部分の空気を舞台面で吸込み舞台上の温度上昇を防ぎ、ＶＡＶおよびファンのインバータ制御により風量調節を行っている。また演劇時、舞台の照明負荷等により温度が上昇した場合には、温度サーモによって専用の排気ファンを運転するシステムになっている。

その他シーリングスポット室については、単独で冷房専用のパッケージエアコンを5階空調機械室に設置し、照明負荷による温度上昇に対応している。

2）騒音防止、遮音・防振対策

各空調機械室、熱源機械室等がホールの直近に配置されているため、振動を伴う主要な機械はすべて防振架台を設置し、ホールへの振動による騒音の防止を図っている。ダクト系についても空調機等の消音を図るため、主要な場所に消音器、消音エルボ等を設置した。ダクト内から音が漏れそうな部分には、ダクトに鉛巻きを行っている。ダクト、配管等の遮音壁貫通箇所については、実管打込みを行わず、ダクト、配管と躯体壁との隙間をロックウールで充填し、さらに鉛巻きにより貫通部分からの騒音の進入およびクロストークを防いでいる。

◆その他の設備

1）床暖房設備

1階レストラン、レストラン個室、会議室には温水による床暖房を行っている。

2）ポンプの台数制御、インバータ制御

各配管系の放熱器部分にはそれぞれ2方弁が取付けてあるため、4階熱源機械室内に流量計を設けて、返り管の流量によりポンプの台数制御およびインバーター制御を行っている。このことにより省エネルギーを図っている。

3）加湿設備

5階ボイラー室内に設置してある純水器により水を純水化し、専用の間接蒸気発生器によりその水を蒸気にして各空気調和機に供給している。制御としては、各湿度センサーにより自動的に運転し、各室を加湿している。

4）凍結防止制御

空調機等のコイルの凍結防止のために、OA取入れダクトにはそれぞれモーターダンパーを設け、空調機と連動することによって凍結防止を行っている。

モーターダンパーが閉じていても、コイル部分の温度が凍結温度になることも考えられるため、温度センサーにより強制的にポンプを運転するシステムを設けている。

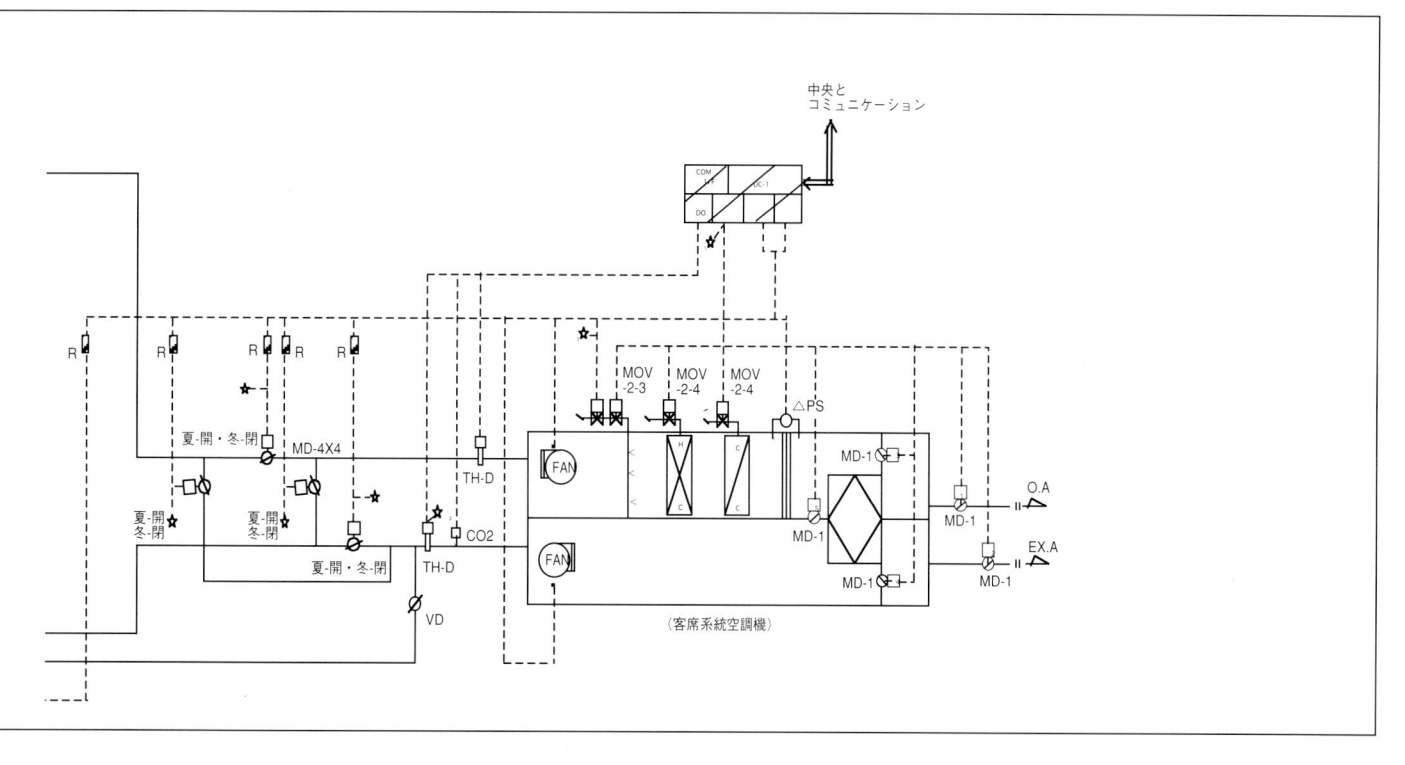

大成温調・川本工業JV　佐藤光好

給排水衛生設備

文化・学習・芸術とさまざまな用途に対応する空間に附随するトイレとして、上品でおだやかなイメージの色調を用い、ミラーまわりに間接照明を使用した照明計画によって、ソフトな印象の安らぎの空間をつくりだしている。パウダーコーナーも、休息の場としての雰囲気をつくっている。

多様な料理を作り出す厨房は、食材の仕入れから保管・下処理・仕込み・調理のエリヤを区画し、フット式自動ドアーや自動洗浄・乾燥手洗器を設置して、より衛生的な環境作りに努めている。

融雪ロードヒーティングにおいては、空気熱源ヒートポンプユニット（ヒーティングタワー）による温水式システムを採用している。

◆衛生器具設備

パブリックエリアのトイレは、ユニットトイレとしている。多目的便房（計5ヶ所）、厨房職員専用便所も設置されている。以下、衛生器具の形式と数量を示す。

<パブリックエリア>
　大便器　50組
　　壁排水洋風便器
　　和風便器
　　押ボタンスイッチ式FV
　小便器　18組
　　壁掛ストール小便器
　　赤外線感知型自動FV
　洗面器　30組
　　カウンターはめ込洗面器
　　自動水栓
　多目的便房　4ヶ所
　　洋風便器
　　ストール小便器
　　洗面器
　　ベビーベッド
　　ベビーチェアー
　　赤外線感知型自動FV

<サブパブリックエリア>
　大便器　17組
　　壁排水洋風便器
　　和風便器
　　押ボタンスイッチ式FV
　小便器　4組
　　壁掛ストール小便器
　　赤外線感知型自動FV
　洗面器　22組
　　カウンターはめ込洗面器
　　混合水栓
　多目的便房　1ヶ所
　　洋風便器
　　ストール小便器
　　洗面器
　　ベビーベッド
　　ベビーチェアー
　　赤外線感知型自動FV
　湯沸コーナー　2ヶ所

<バックヤードエリア>
　大便器　4組
　　壁排水洋風便器
　　和風便器
　　押ボタンスイッチ式FV
　　赤外線感知型自動FV
　小便器　2組
　　壁掛ストール小便器
　　赤外線感知型自動FV
　洗面器　4組
　　自動水栓

◆排水通気設備

建物内は汚水・雑排水・厨房排水・雨水の分流式とし、建物外は雨水とその他排水の2系統にて公設排水桝へ放流している。基本的に地上階は自然排水、地下階をポンプアップ排水としている。

・放流口径
　雨水口径　200φ×2系統
　その他排水口径　200φ×2系統
・地下排水貯留水槽（コンクリート製）
　汚水槽　3m³×1基
　雑排水槽　3m³×1基
　湧水槽　10m³×1基

◆給水設備

受水槽を地下1階に設置し、市水道を引き込み、重力式にて各箇所に給水している。

・引き込み口径　75mm×1系統
・受水槽容量　30m³×1基
　（FRP製中仕切付・緊急遮断弁付）
・高置水槽容量　9m³×1基
　（FRP製中仕切付・緊急遮断弁付）

◆空調用補給水設備

受水槽を地下1階ピット部に設置し市水道を引き込み、重力式にて各空調機器に給水している。

・引き込み口径　40mm×1系統
　　　　　　　（上水75mmより分岐）
・受水槽容量　40m³×1基
　　　　　　　（コンクリート製）
・高置水槽容量　9m³×1基
　　　　　　　（FRP製）

◆消火設備

消防法にもとづき下記の消火設備を設置している。天井高さが8m以上の多目的ホール客席部は消防法によりスプリンクラー設備の設置は免除されている。補給水槽は冬季に凍結のおそれがあるため設置していない。

・スプリンクラー設備
　湿式　　　　：全館対象
　予作動式　　：吊物機械室
　　　　　　　　ピアノ庫
　　　　　　　　調光機械室
　開放型　　　：舞台部
　補助散水栓　：音響操作盤室
　　　　　　　　調光室
・連結送水管　：3階以上
・泡消火設備　：地下階駐車場

◆給湯設備

洗面所、給湯室、厨房、パントリーに蒸気を熱源とする貯湯槽より2次側55℃の温水を中央循環方式にて供給している。給湯室、厨房、パントリーの飲料用給湯は、電気貯湯湯沸器による局所給湯としている。

・貯湯槽容量　2,000ℓ×2基

◆ガス設備

都市ガス（低圧・中圧4C）を地下1階のガバナー室へ引き込み、低圧を厨房へ、中圧を冷温水発生器と蒸気ボイラーへ供給している。

・引き込み口径
　低圧　　100A
　中圧　　100A

第III部 設備計画

◆厨房設備

　レストランおよびレストラン個室に和食、洋食、中華食を提供する。レストランにおいては1日100食程度を見込んでいる。汚染区域と非汚染区域に区画された厨房には、プレハブ冷凍庫×1基、プレハブ冷蔵庫×2基、回転式食器消毒保管庫×1基、食器洗浄機、水処理装置、新調理機などが配置された器具構成となっている。

◆融雪設備

　青森の気象データにもとづき降雪時の落雪（雪庇）対策として、建物出入口上部と職員通用通路上部の笠木に電熱線ヒーターを設置した。屋上の保守通路における降雪時の安全確保と雪庇対策のため、電熱面状ヒーターを敷設した。

　ロードヒーティングは、建物の出入口に隣接する市歩道および職員通用通路に温水融雪配管を敷設した。熱源機器は屋上に設置され、職員通用通路上のセンサーにより降雪（水分検知）または0℃以下（温度検知）の条件により自動発停する。この熱源機器は夏季冷熱負荷の7％を受持っている。能力は以下のとおり。

・空気熱源ヒートポンプユニット
　　暖房能力　　　　　117.4 kW
　　圧縮機　　　　　　30.0 kW
　　融雪用温水温度　　20℃→27℃
　　冷媒　　　　　　　HFC－404A

　　　　　　㈱西原衛生工業所　菅原　誠

2階多目的ホール　客用女子洗面所

2階多目的ホール　客用女子洗面所

1階レストラン　厨房

舞台音響設備

◆設備概要

このホールは、クラッシックコンサート等を主体とする催し物に対応した反射板形式のコンサート型タイプと演劇、講演会等の催し物に対応した幕設備形式のプロセニアム型タイプの両方を考慮した設計となっている。このため舞台音響設備も2種類の催し物に対応可能なものにすることを設計の主眼としている。

1）音響調整卓

操作の中心となる音響調整卓については、拡声および録音に対応可能なYAMAHA PM4000ホールバージョンを採用している。現在のアナログミキシングコンソールでは世界最高級の性能音質を持ったPM4000SRバージョンに、モニター機能および出力マトリクスを装備した、ホール向けに開発された調整卓である。

入力仕様

MONO CH IN	32入力
STEREO CH IN	4入力
EXT IN	4入力
AIR IN	2入力
	各種INSERT

出力仕様

GROUP OUT	8出力
STEREO OUT	2出力
AUX OUT	8出力
AUX ST OUT	2出力
REC OUT	4出力
MONITOR OUT	2出力
MATRIX OUT	32出力

2）スピーカシステム

スピーカシステムについては、反射板形式（コンサートタイプ）と幕設備形式（プロセニアムタイプ）の2パターンに応じた別々のシステムとなっている。それぞれの催し物に応じて各スピーカを使用する。

＜反射板形式（コンサートタイプ）＞

コンサート時のアナウンス、スピーチの拡声を主体とし、明瞭度の向上を目的とするため、以下の項目を重点に検討した結果、BOSE社のラインアレーシステムを採用している。

① 客席のカバーエリアのみに対して指向特性を制御するスピーカ（客席以外の場所に余分な拡散を行わず、残響感を抑える）

② 通常のスピーカの距離減衰量より値が少ないスピーカ（距離減衰が少ないと、客席内の音圧分布の差が少なく、パワーアンプの容量も少なくてすむ）

③ 建築意匠上および構造関係の取合いにて、特に天井反射板内にスピーカを納める点から、小型で軽量のスピーカ。

このホールの特徴として、反射板形式時において、コンサートの演奏形態（大編成、小編成、ソロなど）に応じて舞台が2パターンとなる。このため、

ホール使用目的構成表

NO.	使用目的	使用内容	使用スピーカ	使用機材	調整場所
1	クラッシックコンサート	コンサート時の場内アナウンス、および録音	プロセニアムカラムスピーカ 天井反射板カラムスピーカ フロントスピーカ、固定FBスピーカ スタッフ系スピーカ ロビー系スピーカ	I／Oパッチ盤架 音響調整卓・舞台袖操作架 出力制御架・移動型機器架 パワーアンプ架・エアモニタマイク 吊マイク装置・インカムシステム・ ホワイエ呼出システム	音響調整室 （音響調整卓）
2	式典・講演	式典・講演の拡声、およびそれに伴う音楽の再生・録音	可動プロセニアムスピーカ 移動型スピーカ フロントスピーカ スタッフ系スピーカ ロビー系スピーカ	I／Oパッチ盤架 音響調整卓or舞台袖操作架 出力制御架・移動型機器架 パワーアンプ架、インカムシステム ホワイエ呼出システム	音響調整室 （音響調整卓） or 舞台袖 （舞台袖操作架）
3	朗読会	朗読者の拡声、および録音	可動プロセニアムスピーカ 移動型スピーカ フロントスピーカ スタッフ系スピーカ ロビー系スピーカ	I／Oパッチ盤架 音響調整卓or舞台袖操作架 出力制御架・移動型機器架 パワーアンプ架、インカムシステム ホワイエ呼出システム	音響調整室 （音響調整卓） or 舞台袖 （舞台袖操作架）
4	軽音楽コンサート （大音量を必要としない音楽）	コンサート時の場内アナウンス 音楽の再生（拡声） 音楽の録音	可動プロセニアムスピーカ フロントスピーカ 移動型サイドスピーカ 移動型（FB・ステージ）スピーカ スタッフ系スピーカ ロビー系スピーカ	I／Oパッチ盤架 音響調整卓or舞台袖操作架 出力制御架・移動型機器架 パワーアンプ架、インカムシステム ホワイエ呼出システム	音響調整室 （音響調整卓）
5	演劇・芝居	演劇・芝居に必要な音楽の再生	可動プロセニアムスピーカ フロントスピーカ ステージスピーカ 移動型スピーカ ウォールスピーカ・シーリングスピーカ スタッフ系スピーカ ロビー系スピーカ	I／Oパッチ盤架・音響調整卓 出力制御架・移動型機器架 可搬型オープンテープレコーダ パワーアンプ架 インカムシステム・エアモニタマイク ホワイエ呼出システム	音響調整室 （音響調整卓） or 持込機材の場合は 客席内or舞台袖
6	その他 略式的な舞踏の音楽の再生 （大音量を必要としない音楽）	舞踏に伴う音楽の再生	可動プロセニアムスピーカ フロントスピーカ 移動型サイドスピーカ 移動型（FB・ステージ）スピーカ スタッフ系スピーカ ロビー系スピーカ	I／Oパッチ盤架・音響調整卓 出力制御架・移動型機器架 可搬型オープンテープレコーダ パワーアンプ架 インカムシステム・エアモニタマイク ホワイエ呼出システム	音響調整室 （音響調整卓） or 持込機材の場合は 客席内or舞台袖

スピーカの客席カバーエリアも2パターン必要なため、同じスピーカシステムによりカバーエリアを可変制御できるスピーカシステムとしている。このために1台のラインアレイスピーカには12個のユニットがあり、個々のユニットを単独にEQ、DLY、PAの制御を行い、専用プロセッサでトータル制御を行っている。

以前のスピーカシステムの考えだと、1台のスピーカでカバーエリア（指向角度）を可変することはできず、指向角を変えたい場合はスピーカ本体の取付位置を変更し、変更したい角度に応じてスピーカの台数の増減で調整していた。今回のラインアレイスピーカは、1台でパターンに応じ垂直55°から77.5°の可変を行っている。

通常、スピーカの距離減衰は距離が2倍になると約6dB減衰するが、ラインアレイスピーカは、工場検査時および電気音響測定時の測定では通常の半分の約3dBという結果が出た。これにより電気音響測定の音圧レベル偏差も少なく、良好な結果が得られた。

スピーカ本体の寸法も155W×950H×180Dと縦長の形状をしており、重量も約12kgと軽量型で、奥行きの取れない舞台上部の吊り下げ式天井反射板に収納することが可能となった。

今回、採用した指向角度可変型ラインアレイスピーカは国内では初めての納入であり、今後パターン変化に応じたスピーカシステムに採用が期待される。

＜幕設備形式（プロセニアムタイプ）＞

演劇、講演会などの催し物に対応するため、高音質、ハイパワーのアポジー社のスピーカシステムを採用している。

① 可動プロセニアムスピーカ　3式
② ステージスピーカ　　　　　4式
③ ウォールスピーカ　　　　　15台
④ フロントスピーカ
　　　　10台＋9台（舞台2パターン）
⑤ 効果用シーリングスピーカ　1式
⑥ 固定FBスピーカ　　　　　　2式

その他移動型、FBなどのスピーカとしてJBL社のスピーカシステムを採用している。

3）舞台袖操作架

講演会などマイク数本の催し物等に対して、音響室に行かなくても簡単に操作ができるように、舞台の下手袖に簡易操作卓が設置されている。

この操作架ではMDレコーダ、カセットテープレコーダによる催し物の録音や、CDによるBGMなどの再生、楽屋呼出装置による楽屋への呼出が可能である。

4）吊マイク装置

吊マイク装置については、固定舞台と前舞台形式に対応したパターンの設定が可能である。4台のウインチが2ch仕様となっており、合計8chの使用が可能となっている。

録音回線のノイズ対策として、通常のマイクレベルからラインレベルに上げることにより、外来からのノイズの影響を防ぎ、S／Nの向上のため、固定設備として2chのHAユニットをウインチのすぐ後に設置し、音響室でリモート操作を行う。他の回線もHA増設が可であり、持込機器にも対応可能としている。

5）その他

舞台演出上の連絡装置として運営用インカム装置、ホワイエ呼出装置が設備されている。

ヤマハサウンドテック㈱
技術部　堀嶋守

音響調整卓

舞台音響機器の概略

NO.	項目	内容
A	スピーカシステム 1）天井反射板カラムスピーカ　プロセニアムスピーカ 2）可動プロセニアムスピーカ 3）フロントスピーカ 4）固定FBスピーカ 5）シーリングスピーカ 6）ウォールスピーカ	・クラシックコンサート等のアナウンスの明瞭度を重視した小型フルレンジ入力スピーカ ・スピーカの音質を重視したワンボックス型・小型、高入力スピーカ　2WAYバイアンプ ・コンパクトで高音質なハイインピーダンス仕様　2WAYスピーカ　固定舞台用、前舞台迫り用の2つのパターンに対応 ・スピーカの指向性を重視したワンボックス型・小型、高入力スピーカ　2WAYバイアンプ ・演劇等の効果音用　2WAY＋サブウーハースピーカ ・演劇等の効果音用　2WAYスピーカ
B	音響調整卓	・32モノ入力　4ステレオ　8グループ出力　8AUX出力　2ステレオ出力　32マトリクス出力 　拡声・録音を重視した高音質なモニタリングしやすい調整卓
C	舞台袖操作架	・舞台袖にて簡易操作で簡単な拡声が行える ・CDプレーヤ・カセットテープレコーダ・MDレコーダの録音再生 ・楽屋呼出装置含む（操作部のみ）
D	ホワイエ呼出装置架	・主催者事務室からホワイエへの呼出を行える
E	インカムシステム	・4チャンネルの有線にてスタッフ間の連絡を行う ・親機2台にてインカム電源投入可能

舞台音響機器断面配置図

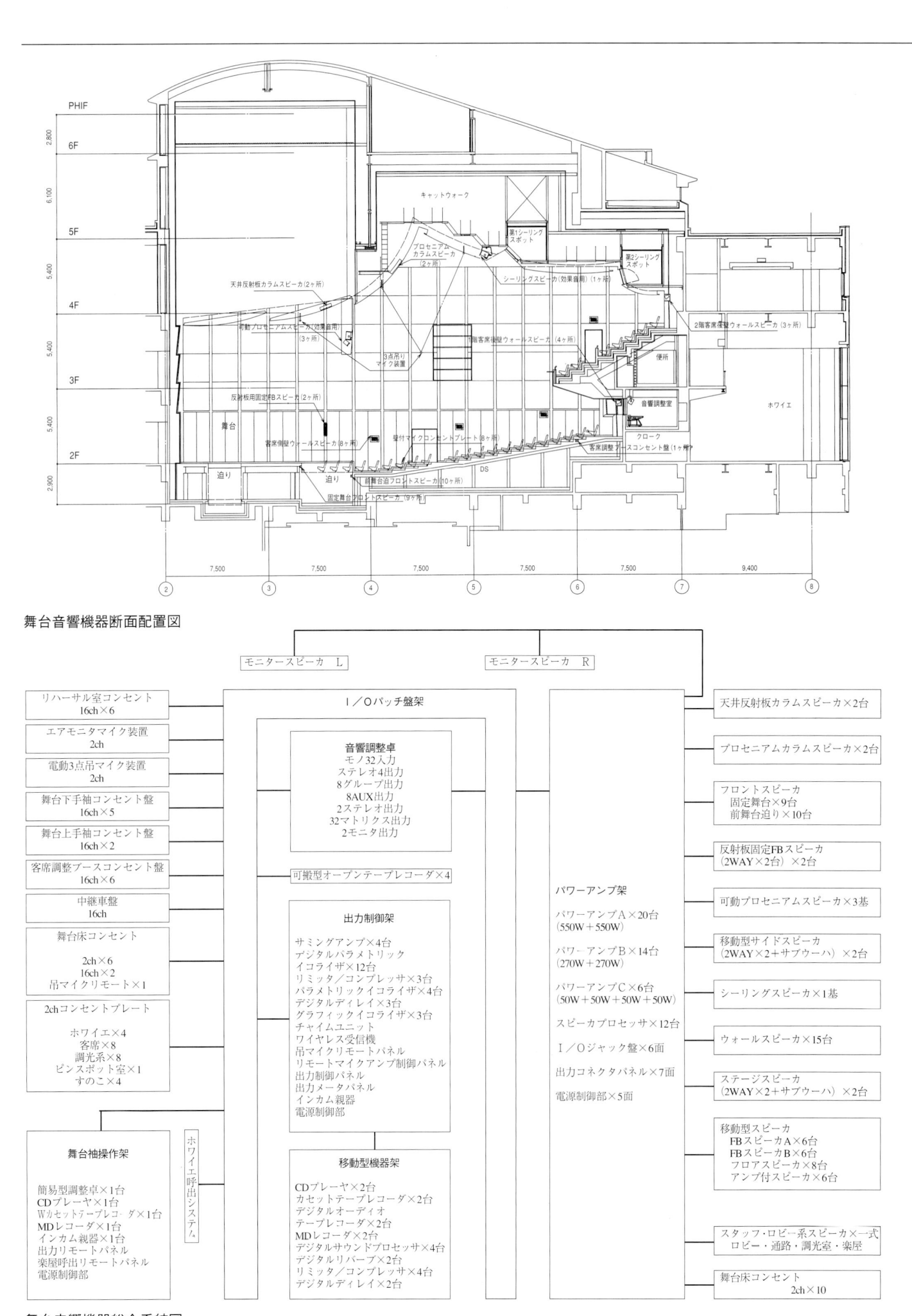

舞台音響機器総合系統図

舞台照明設備

　本ホールは、クラシックコンサート、音楽コンサート、演劇、オペラ、各種イベントなどの上演が可能な多目的ホールとして設計されており、コンサート形式とプロセニアム形式の2パターンの舞台を組めるようになっている。このため、舞台照明設備は騒音対策や、多種多様な催し物に対応可能な照明器具の配置、および多機能で操作性の良い制御系などに配慮している。舞台照明設備の主な特長は、以下のとおり。

◆騒音対策
　騒音などの対策として、次のことを実施した。
① 客席に面しているシーリングライト、フロントサイドライト、バルコニーライトなどの前明かりには、低騒音型の照明器具を配置している。
② 客席後方上部のフォロースポット室に2kWクセノンピンスポットを4台設備しており、音漏れ防止のため、その部屋の前面には強化ガラスをはめ込んでいる。
③ 地震対策として、1台1台に転倒防止用ワイヤーを取り付け、安全面にも配慮している。
④ 舞台上の天井反射板ライトには、ランプ騒音が下に漏れないようにフィルタを取り付けた。これは熱線をカットし、演奏者や楽器に優しくなっている。
⑤ 主幹盤、調光器盤の下に防振ゴムを敷き、盤の振動がホール内に伝わらないようにしている。
⑥ 遮音層を貫通する部分には遮音用の特殊施工を施している。

◆調光器と照明用コンセントの一対一接続
　調光器442台のうち2kW378台の調光器については、末端の照明用コンセントと一対一接続となっている。これにより、照明操作卓からの制御の自由度が向上するため、多様な演出要求に対して柔軟に対応することができる。

◆照明用バトンの多機能化
1) アッパーホリゾントライト（サイコロラマライト）
　ハロゲンランプ500W×144灯（8色配線）の照明器具を2層に配列してあり、照射方向を調整するために各器具を上下左右に振ることができる。この機能により、高さ10mのホリゾント幕を、より均一に染めることができる。
　一方、最下部にある照明用のバトンにスポットライトなどの照明器具を吊り下げて使うことが可能となっており、ホリゾント幕を使わない場合はライトバトンとして使用できるように設計されている。
　また、そのバトンにロアーホリゾントライトを吊り下げて上昇させることができるため、舞台上の収納スペースを確保できるばかりでなく、舞台仕込み作業の効率を向上させることができる。
2) ロアーホリゾントライト（グランドロウ）
　ハロゲンランプ500W×144灯（6色配線）の照明器具を2層に配列してあり、アッパーホリゾントライトバトンに吊り下げることができる。
3) ボーダーライト、サスペンションライト
　ボーダライトの吊り下げ位置を上下2段選択することができる。下バトンにはスポットライトを吊って使用することができ、その場合は上バトンにボーダライトを吊り変える。
　また、サスペンションライトバトンの上バトンには、ボーダライトを吊り下げられるようになっている。したがって、ボーダライトバトンとサスペンションライトバトンは、ともにボーダライトとスポットライトを吊ることができるため、多様な演出にも対応が可能である。
4) 照明器具の配置
　照射する場所ごとに、使用する全照明器具を想定して照射角をシミュレーションし、多様な配置ができるようにしている。特に、シーリングライトは上段にパイプを2本持ち、照明器具の種類に合わせた吊り位置を選択できるようにしている。
　また、舞台フロアコンセントはコンサート形式とプロセニアム形式のどちらでも使いやすい配置となるように考慮されている。
5) インテリジェント型調光器
　安全と作業効率の向上を図るため、インテリジェント型の調光器を採用している。これにより、負荷短絡、過負荷、ブレーカオフ、漏電、無負荷、温度上昇、回路故障などのトラブルに対し、その負荷名称、故障内容、原因などを迅速に把握・解決することができるようになった。
6) 多様な演目に対応可能な制御系
＜照明操作卓＞
　一流のオペラや演劇の上演が可能な、ムーブフェード・マルチキュー再生方式の最新型メモリー照明操作卓となっている。また、手動プリセットフェーダ100本3段を備えており、仕込み作業時間の少ない催し物やアドリブ対応の公演にも対応可能な方式となっている。
　主なスペックは次のとおり。
① コントロールチャンネル
　　　　　　　1,000チャンネル以上
② 記憶シーン　　1,000シーン以上
③ 時間軸記憶再生　　0～999.9秒
④ パート分割数　　　10パート以上
⑤ プリセットフェーダ　100本3段
⑥ サブマスターフェーダ
　　　　　　　　　20本（50ページ）
⑦ エフェクト　　　99パターン以上
⑧ ディスプレイ　14インチTFT2台
⑨ 外部記憶装置　MOD、FDD各1台
⑩ バックアック
　　　　　　フルバックアップシステム
　その他、ワイヤレス装置を設備し、調光室以外でも照明の点滅操作などが行える。
＜持ち込み機器対応＞
　持ち込み機器に対応するため、仮設用電源盤やマルチコンセント盤を舞台上に設備し、1φ3W、3φ3W、3φ4Wの電源が用意されている。また、業界標準のDMX512制御の持ち込み機器を接続できるように、伝送コネクタと電源コンセントを各バトン、各場所に多数設置している。

　　　　　　　　　　　東芝ライテック㈱

昇降設備

◆設備概要

ぱ・る・るプラザ青森には、昇降機設備として、乗用エレベータ2基、人荷用エレベータ2基が設置されている。これらの設備概要は、表のとおりである。

◆設計上の留意点

この施設には4基のエレベータが用途に応じて設置されている。乗用エレベータ（1、2号機）は、群乗合全自動運転手付併用方式により、利用者を効率よく各階へ案内する。

人荷用エレベータ（3、4号機）は、主に館内職員の移動用として、また荷物の運搬に利用される。3号機はレストラン厨房に連絡しており配膳用として利用される。4号機は、ぱ・る・るホールで利用されるグランドピアノ、舞台道具の搬入を可能とする大きさを確保している。4基のエレベータはすべて、1階にある総務事務室内の監視盤で、総合的に管理・運転されている。

1）かご意匠

1、2号機のかごの意匠仕様は、次のとおり。

- 天井　　：鋼板製白色塗装仕上
- 飾り庇　：アルミ製ブロンズ仕上
- 側板　　：木目調化粧シート貼
- 上部側板：ステンレス製チタンコーティング鏡面ブロンズ
- 出入口扉：木目調化粧シート貼
- 出入口柱：ステンレス製チタンコーティングバイブブロンズ
- 巾木　　：ステンレス製チタンコーティングバイブブロンズ
- 手摺　　：ステンレス製チタンコーティングバイブブロンズ
- 縦横目地：ステンレス製チタンコーティングバイブブロンズ
- 床　　　：ゴムタイル

エレベータ内部は空間を広く演出するため十分な天井高さ（2,600mm）を確保した。飾り庇より上へ4分の1程度の円形状板を立ち上げ、四隅を滑らかな球面状とした。中央に配置した照明ボックスからは和紙風アクリルを透過した軟らかな光が配光されている。

側板を縁取る縦横目地、出入口柱、巾木、操作盤カバープレート等のステンレス材にチタンコーティングを施し、バイブレーション仕上げとすることで、一般のカラーステンレスで見られるテカテカした感じを払拭し、暖かみのある意匠にした。

2）1、2号機 乗場扉

鋼板製扉には地元の特色を活かした現代的表現の津軽塗りが施されている。

3）1、2号機 乗場枠

鋼板製枠に硬度が高く汚染に有効なフッ素クリア塗装を施し、光沢の豊かな仕上げとした。

4）1、2号機 群乗合全自動運転手付併用方式

併設された2基のエレベータが合理的に連動することにより、利用者を効率よく各階へ案内する。

5）監視盤

①表示灯

エレベータ監視盤には、各エレベータの運転・昇降・位置表示、および各管制運転・異常、ならびに地震感知器表示を備えている。

② 操作スイッチ

各エレベータの運転休止、各管制運転および不停止階用スイッチを備えている。

③ その他

全エレベータ共通の警報ブザー（異常発生時鳴動）、ブザーリセット用釦、およびランプチェック用釦を備えている。

日本エレベーター製造㈱
技術部　機械設計課　老川伸一
　　　　技術課　　　中川利昭

エレベータ設備概要

号機	1号機	2号機	3号機	4号機
用途	乗用	乗用	人荷用	人荷用
付加用途	車椅子 視覚障害者仕様	車椅子 視覚障害者仕様		
定員	15名	15名	13名	63名
積載荷重	1,000kg	1,000kg	900kg	4,100kg
速度	90m/min	90m/min	60m/min	45m/min
制御方式	可変電圧 可変周波数	可変電圧 可変周波数	可変電圧 可変周波数	可変電圧 可変周波数
停止箇所	5箇所 (B1～4階)	5箇所 (B1～4階)	5箇所 (B1～4階)	6箇所 (B1～5階)
操作方式	群乗合全自動 運転手付 併用方式	群乗合全自動 運転手付 併用方式	乗合全自動 運転手付 併用方式	乗合全自動 運転手付 併用方式
電動機	11kW	11kW	7.5kW	26kW
管制運転	地震時管制運転 火災時管制運転	地震時管制運転 火災時管制運転	地震時管制運転 火災時管制運転	地震時管制運転 火災時管制運転

参考資料

仕上表……………122

建物概要……………124

舞台照明調光設備一覧表……………125

舞台照明器具表……………126

移動器具表……………128

工事契約一覧……………129

担当者一覧……………130

◆仕上表

外部仕上げ　屋上：コンクリートコテ　アスファルト露出防水。屋根：フッ素樹脂塗装ガルバリウム鋼板ア0.5mm
　　　　　　　外壁：磁器質タイル50角、磁器質タイル50角二丁（ボーダー部分）、MC（E）、アルミパネルア2.0mm加工

内部仕上げ

	床	壁	天井	天井高
地下1階 エレベータホール	花崗岩J&P　300角 大理石本磨き　50角	磁器質タイル　50角 ビニルクロス	RBア19（リブ）	2.7m
地下1階 駐車場	合成樹脂塗床 スロープタイル　150角	RC(B) 押出中空セメント板ア15 せっき質タイル　50角	断熱材　ア20 RC(B)	
地下1階 スロープ	スロープタイル　150角	MC（E） 磁器質タイル　50角	LB　ア6　VP アルミプレート加工	4.0m 3.9m
1　階 エントランスホール	特殊セラミックタイル　300角 大理石本磨き　50角	寒冷紗　AP	RB　ア12	3.2m 5.2m
1　階 郵便局窓口ロビー	特殊セラミックタイル　300角 大理石本磨き　50角	寒冷紗　AP スチール1.6加工　OP	RB　ア12	2.7m 3.2m 4.206m
1　階 レストラン	床用化粧合板 特殊セラミックタイル　300角 大理石本磨き　50角	寒冷紗　クロス 天然木練付不燃ボード	RB　ア12	3.2m 3.5m 4.2m
1　階 レストラン個室	タイルカーペット	ビニルクロス	RB　ア12	2.7m 3.0m
1　階 会議室	タイルカーペット	ビニルクロス	RB　ア12 RB　ア19（リブ）	3.5m 3.8m
1　階 レストラン厨房	ビニル床シート	磁器質タイル　100角	LB　ア6　VP	2.5m
1　階 暮らしの相談センター	タイルカーペット	ビニルクロス	RB　ア12	2.8m
2　階 エレベータホール	カーペット	寒冷紗　AP	RB　ア12 RB　ア19（リブ）	2.6m 2.921m
2　階 ホワイエ	じゅうたん 大理石本磨き（ボーダー）	ビニルクロス	RB　ア12	4.4m 4.9m
2　階 多目的ホール	床用化粧合板	天然木練付不燃ボード 有孔LB　ア8　木練付　CL 格子　人工木練付　CL	FGB　ア8+8　AP 有孔LB　ア8　AP	
2　階 多目的ホール舞台	檜集成材	天然木練付不燃ボード 有孔LB　ア8　木練付　CL GWB　ア50	FGB　ア8+8　AP GWB　ア50	

	床	壁	天井	天井高
2 階 多目的ホール前室(1)	カーペット	有孔ＬＢ ７8 木練付 ＣＬ	有孔ＬＢ ７8 ＡＰ	2.24～3.94ｍ 3.6ｍ
中3階 音響操作盤室 調光室	タイルカーペット	有孔ＬＢ ７8 ＡＰ	ＧＷＢ ７50	2.01ｍ 2.615ｍ
2 階 楽屋 (1)～(3)	タイルカーペット	ビニルクロス	ＲＢ ７9	2.7ｍ
3 階 エレベータホール	タイルカーペット	寒冷紗 ＡＰ	ＲＢ ７19（リブ）	2.7ｍ
3 階 多目的ホールホワイエ	タイルカーペット	ビニルクロス	ＲＢ ７12 ＲＢ ７19（リブ）	2.7ｍ 2.921ｍ
3 階 楽屋	タイルカーペット	ビニルクロス	ＲＢ ７9 ＧＢ７19（リブ）	2.4ｍ
4 階 ロビー	タイルカーペット	ビニルクロス	ＲＢ ７12	2.921ｍ 3.35ｍ
4 階 リハーサル室	床用化粧合板	ＬＢ ７8 木練付 ＣＬ	有孔ＬＢ ７8 ＡＰ	2.85～3.95ｍ 3.2ｍ
4 階 会議室(1)(2)	タイルカーペット	クロス	ＲＢ ７12 ＲＢ ７19（リブ）	3.0ｍ 3.5ｍ
4 階 和会議室	畳	ビニルクロス	ビニルクロス	2.85ｍ
4 階 シーリングスポット室 フォロースポット室	タイルカーペット	有孔ＬＢ ７8 ＡＰ	有孔ＬＢ ７8 ＡＰ	2.4ｍ 2.5ｍ
洗面所（共通）	せっき質タイル 100角	陶器質タイル 200×100 ビニルクロス	ビニルクロス	2.7ｍ 3階のみ2.4ｍ
第1階段	カーペット	寒冷紗 ＡＰ	ＲＢ ７12	
第2階段	ＰＴ ７2.0 （地下） カーペット （地上）	ビニルクロス	ＲＢ ７12	

◆建物概要

階別主用途

地下1階	駐車場、倉庫、換気機械室、受水槽室
1階	エントランスホール、レストラン、郵便局
2階	多目的ホール、ホワイエ、控室、クローク
3階	バルコニー客席、ホワイエ、控室、空調機械室
4階	会議室、和会議室、リハーサル室、シーリングスポット室
5階	電気室、EV機械室、外調機室、ボイラー室
6階	調光機械室、吊物装置機械室、排煙機械室
PH階	水槽室

仕上概要

屋根	フッ素樹脂塗装ガルバリウム鋼板葺、一部アスファルト露出防水
外壁	50角磁器質タイル、アルミパネルt2.0電解着色
サッシ	アルミ電解着色
内部床	1階レストラン：床用化粧合板 2階多目的ホール客席：化粧合板
内部壁	1階レストランおよび 2階多目的ホール客席：天然木練付不燃ボード その他：ビニルクロス
内部天井	ロックウール化粧吸音板 有孔ケイカル板

設備概要

（1）電灯設備

電灯設備　会議室、レストラン、レストラン個室等は調光盤にて制御、誘導灯信号装置
電話設備　電子交換機
構内情報通信網設備　PNET管、画像通信機用配管
テレビジョン共同受信設備　BSアンテナ
構内テレビジョン設備　全館系、ホール系、会議室系
信号設備　自動通報装置、警報盤、インターホン
拡声設備　AVワゴン卓、AV機器収納架、スピーカ
電気時計設備
　　　親時計5回路プログラムタイマー付、子時計、端子盤
避雷設備　突針、導帯、導線

（2）受変電設備

引込	6.6kV架空　1回線受電
変圧器	3,025kVA
発電機	6.6kV　500kVAディーゼルエンジン
蓄電器	150AH　54セル
幹線	電灯　1φ3W　210/105V 動力　3φ3W　210V　3φ3W　420V 調光　3φ4W　182/105V
信号設備	パークロック、車路警報
防災設備	非常放送、自動火災報知

（3）空調設備

熱源エネルギー	都市ガスおよび電気
装置	冷温水発生機　2台 貫流ボイラー　2台 空冷チラー 空冷パッケージ
容量	冷熱源　1,097,200 kcal/M 温熱源　1,421,800 kcal/M
空調方式	中央方式（単一ダクト方式）、ファンフィル併用（一部パッケージ方式）
制御	中央監視集中方式（デジタル式）
換気	中央式（所属式併用）
排煙	機械排煙方式（電気式）

（4）衛生設備

衛生器具設備	客用洗面所（ユニット式）
排水通気設備	分流式
下水設備	下水道放流合流式
給水設備	引込75φ、電力式、受水槽　30m³
揚水設備	揚水ポンプ4台（給水2台、補給水2台）
消火設備	連結送水管設備、スプリンクラー消火設備、泡消火設備
給湯設備	湯沸室系　局所式（電気） 洗面所他系　中央式（ガス）
ガス設備	種類　4C（3,600kcal/h）
厨房設備	レストラン
融雪設備	電熱融雪 温水パイプ融雪（空気熱源HP）
制御設備	制御盤

（5）舞台機構

吊物機構	プロセニアムバトン	3台
	可動プロセニアム	3台
	緞帳	1台
	引割緞帳	1台
	吊物バトン	24台
	東西バトン	2台
	照明バトン	6台
	天井反射板	2台
	側面反射板	2台
床機構	前舞台迫り	1台
	道具迫り	1台

（6）舞台照明

主幹盤、分岐盤、調光器盤
無停電電源装置（3kVA）
調光操作卓（ムーブフェード方式）、オフライン仕込器、ワイヤレス操作器、舞台袖操作器
DMXパッチ盤
情報フィードバック装置（調光器状態監視）、客席ディスプレイ装置、持込卓中継コネクタボックス
照明用仮設電源盤、演出用仮設電源盤、舞台マルチコンセント盤
照明回路　ボーダーライト、サスペンションライト、アッパーホリゾントライト、天井反射板ライト、トーメンタルライト、バルコニーライト、フロントサイドライト、シーリングライト、固定プロセニアムライト、フォロースポットライト、ロアーホリゾントライト、フロアコンセント、客席ウォールコンセント、花道ウォールコンセント

（7）舞台音響

ホール内スピーカ	天井反射板カラムスピーカ	2台
	プロセニアムカラムスピーカ	2台
	フロントスピーカ	19台
	反射板固定FBスピーカ	2台
	可動プロセニアムスピーカ	3基
	シーリングスピーカ	1基
	ウォールスピーカ	15台
	移動型スピーカ	一式
	楽屋、運営、ホワイエスピーカ	一式
3点吊マイク装置		一式
調整室内機器	音響調整卓	1台
	I/Oパッチ盤架	1台
	出力制御架	一式
	移動型機器架	2架
	パワーアンプ架	5架
インカムシステム		一式
ホワイエ呼出装置		一式
各コンセント盤		一式
各種音響機器		一式
	マイクロホン類	
	マイクロホンスタンド類	
	ケーブル類	

（8）エレベータ設備

乗用エレベータ	（15名　1,000kg）	2台
人荷用エレベータ	（13名　900kg）	1台
人荷用エレベータ	（63名　4,100kg）	1台

参考資料

舞台照明調光設備一覧表

項	名 称	仕 様	数量	備 考
1	主幹盤	受電3φ4W　182／105V　560kVA	一式	
		舞台用総主幹　MCCB　4P　2,000AF／1,600AT×1		
		客席用総主幹　MCCB　4P　400AF／250AT×1		
		無停電電源装置　×一式		
2	分岐盤	作業灯切替回路　×一式	一式	負荷線処理スペース含む
		天反／サス切替回路　×一式		
		DMX直回路　×一式		
		フォロースポット直回路　×一式		
3	調光器盤	舞台用調光器　IL100V　2kW×379台	一式	インテリジェント仕様
		舞台用調光器　IL100V　6kW×42台		インテリジェント仕様
		舞台用調光器　IL100V　6kW×10台（NDM）		インテリジェント仕様
		客席用調光器　IL100V　2kW×11台		インテリジェント仕様
		客席用調光器　IL100V　4kW×15台		インテリジェント仕様
		客席用調光器　IL100V　6kW×4台		インテリジェント仕様
4	情報フィードバック装置	マウス　×一式	1台	
		LCD　×1台		
5	調光操作卓	制御回路数　　　　　　　　×1,024回路	1卓	
		制御チャンネル数　　　　　×1,024ch		
		メモリーシーン　　　　　　×1,000シーン		
		グランドマスターフェーダ　×3本		
		（プログラムマスターフェーダを含む）		
		ムーブフェーダ　　　　　　×1組		
		手動クロスフェーダ　　　　×1組		
		GO・REV・STOPスイッチ　×1組		
		パートエンコーダ　　　　　×10本		
		サブマスターフェーダ　　　×20本		
		サブマスタータッチスイッチ　×20個		
		客席操作フェーダ　　　　　×10本		
		プログラムパネル　　　　　×一式		
		エフェクト操作部　　　　　×一式		
		LCD（14インチ）　　　　×2台		
		3.5インチFDD・MOドライブ　×各1台		
		プリセットフェーダ　　　　100本×3段		
		客席調光スイッチ　　　　　×一式		
		作業灯スイッチ　　　　　　×一式		
		フルバックアップシステム　×一式		
		DMX直MCCB押釦スイッチ　×一式		
		フォロースポット電源盤押釦スイッチ　×一式		
		天反／サス切替スイッチ　　×一式		
6	オフライン仕込装置	専用オフライン装置　×一式	一式	
		専用オフライン仕込装置ソフト　×一式		
7	客席ディスプレイ	LCD　×2台	一式	
8	プリンター装置		1台	
9	舞台袖操作パネル	サブマスターフェーダ　×20本	1面	
		客席調光スイッチ　×一式		
		作業灯スイッチ　×一式		
10	ワイヤレス装置	ワイヤレス受信器　×一式	一式	
		ワイヤレスアンテナ　×一式		
		ワイヤレス送信器　×一式		
11	持込卓用コネクタボックス		1面	
12	DMXパッチ盤		一式	
13	予備品・付属品		一式	

125

舞台照明器具表

項	記号	名称	仕様	数量	回路数	容量(kW)	調光器 2kW	調光器 4kW	調光器 6kW	ND60A調光	直	信号	設備重量(kg)	器具重量(kg)	型名	備考
		ステージ,フロアー用コンセント														
1		上・下フロアー														
	FC上	フロアーポケット	C型20A 3口用	6ヶ	18	36	18								FC-C23	マルチコンセント盤とパラ回路
	FC下		C型20A 3口用	6ヶ	18	36	18								FC-C23	マルチコンセント盤とパラ回路
	信号FC		平行15A 2口用	12ヶ	直12	18						12			特殊品	
			信号コネクタ 2口		信号24								24			
	FC奥		C型20A 4口用	4ヶ	8	16	8								FC-C24	パラ回路
	奥信号FC		平行15A 2口用	2ヶ	直2	3						2			特殊品	
			信号コネクタ 2口		信号4								4			
	LH用		C型60A 3口用	6ヶ	18	72			18						FC-C63	
	花C	上、下花道用壁コンセント	C型20A 2口用	2ヶ	4	8	4								特殊品	マルチコンセント盤とパラ回路/固定プロセニアム回路と切替
	客WC	客席ウォールコンセント	C型20A 6口用	2ヶ	12	24	12								特殊品	マルチコンセント盤とパラ回路
	LH	グランドロウ(ロアーホリゾントライト)	ハロゲン500W×12灯 6色配線 L=1.5m	12台										600	特殊品(2段)	吊下げ用金具付
		延長コード	C型60A～C型60A L=2.0m	18本											C60P/C-60B	
2	TL	上・下手プロセニアムサイド	コンセントダクト L=3.6m	2列										50	220	
		(トーメンタル)	C型20Aコンセント×8ヶ付 8回路		16	32	16									
			平行15Aコンセント×2ヶ付 直1回路		直2	3						2			NDG2322	
			信号コネクタ×2ヶ付 信号2系統		信号4								4			
		同上用器具	平凸レンズスポットハロゲン1kW (電球・ハンガー付)	16台											CSQ-1000W	
3		上・下手ステージマルチコンセント盤														
		(舞台前)	C型20Aコンセント×20ヶ付 (FC・上下花壁・客Cとパラ回路)	2面												
			C型20Aコンセント×2ヶ付 2回路		4	8	4									
			平行15Aコンセント×2ヶ付 直1回路		直2	3						2			NDG2322	
			C型60Aコンセント×1ヶ付 ND1回路 (60A調光)		ND2	10				2						
			信号コネクタ×4ヶ付 信号4系統		信号8								8			
		(舞台奥)	C型20Aコンセント×10ヶ付 (FCとパラ回路)	2面												
			C型60Aコンセント×9ヶ付 (FCとパラ回路)													
			C型20Aコンセント×2ヶ付 2回路		4	8	4									
			平行15Aコンセント×2ヶ付 直1回路		直2	3						2			NDG2322	
			C型60Aコンセント×1ヶ付 ND1回路 (60A調光)		ND2	10				2						
			信号コネクタ×2ヶ付 信号2系統		信号4								4			
		吊物コンセントダクト														
4	1BL	第1ボーダーライト	フライダクト L=18.0m	1列										700	500	延長ケーブル付
		(共吊パイプ21.5m付)	C型20Aコンセント×16ヶ付 16回路		16	32	16									
			平行15Aコンセント×4ヶ付 直2回路		直2	3						2			NDG2322	
			信号コネクタ×2ヶ付 信号2系統		信号2								2			
		同上用器具	ハロゲン150W×12灯 4色配線 L=1.8m	10台											特殊品	電球は、110V仕様
5	1S	第1照明バトン	フライダクト L=18.0m	1列										1,000	500	
		(No.1エレクトリックバトン)	C型20Aコンセント×42ヶ付 42回路		42	84	42									
		(照明器具吊下パイプ21.5m)	平行15Aコンセント×4ヶ付 直2回路		直2	3						2			NDG2322	
			信号コネクタ×2ヶ付 信号2系統		信号2								2			
		同上用器具	平凸レンズスポットハロゲン1kW	11台											CSQ-1000W	
			フレネルレンズスポットハロゲン1kW	12台											FQH-1,000WS1-16RC2	
6	2BL	第2ボーダーライト	フライダクト L=18.0m	1列										700	500	延長ケーブル付
		(共吊パイプ21.5m付)	C型20Aコンセント×16ヶ付 16回路		16	32	16									
			平行15Aコンセント×4ヶ付 直2回路		直2	3						2			NDG2322	
			信号コネクタ×2ヶ付 信号2系統		信号2								2			
		同上用器具	ハロゲン150W×12灯 4色配線 L=1.8m	10台											特殊品	電球は、110V仕様
7	2S	第2照明バトン	フライダクト L=18.0m	1列										1,000	500	
		(No.2エレクトリックバトン)	C型20Aコンセント×42ヶ付 42回路		42	84	42									
		(照明器具吊下パイプ21.5m)	平行15Aコンセント×4ヶ付 直2回路		直2	3						2			NDG2322	
			信号コネクタ×2ヶ付 信号2系統		信号2								2			
		同上用器具	平凸レンズスポットハロゲン1kW	11台											CSQ-1000W	
			フレネルレンズスポットハロゲン1kW	12台											FQH-1000WS1-16RC2	
8	3S	第3照明バトン	フライダクト L=18.0m	1列										1,000	500	
		(No.3エレクトリックバトン)	C型20Aコンセント×42ヶ付 42回路		42	84	42									
		(照明器具吊下パイプ21.5m)	平行15Aコンセント×4ヶ付 直2回路		直2	3						2			NDG2322	
			信号コネクタ×2ヶ付 信号2系統		信号2								2			
9	UH	サイクロラマライト	フライダクト L=18.0m	1列										1,560	540	
		(アッパーホリゾントライト)	C型20Aコンセント×144ヶ付 24回路		24	120			24							
			平行15Aコンセント×4ヶ付 直2回路		直2	3						2			NDG2322	
			信号コネクタ×2ヶ付 信号2系統		信号2								2			
			切替スイッチ×24ヶ付													
			C型60Aコンセント×24ヶ付 ピックテール式		(24)				(24)							
		同上用器具	フラッドライト500W	144台											特殊品	
10	天反	天井反射板ライト	フラッドライトハロゲン500W	87台											特殊品	
			C型20Aコンセント 1口用	87台	(29)	(58)	(29)								WCG-C21	1S1～15、3S1～16と切替回路
11		ボーダーケーブル	5.5sq-11芯+信号×34m (平型)	10本												
			5.5sq-11芯 ×34m (平型)	18本												
			5.5sq-9芯 ×34m (平型)	7本												
			22sq-9芯+信号×34m (平型)	2本												
			22sq-9芯 ×34m (半型)	4本												
			5.5sq-5芯 ×34m (平型)	1本												
			5.5sq-5芯 ×6m (丸型)	2本												
			5.5sq-7芯 ×6m (丸型)	4本												
			5.5sq-3芯+信号線×6m (丸型)	4本												

参考資料

項	記号	名　称	仕　　　様	数量	回路数	容量(kW)	調光器 2kW	調光器 4kW	調光器 6kW	ND 60A 調光	直	信号	設備重量(kg)	器具重量(kg)	型　名	備　考
12		天反ライト用ケーブルリール	5.5sq-9芯　×33m（ケーブル付）	8台												
13		ケーブル受けカゴ		42台											FAK-10-5型・FAK-15-5型	
14		接続端子函		94ヶ											TBX3-65,TBX3-64,TBX3-S	TBX3-65×30ヶ, TBX3-64×44ヶ, TBX3-S×20ヶ
15		予備電球	実数の10%	一式												
		前明かり（FOH）用コンセントダクト														
16	1CL	第1シーリングライト	コンセントダクト　　　　　　　　L=17.2m	2列									280	850		
			C型20Aコンセント　×24ヶ付　24回路		48	96	48									
			C型20Aコンセント　×2ヶ付　2回路		4	8	4									
			平行15Aコンセント　×4ヶ付　直2回路		直4	6					4				NDG2322	
			C型60Aコンセント　×1ヶ付　ND1回路（60A調光）		ND2	10				2						
			信号コネクタ　×2ヶ付　信号2系統		信号4							4				
		同上用器具	低騒音型平凸レンズスポットハロゲン1.5kW（電球・ハンガー付）	24台											LNC2-350-1500W	
			カッターピンスポットハロゲン1kW　（電球・ハンガー付）	24台											EM-117Z	
17	2CL	第2シーリングライト	コンセントダクト（1）　　　　　L=5.2m	2列									190	650		
			C型20Aコンセント　×7ヶ付　7回路		14	28	14									
			平行15Aコンセント　×2ヶ付　直1回路		直2	3					2				NDG2322	
			C型60Aコンセント　×1ヶ付　ND1回路（60A調光）		ND2	10				2						
		同上用器具	低騒音型平凸レンズスポットハロゲン2kW（電球・ハンガー付）	14台											LNC2-400-2000W	8型差し枠付
			コンセントダクト（2）　　　　　L=5.2m	2列												
			C型20Aコンセント　×7ヶ付　7回路		14	28	14									
			平行15Aコンセント　×2ヶ付　直1回路		直2	3					2				NDG2322	
			信号コネクタ　×2ヶ付　信号2系統		信号4							4				
		同上用器具	カッターピンスポットハロゲン2kW　（電球・ハンガー付）	14台											EM-217Z	
18	FR上	上手フロントサイド	コンセントダクト　　　　　　　　L=3.95m	2列									50	320		
			C型20Aコンセント　×10ヶ付　10回路		20	40	20									
			平行15Aコンセント　×2ヶ付　直1回路		直2	3					2				NDG2322	
			信号コネクタ　×1ヶ付　信号1系統		信号2							2				
		同上用器具	低騒音型平凸レンズスポットハロゲン1kW（電球・ハンガー・割ハンガー・CC付）	20台											LNC2-250-1000W	延長ケーブル付・ハンガー×16ヶ, 割ハンガー×4ヶ
			同上用カラーチェンジャー	20台											RCC-8F	
			同上用パワーボックス	4台											PWX-206	
19	FR下	下手フロントサイド	コンセントダクト　　　　　　　　L=3.95m	2列									50	320		
			C型20Aコンセント　×10ヶ付　10回路		20	40	20									
			平行15Aコンセント　×2ヶ付　直1回路		直2	3					2				NDG2322	
			信号コネクタ　×1ヶ付　信号1系統		信号2							2				
		同上用器具	低騒音型平凸レンズスポットハロゲン1kW（電球・ハンガー・割ハンガー・CC付）	20台											LNC2-250-1000W	延長ケーブル付・ハンガー×16ヶ, 割ハンガー×4ヶ
			同上用カラーチェンジャー	20台											RCC-8F	
			同上用パワーボックス	4台											PWX-206	
20	BAL	バルコニーライト	コンセントダクト　　　　　　　　L=22.0m	1列									400	260		
			C型20Aコンセント　×12ヶ付　12回路		12	24	12									照明器具は、移動器具を使用する
			平行15Aコンセント　×8ヶ付　直4回路		直4	6					4				NDG2322	
			C型60Aコンセント　×2ヶ付　ND2回路（60A調光）		ND2	10				2						
			信号コネクタ　×2ヶ付　信号2系統		信号2							2				
			割ハンガー		24ヶ										HAW2	
21		予備電球	実数の10%	一式												
		その他コンセント関係一式														
22		照明用仮設電源盤	受電　3φ4W　105/182V　240kVA	1面												別電源設備より電源供給
			主幹MCCB　4P　800AF/800AT　×1													
			分岐MCCB　4P　225AF/200AT　×4													
			仮設用端子　×一式													
			カムロック　×一式													
			C型60Aコンセント　×2ヶ付													
			C型30Aコンセント　×4ヶ付													
23		演出用仮設電源盤	受電　1φ3W　105/210V　60kVA	2面												別電源設備より電源供給
			主幹MCCB　3P　225AF/200AT　×1													
			仮設用端子　×一式													
			C型60Aコンセント　×1ヶ付													
			C型30Aコンセント　×4ヶ付													
			受電　3φ3W　200V　26kVA													別電源設備より電源供給
			主幹MCCB　3P　100AF/100AT　×1													上手盤のみ取付
			仮設用端子　×一式													
24	FOLLOW	フォロースポット電源盤	4台用（リレー回路含む）	1面												
		同上用器具	ピンスポットクセノン　2kW　（スタンド・整流器付）	4台										670	XPS-208SR, KCX-8NP1	転倒防止金具付
			C型20Aコンセント　2口用	2ヶ	4	8	4								WCG-C22	
25	固定PS	固定プロセニアム作業灯	フライダクト　　　　　　　　　L=18.0m	1列												
			C型20Aコンセント　×24ヶ付　4回路		(4)	(12)	(4)									花C4回路と切替
			300W	24台											NQ3086Z（100仕様）	
			舞台調光回路		420	948	378			42						
			舞台直回路		48	72					48					
			ND（60A調光）		10	50				10						
			客席調光回路		30	79	11	15	4							
			信号系統		70							70				
			計			1149										
			受電容量＝総容量（1,148.42kW）×使用率（48%）＝560kVA													

移動器具表

項	名　称	仕　様	数量	型　名	備　考
1	平凸レンズスポットライト	500W　4.5型平凸レンズスポット　（電球・ハンガー付）	20 台	T1-500W	
		500W　6型平凸レンズスポット　（電球・ハンガー付）	20 台	CSQ-500W	
		1kW　8型平凸レンズスポット　（電球・ハンガー付）	36 台	CSQ-1000W	
2	フレネルレンズスポットライト	500W　ハロゲン6型フレネルレンズスポット　（電球・ハンガー付）	20 台	FQH-500WS1-RC2	
		1.5kW　ハロゲン8型フレネルレンズスポット　（電球・ハンガー付）	30 台	FQH-1500WS1-16RC2	
		1kW　ハロゲン8型フレネルレンズスポット　（電球・ハンガー付）	12 台	FQH-1000WS1-16RC2	
3	エリスポイダルスポットライト	575W　ハロゲン（ビーム角度50度）　（パターンホルダー・電球・ハンガー付）	20 台	450	
		575W　ハロゲン（ビーム角度36度）　（パターンホルダー・電球・ハンガー付）	26 台	436	
		575W　ハロゲン（ビーム角度26度）　（パターンホルダー・電球・ハンガー付）	32 台	426	
		575W　ハロゲン（ビーム角度19度）　（パターンホルダー・電球・ハンガー付）	12 台	419	
4	パーライト	500W　シールドビーム　PAR64タイプ（ミディアム）　（電球・ハンガー付）	20 台	SPD-500W-AL	
		500W　シールドビーム　PAR64タイプ（ナロー）　（電球・ハンガー付）	20 台	SPD-500W-AL	
		500W　シールドビーム　PAR64タイプ（ベリーナロー）　（電球・ハンガー付）	20 台	SPD-500W-AL	
5	ストリップライト	100W　ハロゲン×12灯　3色配線（吊置兼用）　（電球付）	10 台	CQ-100W12L-3C, CQ-100W12L-3CD 改造品	塗装色：黒 半艶 ダボ付、取外し可能
		100W　ハロゲン×12灯　2色配線（花道用）　（電球付）	3 台	CQ-100W12L-2C	塗装色：黒 半艶
		100W　ハロゲン×12灯　4色配線（フットライト用）　（電球付）	7 台	PEQ-100W12L-4C×6台, PEQ-100W12L-4CD×1台	塗装色：黒 半艶
		100W　ハロゲン×8灯　4色配線（フットライト用）　（電球付）	1 台	PEQ-100W 8L-4C×1台	塗装色：黒 半艶
		100W　ハロゲン×4灯　4色配線（フットライト用）　（電球付）	1 台	PEQ-100W 4L-4CD×1台	塗装色：黒 半艶
6	プロジェクタースポットライト	1kW　ハロゲン（180×180、4×5 マット兼用）　（電球付）	4 台	EQS-10-2	
		2kW　ハロゲン（180×180、4×5 マット兼用）　（電球付）	2 台	EQS-20	ロングアームタイプ
7	オブジェクティブレンズ	先玉　100mm	6 台	OL-4	
		先玉　150mm	6 台	OL-6	
		先玉　200mm	6 台	OL-8	
		先玉　250mm	4 台	OL-10	
		先玉　300mm	2 台	OL-12	
		先玉　400mm	2 台	OL-16	
8	ディスクマシン		4 台	EDM	
9	スパイラルマシン		2 台	ESM	
10	フイルムマシン		2 台	EFM	
11	スライドキャリアー	マスク　ファン付（4×5、7×7常用）	6 台	ESCF-7	
12	ストロボ	100W×2灯　リモコン付　（電球付）	2 台	HM-2	塗装色：黒 半艶
13	フットスポットライト	500Wハロゲン　（電球付）	8 台	FPQ-500W	
14	ビームスポットライト	24V-250W　ハロゲン6型ダイクロミラー　（電球付）	32 台	NQ30681Z（24V仕様）	
15	丸ベース三段スタンド		20 台	780	
16	キャスター付三又三段スタンド	三又三段スタンド（キャスター付）　9尺	6 台	ST3C-9	
17	バンドア	500W　6型用	20 ケ	BD-60A	
		1kW　8型用	40 ケ	BD-80A	
18	延長コード	C型20A ～ C型20A × 2m	60 本	CBL-C2C2-2	
		C型20A ～ C型20A × 3m	40 本	CBL-C2C2-3	
		C型20A ～ C型20A × 5m	40 本	CBL-C2C2-5	
		C型20A ～ C型20A ×10m	20 本	CBL-C2C2-10	
		C型30A ～ C型30A × 2m	12 本	CBL-C3C2-2	
		C型30A ～ C型30A ×20m	6 本	CBL-C3C3-20	
		C型60A ～ C型60A × 5m	20 本	CBL-C6C6-5	
		C型60A ～ C型60A ×10m	4 本	CBL-C6C6-10	
19	分岐コード	C型20A ～ C型20A × 2 ×1m	40 本	BRC-C2/2C2	
		C型60A ～ C型20A × 3 ×2m　（MCCB20A×3ヶ付）	30 本		落下防止ワイヤー付
		C型20A ～ 抜止め15AE付 × 4 ×2m	5 本		
20	コード掛ワゴン		2 台	KT-101	
21	操作棒	カーボン　L=6.0m	1 本	GCB-6	
		金属　L=7.0m	1 本	MCB-L	
22	信号線つなぎコード	DMX信号用　L= 5.0m	10 本		
		DMX信号用　L=10.0m	10 本		
		DMX信号用　L=25.0m	10 本		
23	ディスクプレート	種板　φ465mm	8 枚		
		種板　178mm角	4 枚		
24	スパイラルマット	種板　ガラスネガ	10 枚		
		種板　ガラスポジ	10 枚		
		種板　メタル	10 枚		
25	エンドレスフイルム	種板　ネガ	5 枚		
		種板　ポジ	5 枚		
26	自在ハンガー		20 ケ	HL-2	
27	ロングハンガー		10 ケ	HAL	
28	丸台ベース		20 ケ	SHB-15	
29	フィルタホルダ	紙シート　4.5型　150×150	20 枚		
		紙シート　5型　158×158	100 枚		ソースフォー用
		紙シート　6型　196×196	80 枚		
		紙シート　8型　246×246	200 枚		
30	予備電球	実数の10%	一式		
31	カラーフィルター		1,000 枚		
32	予備ワイヤー		100 ケ	SAW-5A	

◆工事契約一覧

工事件名	青森郵便貯金地域文化活動支援施設新築工事
工事金額	4,034,835,000-
工期	平成10年11月11日～平成13年5月6日
請負会社	青森郵便貯金地域文化活動支援施設新築工事共同企業体 (住友建設㈱・三菱建設㈱・㈱阿部重組)

工事件名	青森郵便貯金地域文化活動支援施設舞台機構工事
工事金額	795,900,000-
工期	平成11年12月15日～平成13年5月6日
請負会社	森平舞台機構株式会社

工事件名	青森郵便貯金地域文化活動支援施設電灯その他設備工事
工事金額	337,575,000-
工期	平成11年3月4日～平成13年5月6日
請負会社	栗原工業株式会社

工事件名	青森郵便貯金地域文化活動支援施設受変電その他設備工事
工事金額	411,810,000-
工期	平成11年3月11日～平成13年5月6日
請負会社	太平電気株式会社

工事件名	青森郵便貯金地域文化活動支援施設空気調和設備工事
工事金額	987,000,000-
工期	平成11年2月25日～平成13年5月6日
請負会社	青森郵便貯金地域文化活動支援施設空気調和設備工事共同企業体 (大成温調㈱・川本工業㈱)

工事件名	青森郵便貯金地域文化活動支援施設衛生設備工事
工事金額	591,465,000-
工期	平成11年2月25日～平成13年5月6日
請負会社	株式会社西原衛生工業所

工事件名	青森郵便貯金地域文化活動支援施設舞台照明設備工事
工事金額	252,000,000-
工期	平成11年3月20日～平成13年5月6日
請負会社	東芝ライテック株式会社

工事件名	青森郵便貯金地域文化活動支援施設舞台音響設備工事
工事金額	203,700,000-
工期	平成11年3月26日～平成13年5月6日
請負会社	ヤマハサウンドテック株式会社

工事件名	青森郵便貯金地域文化活動支援施設エレベータ設備工事
工事金額	131,250,000-
工期	平成11年3月2日～平成13年5月6日
請負会社	日本エレベーター製造株式会社

〈工事金額は税込〉

◆担当者一覧

〈ホール建築計画指導〉
名古屋大学大学院環境学研究科
　清水　裕之

〈建築設計〉
郵政事業庁施設情報部
意匠
　南　一誠
　竹本　勉
　西沢広紀
　黒木信浩
　徳重　武
　上田耕二
　篠原久雄
構造
　長田勝幸
　前野喜一

〈仮設計画・積算〉
郵政事業庁施設情報部
　柳楽　潔
　片所正和
　原川裕一
　水谷竜彦

〈設備設計〉
郵政事業庁施設情報部
電気
　楠崎達雄
　浜畠光法
　佐藤正俊
　岩本耕二
空調・衛生
　野村久男
　宇田川博志
　出岡　誠
　高田　満
機械
　松元　寛
　山口和久
　木村　宏

〈建築調整〉
郵政事業庁施設情報部
　小堺　樹
　芦沢義人
　中野修二

〈監督〉
郵政事業庁施設情報部
建築
　横山明彦
　林田道義
　西澤　透
　原川裕一
　浜　俊之
　矢内宏幸
　田澤晃樹　（東北郵政局施設情報部）

電気
　猫塚吉人　（東北郵政局施設情報部）
　渡邊純市　（東北郵政局施設情報部）
空調・衛生・機械
　遠藤　晃　（東北郵政局施設情報部）
　中明是泰　（東北郵政局施設情報部）
　菅原吉彦　（東北郵政局施設情報部）
　土田真一郎（東北郵政局施設情報部）

〈建築実施設計委託事務所〉
㈱丸ノ内建築事務所
意匠
　川名良一
　伊藤陽出彦
構造
　松尾光晃

〈音響関連設計・監理委託事務所〉
㈱永田音響設計
　豊田泰久
　浪花克治
　石渡智秋
㈱セレブレーションオブザライツ
　佐藤壽晃

〈ホール管理運営指導〉
シアターマネージメントプラン
　星野茂登子

〈CG作成〉
㈱構造計画研究所
㈲ヒューマンファクター
　奥村一也
　岩崎裕江

〈模型製作〉
㈲モデック
　青木芳則
　若林英一

〈建築積算委託事務所〉
㈱太田建築事務所
　加賀美基輔
　田代芳宏
　稲葉英博
　遠藤友紀夫
　遠藤菜穂子
　石井大樹

〈設備実施設計委託事務所〉
㈱新設備設計事務所
　伊藤秀敏
　菊地忠夫

〈建築工事〉
　茂木　雄　（住友建設㈱）
　中森正吾　（住友建設㈱）
　松本弘一　（住友建設㈱）
　阿部博実　（住友建設㈱）
　吉田信幸　（三菱建設㈱）
　成田隆男　（㈱阿部重組）
　山内禎久　（三菱建設㈱）
　須々田賢　（㈱阿部重組）
　福士　満　（住友建設㈱）
　谷口　新　（三菱建設㈱）
　藤井　亮　（住友建設㈱）
　東　建作　（住友建設㈱）
　中川俊夫　（住友建設㈱）
　水野允之　（住友建設㈱）
　五十嵐仁　（㈱阿部重組）
　鈴木　亨　（住友建設㈱）
　奈良岡真弓

〈舞台機構工事〉
森平舞台機構㈱
　鵜澤敏男
　青山一生
　薄田栄作雄
　飯沼崇司
　小形江利子

〈電灯その他設備工事〉
栗原工業㈱
　石井正人
　坂本重実
　村上　鑑
　相場恵理子

〈受変電その他設備工事〉
太平電気㈱
　中谷義久
　秋田谷浩志
　篠川康幸

〈空気調和設備工事〉
　佐藤光好　（大成温調㈱）
　工藤秀也　（大成温調㈱）
　松崎利信　（川本工業㈱）
　原田直嗣　（大成温調㈱）
　工藤留美

〈衛生設備工事〉
㈱西原衛生工業所
　菅原　誠
　豊嶋秀次
　工藤淳一
　工藤弘子

〈舞台照明設備工事〉
東芝ライテック㈱
　榎本和幸
　佐々木一郎
　山口　拓
　宜間正三

〈舞台音響設備工事〉
ヤマハサウンドテック㈱
　堀嶋　守
　近藤龍昭

〈エレベータ設備工事〉
日本エレベーター製造㈱
　佐藤芳博

多目的ホールの
計画・建設

ぱ・る・るプラザ青森の
工事記録

発行	2002年6月30日
企画・監修	南 一誠
写真撮影	スタジオ・ムライ（村井 修・野秋達也） M
	イースタン写真（富岡 淳） E
編集協力	山田美智子
装丁	鈴木一誌・藤田美咲
発行	株式会社日刊建設通信新聞社
	〒101-0054
	東京都千代田区神田錦町3-13-7
	TEL 03-3259-8719
	FAX 03-3259-8730
	http://www.kensetsunews.com
印刷	図書印刷株式会社

©2002 Kazunobu Minami
Printed in Japan

落丁・乱丁本はお取り替えいたします。

®本書の全部または一部を無断で複写複製（コピー）することは、著作権法上での例外を除き、禁じられています。本書からの複写を希望される場合は、日本複写権センター（03-3401-2382）にご連絡ください。

ISBN4-930738-85-7　C3052